I0759827

CALLIMAQUE

LES ORIGINES - RÉPONSE AUX TELCHINES
ÉLÉGIES - ÉPIGRAMMES
IAMBES ET PIÈCES LYRIQUES
HÉCALÉ - HYMNES

COLLECTION DES UNIVERSITÉS DE FRANCE
publiée sous le patronage de l'ASSOCIATION GUILLAUME BUDÉ

CALLIMAQUE

LES ORIGINES
RÉPONSE AUX TELCHINES
ÉLÉGIES - ÉPIGRAMMES
IAMBES ET PIÈCES LYRIQUES
HÉCALÉ - HYMNES

TEXTE ÉTABLI ET TRADUIT
PAR
ÉMILE CAHEN

Onzième tirage

PARIS
LES BELLES LETTRES
2023

Conformément aux statuts de l'Association Guillaume Budé, ce volume a été soumis à l'approbation de la commission technique, qui a chargé MM. A. Puech et P. Mazon d'en faire la révision et d'en surveiller la correction en collaboration avec M. É. Cahen.

Le troisième tirage a été revu et corrigé par M. É. Delage.

95, boulevard Raspail, 75006 Paris
www.lesbelleslettres.com

Premier tirage 1922

ISBN : 978-2-251-00074-9
ISSN : 0184-7155

PRÉFACE DE LA DEUXIEME ÉDITION

Depuis la publication de ce volume, les trouvailles papyrologiques — la dernière en date, celle du papyrus des Διηγήσεις *de Tebtynis étant la plus importante — ont été assez considérables pour rendre nécessaire une refonte. Elle comporte des* matières nouvelles *et une* disposition *nouvelle.*

On trouvera ci-après, en dehors *du contenu de la première édition, sous forme complète ou fragmentaire :*

1° Pour les Aitia, *plusieurs pièces nouvelles et les* lemmes *des deux dernières pièces du livre III et de toutes les pièces, au nombre de dix-sept, du livre IV, ainsi que, pour ces récits du livre III et du livre IV, le résumé très court des sommaires ou « diégèses » rédigés par un grammairien du* Ier *ou du* IIe *siècle ap. J.-C. et publiés par G. Vitelli et Medea Norsa*[1].

2° La Réponse aux « Telchines », *défense par Callimaque de son idéal poétique.*

3° Deux Elégies *ou fragments d'Elégies, publiés dans les papyri d'Oxyrhynchus et dans ceux de la Société italienne de papyrologie :* Victoire de Sôsibios *et* Boucle de Bérénice.

4° Pour les Iambes *et* Poèmes Lyriques, *formant*

1. ΔΙΗΓΗΣΕΙΣ di Poemi di Callimaco in un papiro di Tebtynis, *a cura* di M. Norsa e G. Vitelli, Firenze, Ariani, 1934.

un seul recueil, les Lemmes *et* Sommaires *de toutes les pièces, d'après le papyrus des* Διηγήσεις.

Toutes ces nouveautés se trouvent souvent dans une condition qui rend le texte peu intelligible. On trouvera ci-après la traduction de tout ce qui a paru « honnêtement » traduisible.

Le papyrus des Διηγήσεις *a pour nous le capital intérêt d'avoir eu pour base une édition reproduisant l'œuvre du poète dans sa forme* publique, *et comme elle était lue et répandue dans le public alexandrin, et de la restituer dans cet état. Et l'ordonnance du livre est si nette qu'on ne peut plus songer qu'à la reproduire dans toute édition nouvelle de l'œuvre poétique de Callimaque. Nous la suivons donc aussi exactement qu'il a été possible, abandonnant résolument la disposition traditionnelle que présentait notre première édition. C'est ainsi que notre recueil s'ouvre par les* Aitia *et les autres* ἐλεγεῖα, *pièces élégiaques et épigrammes, se continue par les* Iamboi, *auxquels étaient rattachées, comme en un appendice, quelques pièces lyriques en mètres divers, et se clôt par les* ἡρῷα, Hécalé *et* Hymnes. *Il faut respecter ce qu'ont voulu le poète et ses amis, pour mieux juger celui-là sur son vrai dessein. Puisse cette nouveauté de la présentation, plus encore peut-être que celle des matières, compenser les erreurs et les insuffisances, dont nous nous excusons, de ce petit volume que nous dédions à tous les amis de l'alexandrinisme, auxquels nous espérons qu'il sera utile*[1].

Aix-en-Provence, Janvier 1939.

1. D'une façon générale le signe Pf. renvoie à Pfeiffer, *Callimachi fragmenta nuper reperta, editio maior,* Bonn, 1923.

INTRODUCTION

Contenu de cette édition. L'œuvre poétique de Callimaque ne nous est parvenue que pour une petite part, et non la plus importante : l'essentiel a disparu. Aussi le public cultivé, en dehors des hellénistes de profession, retient à peine le nom du Cyrénéen. Cela est vrai surtout pour le public français ; si en Allemagne le seul XIXe siècle a vu paraître trois éditions importantes de Callimaque [1], il n'y a eu en France, depuis la Renaissance, aucune publication satisfaisante de ce texte [2]. C'était une raison déjà de lui donner une place dans la présente collection. D'ailleurs des fragments de l'œuvre, bien courts encore, mais non sans caractère et sans importance, ont reparu au jour dans ces dernières années. Publiés dans des recueils spéciaux, ils sont peu accessibles au grand public. On les trouvera rassemblés dans ce petit volume qui, par là tout au moins, ne sera pas inutile.

Nous donnons ici, en texte et en traduction, sous forme complète ou fragmentaire :

1° les six *Hymnes*.

2° les 63 *Épigrammes*, tirées pour la plupart de l'*An-*

1. Celles de Meineke (1861), Schneider (1870-73), Wilamowitz-Moellendorff (1882-1896-1907). — L'édition de Blomfield (Londres, 1815) a son intérêt. La grande édition antérieure au XIXe siècle est l'édition *variorum* d'Ernesti (Leyde, 1761), dont le 2e volume contient le commentaire, très diffus, souvent utile, de l'érudit Spanheim († 1710).

2. Nous ne connaissons que celles de Mme Dacier (1675), de La Porte du Theil (1775), et de Boissonade (1824).

thologie, pour quelques-unes de divers auteurs, et qui figurent dans toutes les éditions, en nombre quelque peu variable.

3º les fragments des *Aitia*, publiés dans les *Oxyrhynchus Papyri* par Grenfell et Hunt [1], et un fragment, court et mutilé, de la même œuvre, publié, avec d'autres, par Wilamowitz dans les *Sitzungsberichte* de l'Académie de Berlin [2].

4º les fragments de l'*Hécalé*, sur tablettes de bois, publiés par Gomperz en 1893 [3].

5º les fragments des *Iamboi* qui font suite à ceux des *Aitia* publiés dans le tome VII des *Oxyrhynchus Papyri*, et dans d'autres recueils papyrologiques.

6º un fragment du recueil des Μέλη, publié par Wilamowitz dans le recueil cité plus haut [4].

La reproduction *intégrale* des Fragments ne s'accordait pas avec le caractère de ce volume. Nous avons laissé de côté tout ce qui est trop mutilé pour fournir un sens complet. Cependant, pour ces fragments *nouveaux*, on trouvera sans doute que trop vaut mieux que manque.

Par contre nous avons *exclu entièrement* de cette publication les nombreux et courts fragments, tirés des textes, surtout de ceux des grammairiens, qui forment le 2e volume des *Callimachea* de Schneider. Un choix autre qu'arbitraire eût été difficile à fixer ; et nous ne pouvions songer à les reproduire tous. On en trouvera

1. *The Oxyrhynchus Papyri*, t. VII, pp. 15 et suiv. ; t. XI, pp. 83 et suiv.

2. *Sitzungsber. der Akad. d. Wissens.*, 1914, pp. 222 et suiv. ; fragment d'un commentaire des *Aitia*, dans le même recueil, 1912, pp. 544 et suiv. — Noter encore le fragment *probable*, très mutilé, publié par Nicole, *Rev. des Et. Gr.*, 1904, pp. 215 et suiv.; une bribe donnée par Wilamowitz, dans *Hermes*, 1911, p. 471.

3. *Aus der Hekale des Kallimachos*, Vienne, 1893.

4. *Sitzungsber.*, 1912, pp. 524 et suiv.

seulement quelques-uns, en petit nombre, enchâssés dans les notices consacrées aux divers poèmes ou recueils poétiques de Callimaque.

Vie de Callimaque. Nous savons peu de chose de la vie de Callimaque : vraie vie d'homme de lettres, dont les événements marquants sont les œuvres mêmes et les polémiques qu'elles suscitent. Ce n'est pas à dire qu'elle ait manqué, comme il apparaît pour un Théocrite ou un Apollonios, de tout horizon civique ou politique ; mais le civisme et l'esprit politique ont consisté pour Callimaque, comme à Rome pour un Virgile ou un Horace, à s'en remettre à ceux-là qui semblaient qualifiés pour assurer au monde où il vivait l'ordre et la prospérité : il a été, comme eux, non pas un courtisan, mais un poète loyaliste.

Il était de Cyrène. Aucun texte ne fixe la date de sa naissance. Des synchronismes avec les biographies de ses contemporains on ne peut rien tirer d'assuré. De quelques rares indications et des dates connues de quelques-unes de ses pièces [1] on peut conclure avec vraisemblance aux années voisines de 315-310. Il était fils de Battos et de Mesatma (ou Megatima) et petit-fils du stratège Callimachos [2]. Sa famille appartenait à l'aristocratie cyrénéenne, qui dut souffrir, dans ses personnes et dans ses biens, des troubles graves qui agitèrent la cité dans le dernier quart du IVe siècle. Ils prirent fin quand, dans les toutes dernières années du siècle, Magas, le beau-fils de Ptolémée, y prit le pouvoir au nom du Lagide. Ainsi le patriotisme cyrénéen du poète dut de

1. Texte de Suidas, dans sa notice sur Callimaque ; texte d'Aulu-Gelle (*Noct. att.* XVII, 21) — *Epithalame d'Arsinoé,* fragment des Μέλη, *sur la mort d'Arsinoé* (270), *Hymne à Zeus.*

2. Vie de Suidas, et *Ep.* 21.

bonne heure, par tradition de famille autant que par réflexion personnelle, s'orienter du côté des souverains d'Egypte. Le sentiment du poète pour sa patrie tient une place dans son œuvre, où Cyrène est plusieurs fois nommée. Une pièce surtout lui est consacrée, l'*Hymne à Apollon*, où, à la fin de sa carrière, il rattache en un raccourci hardi le présent de sa ville à son plus lointain passé, appuyant l'autorité des Ptolémées sur la parole même de son fondateur divin [1].

Nous ne savons rien qui compte sur l'éducation et la première jeunesse du poète. On peut affirmer qu'il fit des voyages ; un séjour à Athènes est au moins très probable [2]. Les années 290-285 peuvent marquer son établissement définitif à Alexandrie. Il y mena d'abord l'existence du littérateur besogneux, candidat aux faveurs officielles ; un texte nous dit qu'il fut maître d'école à Eleusis [3], un faubourg d'Alexandrie. Il fréquenta le « monde » alexandrin, tout adonné au plaisir et à l'art. Quelques belles épigrammes, où il n'y a nulle raison de croire que la « littérature » exclue la sincérité, nous animent un peu son image en ces années de jeunesse. Il est pauvre ; il connaît la faim aussi bien que la Muse [4]. Il est amoureux comme on l'était dans une société peu rigoureuse ; l'amour des beaux éphèbes et l'amour des courtisanes voisinent sans gêne dans les épigrammes érotiques, voire dans un seul et même texte [5]. Avec cela de la convenance dans l'expression, sans nulle obscénité, une certaine fierté et hauteur de sentiment, une ardeur

1. *Hymne* II, vv. 67-68.

2. Aucun texte formel sur ce point ; mais l'*Hécalé* contient des souvenirs des « années d'Athènes ».

3. *Vie* de Suidas.

4. *Ep.* 32, 46.

5. Ainsi dans l'ép. sur Callignôtos, ép. 25.

pour la poésie et ses chemins nouveaux ; le beau texte, *Ep.* 28, pour l'éphèbe Lysanias, montre un Callimaque aussi passionné pour l'art que pour l'amour. La recherche littéraire[1] met plus de subtilité dans le sentiment, mais ne l'étouffe pas ; il n'y a guère de plus forts vers d'amour, ou d'amitié, que ceux de ces brèves et énergiques « notations » que sont les Epigrammes érotiques.

L'*Hymne à Zeus,* nullement religieux, tout en discussions érudites et en humour savant, qui loue les Ptolémées par un détour habile, et dont les derniers vers semblent un discret appel à la générosité du souverain, porte encore la marque de ce premier temps de la vie alexandrine : on en peut fixer la date vers 280.

Les années 280-275 marquent l'accession du poète à la faveur royale. L'*Hymne à Délos* ne peut guère être postérieur à 275[2] ; or il a tout le caractère d'un poème officiel ; de même la pièce sur la mort d'Arsinoé, qui date de 270. En ces mêmes années doit se placer l'entrée de Callimaque à la Bibliothèque du Müsée, où il fit sa carrière. Il y tint sans doute un poste d'« attaché », avant de passer au premier rang ; c'est au moins le sens probable de l'expression νεανίαι, appliquée dans un texte de Tzetzès à Callimaque et à Eratosthène, à propos de leurs travaux à la Bibliothèque, et de celle de νεανίσκος τῆς αὐλῆς, dans le même texte.

Ce même temps fut celui aussi de la grande production poétique, et sans doute de la publication des *Origines* (Αἴτια). On ne peut guère la placer plus haut dans la vie du poète ; trop d'érudition y est déjà rassemblée. Mais

1. Ou la philosophie ; ainsi dans la belle épigramme d'Archinos, *Ep.* 42.

2. Il célèbre, dans son développement central, la déroute des Gaulois devant Delphes et leur fin dramatique en Egypte ; il ne peut être de beaucoup postérieur à l'événement (278).

on ne doit pas descendre plus bas que les années 270 pour une œuvre qui est comme le manifeste d'une jeune école littéraire.

L'œuvre était assez nouvelle, de matière et de forme, pour soulever les polémiques littéraires. On a généralement rapporté, par idée préconçue, à la fameuse et obscure querelle de Callimaque et d'Apollonios toutes les indications relatives à de telles polémiques et la publication même de l'*Hécalé*[1]. Mais le procédé est tout arbitraire.

En tout cas l'*Hécalé* est très antérieure à la querelle des *Argonautiques* ; car l'œuvre d'Apollonios se ressent au contraire de l'imitation de cette idylle héroïque[2]. L'*Hécalé* est une réponse, en tant que μέγα ποίημα, poème un et suivi, à ceux qui accusaient Callimaque d'être incapable d'écrire un poème de ce genre[3] : ce sont les adversaires des Αἴτια, qui semblent s'être groupés autour du nom d'un poète de la fin du ve siècle, Antimaque de Colophon, l'auteur de la *Lydé* et d'une *Thébaïs*.

Les années 275-270, sans qu'il faille chercher d'autres précisions, marquent ainsi la pleine activité poétique de Callimaque : *Aitia, Hécalé*, les *Iambes* aussi, et quelques pièces du recueil des Μέλη. C'est là tout l'essentiel de son œuvre de poète savant, comme les *Epigrammes*, au moins les épigrammes érotiques, expriment le côté sentimental et sensuel de son talent. Tout le reste, *Hymnes, Ibis, Epithalame d'Arsinoé*, et les *Elégies*, est, à titre

1. Dernier essai d'une reconstitution de ce genre, par Smiley, *Hermathena*, vol. 17.

2. Ainsi de l'épisode de la Corneille (*Argon.* III, v. 927 sqq.), rapproché d'un fragment de l'*Hécalé* (v. plus loin, p. 191).

3. C'est le sens du *scholion* au v. 106 de l'*Hymne à Apollon* : ἐγκαλεῖ διὰ τούτων τοὺς σκώπτοντας αὐτὸν μὴ δύνασθαι ποιῆσαι μέγα ποίημα, ὅθεν ἠναγκάσθη ποιῆσαι τὴν Ἑκάλην.

divers, poésie de circonstances. Il faut compter qu'à partir de 270 Callimaque fut surtout absorbé par sa tâche professionnelle. La rédaction d'une œuvre aussi importante que l'espèce de catalogue raisonné de la littérature grecque que semblent avoir été les Πίνακες laissait peu de place au labeur du poète. C'est une question de savoir si Callimaque eut le titre officiel de bibliothécaire du Musée, après Zénodote et avant Eratosthène [1]. Aucun texte ne le dit formellement [2]. Et la vraisemblance générale ne compte guère ; il s'agit de décider si, de par les dates, un « bibliothécariat » de Callimaque est possible, entre ceux des deux savants précités. Mais leur chronologie n'est rien moins que certaine ; la confusion règne dans tout ce domaine, chacun tirant à son opinion quelques textes mal rédigés. Disons seulement ici qu'il apparaît probable que, vers les années 260, Callimaque ait recueilli la succession de Zénodote [3]. Le seul point certain est que l'activité érudite, dans toute la dernière partie de la vie de Callimaque, a dû prendre décidément le pas sur la production littéraire. Ce n'est pas à dire que son talent se soit affaibli. Deux pièces de sa vieillesse, à peu près datées, montrent que son art, plus savant

1. Question fréquemment et longuement discutée. Les critiques les plus récents concluent plutôt à la négative : p. ex. Weinberger, *Kallimach. Stud.* p. 4 ; Wilamowitz, *Textgesch. d. Griech. Bukoliker*, p. 173 ; Cessi, *Studi Callim.*, pp. 319 sqq.

2. Seul un texte du *scholion Plautinum*, traduction libre d'un texte de Tzetzès, qualifie Callimaque de *aulicus regius bibliothecarius*.

3. Tout tient en somme à la question de la date de la mort de Zénodote. Eratosthène, né vers 275, n'ayant pu être « bibliothécaire » avant 240 environ, si la mort de Zénodote est antérieure à cette date — ce qui semble certain — un « bibliothécariat » de Callimaque *doit* se placer entre ceux de Zénodote et d'Eratosthène. Le texte publié par Hunt (*Ox. Pap.* X, p. 99) n'apporte pas la solution décisive. Cf. en dernier lieu, *contre* le « bibliothécariat » de Callimaque, un article de M. Delage dans *l'Acropole* (t. VI, 1931, pp. 22-28).

que spontané, restait égal à lui-même. L'*Hymne à Apollon*, vers 250, est un tableau large et puissant, animé de ferveur loyaliste et de passion littéraire. Et la *Boucle de Bérénice*, de 245 ou 244, telle que nous la connaissons par la pièce 66 de Catulle, et toute question de goût mise à part, montre à tout le moins quelle était encore la force de la verve poétique chez cet érudit septuagénaire.

Tout de même, dans la fin de sa carrière, Callimaque est, plus que poète, savant et chef d'école. La clausule de l'*Hymne à Apollon*, avec sa violence qui détone, par un effet voulu [1], décèle l'ardeur qu'il mit à se défendre contre la βασκανίη dont il parle dans une épigramme [2] sur sa propre personne : il était bien du *genus irritabile*. Il n'est pas sûr que ces vers se rapportent au cas du seul Apollonios. Aussi bien, de toute l'histoire de cette querelle fameuse, il reste peu de chose, quand on soumet à la critique les quelques textes qui en font mention. Les hypercritiques ont tort sans doute, qui vont jusqu'à la nier [3] ; mais qu'elle fut, et que Callimaque en sortit vainqueur, c'est tout ce qu'il est loisible d'en affirmer. Les *Argonautiques* n'en gardent nulle trace [4] : l'épigramme sur Callimaque « tête de bois [5] » peut bien être d'un tout autre personnage que du poète de Rhodes ; et de l'*Ibis* nous ne savons rien : un récent critique en refuse même la paternité à Callimaque [6].

1. C'est comme une espèce de σφραγίς dans ce poème d'inspiration à la fois civique et personnelle qu'est l'*Hymne à Apollon*.

2. *Ep.* 21.

3. P. ex. Spiro, dans les *Rendic. dei Lincei*, ser. V, vol. II, pp. 337 sqq.

4. Rien à tirer, par exemple, du vers des *Argonautiques* (III, 932) Ἀκλειὴς ὅδε μάντις, ὃς οὐδ' ὅσα παῖδες ἴσασιν, rapproché du v. 106 de l'*Hymne à Apollon*.

5. *Anth. Pal.* XI, 275, sous le nom de Ἀπολλώνιος γραμματικός.

6. Rostagni, dans son étude sur l'*Ibis* (*Contrib. alla scienza dell' antich.* vol. III, 1920).

Quoi qu'il en soit, il est dit formellement qu'Apollonios vaincu dut se retirer à Rhodes[1].

Ainsi, comme quelques textes, et les *Epigrammes*, recréent pour nous, un peu incertaine, l'image du Callimaque jeune, amoureux et ardent des années 290 ou 280, quelques textes aussi nous rendent celle du poète mûr ou vieilli des années 260 à 240 : savant officiel et pensionné, de mœurs régulières — il avait épousé la fille d'un Syracusain, Euphratès[2] — sachant user contre ses ennemis littéraires de son autorité de chef d'école et de la faveur de la cour : image moins attrayante, mais qui est dans la vérité humaine. Telle confidence voilée la nuance de quelque amertume : certaines déceptions d'amitié semblent avoir attristé son âme fière[3]. Et l'ardente Réponse aux « Telchines » est la preuve que la critique envieuse n'avait pas désarmé. Du moins, jusqu'à la fin de sa vie, la bienveillance de la famille royale lui resta acquise ; la *Coma Berenices* a quelque chose, dans son tour courtisanesque, d'intime et de familier, qui nous montre Callimaque très près des souverains que sa poésie avait servis.

Nous n'avons aucun texte de Callimaque qui soit postérieur au Πλόκαμος, c'est-à-dire à 244. Mais il n'y a pas de renseignement plus décisif pour la date de sa mort que pour celle de sa naissance ; ce que dit Suidas est imprécis. Il n'y a que vraisemblance qu'il vit quelques années du règne d'Evergète, et vécut jusque vers 240 ou 235.

1. *Vies* d'Apollonios. Sur la « querelle », cf. en dernier lieu la *Biographie d'Apollonios de Rhodes* de M. Delage (Bibliothèque des Universités du Midi, fasc. XIX bis).

2. *Vie* de Suidas.

3. *Ep.* 59.

Œuvres perdues. On trouvera plus loin, en tête de chacune des divisions de ce petit livre, les renseignements essentiels sur les œuvres poétiques de Callimaque. Mais en dehors de celles qui figurent ici, en tout ou partie, on en connaît d'autres, au moins par leurs titres : pièces de circonstances ou εἰδύλλια de mètres divers. Parmi celles-là, il faut dire quelques mots de l'*Ibis* et de la *Boucle de Bérénice*. La *Coma* est un long ἐπίγραμμα sur une boucle de cheveux offerte en ex-voto à Aphrodite Zéphyritis par la reine Bérénice, après l'heureux retour de Ptolémée Evergète de sa campagne d'Asie : il nous montre la boucle royale émigrant dans les cieux pour y faire figure de constellation. Nous savons maintenant, par le papyrus Vitelli (cf. plus loin) que le poème LXVI de Catulle est une véritable traduction de celui de Callimaque. — De l'*Ibis* nous ne connaissons rien, sinon qu'il était dirigé contre Apollonios, et revêtait la forme d'imprécations obscures — *historiae caecae* — contre le Rhodien [1]. Le poème d'Ovide qui porte le même titre peut devoir beaucoup à l'érudition de Callimaque, mais ne s'inspire du poème grec que dans la ligne la plus générale. — Pièce de circonstances encore l' 'Αρσινόης γάμος, dont le premier vers nous est connu : « Je commence, ami, de chanter l'hymen d'Arsinoé [2]. » — Pour les εἰδύλλια, une Γαλατεία, en vers épiques, est seule clairement attestée par une citation de deux hexamètres : « Et le poisson sacré aux sourcils d'or, et la perche, et

1. Ov. *Ibis* v. 55 sqq.: Nunc quo Battiades inimicum deuouet Ibin.
Hoc ego deuoueo teque tuosque modo.
Utque ille, historiis inuoluam carmina caecis..

2. 'Αρσινόης, ὦ ξεῖνε, γάμον καταβάλλομ' ἀείδειν (fr. 196 Schn.).

tout ce que recèle le gouffre immense de la mer[1]. » Nous ignorons comment le poète avait traité ce thème connu. Le Γλαῦκος et les Ἐλπίδες ne sont que des titres. On ne peut absolument pas dire à quoi se rapportent les appellations Ἄργους οἰκισμοί, Ἰοῦς ἄφιξις, Ἀρκαδία, Σεμέλη, qui figurent dans la table de Suidas, et si elles désignent des εἰδύλλια indépendants, ou des pièces des Αἴτια. Sur le Γραφεῖον, v. p. 109. Quant aux δράματα, qui figurent aussi dans le texte de Suidas, nous n'avons sur eux aucune notion. — La courte pièce en trimètres iambiques, qui est une table, de l'époque médiévale, d'une édition de Callimaque (v. plus loin, p. 21), mentionne un poème sur Athéna, en forme de griphe.

Une question reste, qui est d'importance, celle de savoir si Callimaque, de qui nous avons, en dehors des *Aitia*, des ἐλεγεῖα, avait écrit aussi des « élégies » amoureuses, au sens de l' « élégie » latine[2]. On l'a prétendu. — Sans vouloir décider sur le sujet de l'existence de ces « élégies » dans la poésie alexandrine, nous pensons qu'on peut affirmer que Callimaque n'a jamais écrit de telles pièces. C'est question de fait et question de principe. Aucun fragment, aucun vers ne nous est attesté sûrement comme faisant partie d'un recueil d'« élégies » de ce genre[3]. Or il est inadmissible qu'un tel recueil n'eût pas laissé quelque trace. Aucun des textes des élégiaques latins sur Callimaque allégués en faveur, chez lui, d'une élégie « sentimentale » n'autorise cette conclusion. Et surtout l'idée même de la longue élégie amoureuse est exactement contradictoire à la manière volontairement

1. Ἢ μᾶλλον χρύσειον ἐπ' ὀφρύσιν ἱερὸν ἰχθύν,
ἢ πέρκας ὅσα τ' ἄλλα φέρει βυθὸς ἄσπετος ἅλμης (fr. 37 Schn.).

2. Voir entre autres, sur cette question, l'article de Legrand (*Rev. des Et. anciennes*, XIII, 1911, pp. 1-32).

3. *Et. Magn.*, s. v. δύσι : Καλλίμαχος ἐν τοῖς ἐλεγείοις...

brève et ramassée de Callimaque dans l'expression du sentiment. Nous connaissons un Callimaque poète érotique : c'est celui des *Epigrammes* et de quelques pièces lyriques peut-être : il n'y en a jamais eu d'autre.

II

LE TEXTE DE CALLIMAQUE

Histoire du texte. La poésie toute livresque de Callimaque, faite, quelques *Hymnes* peut-être mis à part, pour la seule lecture, a dû être communiquée au public au fur et à mesure de l'achèvement de chaque œuvre. Même les courtes pièces des Ἐπιγράμματα, dont, dès le Ier siècle de l'ère chrétienne, un grammairien écrivait un commentaire [1], avaient été sans doute réunies par les soins du poète, et de son vivant même. De même pour les œuvres plus importantes, *Hymnes, Poèmes,* et pour les œuvres maîtresses, *Aitia, Hécalé.* Mais il y a plus. Le papyrus qui nous a rendu l'histoire d'Acontios et Cydippé, dans les *Aitia,* nous a conservé également les derniers vers du poème, suivis des mentions Καλλιμάχου Αἰτίων δ′ et Καλλιμάχου Ἴαμβοι. Et c'est ensuite le début des «Iambes». Le dernier vers des *Aitia* est ainsi rédigé: αὐτὰρ ἐγὼ Μουσέων πεζὸς ἔπειμι νομόν. L'explication donnée par les premiers éditeurs, et généralement suivie, suivant laquelle Callimaque annoncerait par ces mots l'intention de quitter la poésie pour la prose et l'érudition, paraît peu admissible ; πεζὸς annonce bien plutôt, par opposition aux ἐλεγεῖα, la poésie plus simple, plus «prosaïque»

1. Suidas, s. v. Ἀρχίβιος.

des Ἴαμβοι. Le papyrus nous aurait conservé comme une édition de tout ou partie des œuvres de Callimaque, procurée par le poète lui-même, où les Ἴαμβοι faisaient suite aux Αἴτια. Si cette explication est fondée, nous aurions là une preuve du soin avec lequel, du vivant même du poète, l'œuvre aurait été livrée au public. Mais ce n'est qu'une hypothèse.

Il n'est pas douteux en tout cas qu'après la mort de Callimaque diverses éditions aient été publiées de ses poèmes. Ils ont été très lus dans tous les derniers siècles de l'antiquité : Archibios pour les *Epigrammes*, Salluste pour l'*Hécalé*, d'autres encore en avaient rédigé des commentaires, dont bien des éléments se retrouvent dans le lexique de Suidas. Callimaque a été le grand modèle pour les écoles poétiques de la fin de l'hellénisme. Nous avons, conservée en tête d'un des manuscrits des *Hymnes*, et par ailleurs recopiée par un anonyme en tête d'un exemplaire d'une édition de la Renaissance [1], une table des matières en vers iambiques d'un de ces recueils callimachéens. La voici : « Je chante d'abord Zeus très haut, ensuite Phoibos, en troisième lieu Artémis, en quatrième Délos, puis les bains de Pallas, et enfin l'antique Déméter. Je chante les façons de la vieille femme hospitalière, et sa mort, et la chasse de Thésée. Et aussi les quatre chants des *Origines*, le grand œuvre. Je déchire de mes imprécations Ibis-Apollonios. Et enfin je chante encore Athéna, en un griphe subtil et mystérieux discours [2]. »

1. Cf. Reitzenstein, dans *Hermes*, 26, p. 308.

2. Ὑμνῶ τὸν ὑψίζυγον ἐν πρώτοις Δία,
Φοῖβον δ' ἔπειτα, καὶ τρίτην τὴν Ἄρτεμιν,
Δῆλον τετάρτην. εἶτα λουτρὰ Παλλάδος,
ἕκτην δὲ τὴν Δήμητρα τὴν παλαιτέραν.
Μέλπω δὲ γραὸς τῆς φιλοξένου τρόπους
καὶ τὴν τελευτήν, Θησέως τε τὴν ἄγραν,

La pièce ne paraît pas antérieure au VIIIe ou IXe siècle de notre ère. Mais la précision et l'exactitude des détails décèlent une bonne tradition, et ancienne : c'est le *Callimaque* des derniers temps antiques.

On voit que les *Hymnes* forment la première section des œuvres : cette place n'est pas due à leur importance dans l'œuvre du poète, mais à leur matière sacrée, τὰ πρὸς θεούς. Leur texte est le seul qui nous ait été conservé par tradition manuscrite indépendante. Cela grâce à l'idée qu'eut un grammairien anonyme de rassembler en un même *volumen* les divers hymnes écrits en grec, ceux de Callimaque à côté des hymnes homériques, et de ceux de Proclos et d'Orphée.

La tradition manuscrite[1]. La copie d'un recueil semblable, écrite en minuscule, a été l'archétype de tous les manuscrits que nous possédons des *Hymnes*, qu'il faille ou non identifier un tel archétype avec le manuscrit apporté en Occident en 1423 par l'humaniste Giovanni Aurispa. Il est évident à première vue que tous nos manuscrits ont une origine commune, les lacunes étant, en gros, identiques chez tous[2], et le texte tout semblable. La tradition des *Hymnes* est donc, dans son ensemble, simple et une, suffisamment correcte d'ailleurs pour qu'on puisse dire que nous possédons de ces pièces un assez bon texte.

καὶ τῶν μεγίστων Αἰτίων τὴν τετράδα.
Σκώπτω δ' ἐπαραῖς Ἶβιν Ἀπολλώνιον·
καὶ τὴν Ἀθηνᾶν ὕστατον μέλπω πάλιν
γρίφῳ βαθίστῳ καὶ δυσευρέτοις λόγοις.

1. Pour l'étude complète de la tradition manuscrite des *Hymnes*, on se reportera à l'étude exhaustive de Smiley (Class. Quarterly, 1920-21).

2. La plus importante est celle de l'*Hymne* IV, v. 177-178.

Il y a lieu cependant de distinguer deux ou trois familles de manuscrits. L'une, qui ne contient de la littérature hymnologique que les seuls hymnes de Callimaque, avec d'autres poèmes grecs, était considérée par Schneider encore, qui n'avait que d'elle d'assez complètes collations, comme la source essentielle du texte. Elle est représentée, dans l'apparat critique de cette édition, par trois manuscrits (d'après les collations de Schneider et de ses collaborateurs, et les compléments ou rectifications de Nigra [1] et de Smiley), tous du xve siècle :

A = *Vaticanus* 1691,
B = *Vaticanus* 36,
C = *Marcianus* 480.

Mais après les recensions et collations nouvelles, il apparaît que cette famille doit le céder, pour la constitution du texte, à un autre groupe qui, s'il offre les mêmes lacunes essentielles qu'on voit au groupe ABC, n'a pas les omissions de mots assez nombreuses qui prouvent que les manuscrits ABC ont été copiés sur l'archétype plus endommagé et plus difficile à lire. Cette seconde famille, incomplètement connue de Schneider, est donc la source la meilleure du texte. Elle est représentée dans notre apparat, à l'exclusion des *recentiores*, dont il est quelquefois fait état, par les manuscrits suivants, qui contiennent la collection complète des hymnes grecs :

Π = *Parisinus* Suppl. Gr. 1095. Collations de Nigra, vérifiée par nous, et de Smiley. En tête des *Hymnes* de Callimaque figure l'épigramme iambique mentionnée

1. Nigra, *Inni di Callimaco su Diana e sui Lavacri di Pallade*, Torino, 1892. L'Introduction contient le résumé important de collations et de vérifications sur les six pièces.

plus haut, qui servait de table des matières à une édition de Callimaque.

Q = *Estensis* III, E 11. Copie de Georges Valla, fin du xve siècle. Collations de Nigra et de Smiley.

S = *Matritensis* 24. Copié en 1454 à Milan par Constantin Lascaris. Collation de Smiley.

E = *Parisinus* 2763. xve siècle. Collations diverses[1]. Schneider lui attribuait d'autant plus d'importance qu'il ignorait les autres représentants du même groupe : il contient quelques corrections marginales intéressantes.

A ces manuscrits[2] il faut adjoindre le manuscrit D de Schneider et Nigra, manuscrit de la bibliothèque Laurentienne duquel les *Hymnes* de Callimaque furent détachés pour servir de base à l'édition *princeps* donnée par Lascaris en 1494. Les leçons du texte qui sont des variantes par rapport au texte des manuscrits précités sont des corrections de Lascaris : plutôt donc que par un sigle de manuscrit, nous les avons désignées, comme le fait Wilamowitz, par le nom même de leur auteur (Lasc.). Nous avons pu consulter à la Bibliothèque Nationale de Paris cette très rare édition, à la connaissance de laquelle peut d'ailleurs suppléer un manuscrit de Turin qui en est issu, et qui porte des corrections marginales.

Une troisième source du texte a été reconnue et utilisée par Wilamowitz. Elle est représentée par un manuscrit de l'Athos (Ath.), dont on peut penser qu'il a été copié sur l'archétype d'Aurispa avant qu'il fût emporté en Occident, ou sur un ancêtre de cet archétype, et par un manuscrit de Milan, F. Les lacunes les

1. Nous les avons vérifiées sur le manuscrit.

2. Parmi eux, d'après la recherche minutieuse de Smiley, S et Q forment un groupe, S étant l'original ; et Π serait apparié au ms. D.

plus importantes, celles de l'hymne IV par exemple, y sont les mêmes qu'ailleurs. Mais par contre, en deux ou trois endroits du texte, ces manuscrits sont plus complets que tous les *vetustiores*. Il en est ainsi pour le v. 15 de l'hymne VI, qui peut être restitué avec certitude.

Le texte de cette édition. Telles sont les sources du texte. Voici le parti suivi dans cette édition, tant pour la constitution même du texte que pour la rédaction de l'apparat critique. L'unité de la tradition fait que celle-là ne pose pas de graves problèmes de choix entre des leçons diverses, et que l'éclectisme est ici justifié : la base du texte est le second groupe de manuscrits désigné plus haut, avec quelques emprunts au manuscrit de l'Athos et au manuscrit F, de plus rares aux manuscrits ABC [1]. — Mais deux questions se posent à l'éditeur : celle de son attitude vis-à-vis de la tradition commune, et celle des formes dialectales.

Dans son ensemble, le texte traditionnel est assez satisfaisant. Dès la Renaissance, un certain nombre de corrections indispensables y ont été apportées, sur lesquelles il n'y a pas à revenir. Plusieurs passages cependant restent ou douteux, ou certainement altérés, constituant de véritables *cruces*. Ailleurs l'expression manque de clarté et de propriété, et peut inspirer des doutes quant à la qualité de la tradition. Le parti qu'ont pris vis-à-vis du texte les plus récents éditeurs a été toujours plus « conservateur ». Meineke (1861) prend de grandes libertés à l'égard de la tradition manuscrite, et en suggère

1. Nous n'avons pas jugé inutile de noter les *omissions* des mss. ABC : ainsi la situation réciproque des deux groupes apparaît nettement.

d'autres dans les *Diatribai* qui accompagnent l'édition ; il y a là beaucoup d'ingéniosité; mais Meineke lui-même parle quelque part des critiques « qui Callimachum de Callimacho tollunt ». Le texte de Schneider (1870), appuyé sur une connaissance plus complète des manuscrits, contient encore un grand nombre de corrections qui montrent un goût moins sûr que celui de son prédécesseur, et vont trop souvent contre la manière du poète. La première édition de Wilamowitz marque un retour délibéré à la tradition ; et beaucoup plus conservateur encore est le texte de la 2e édition. — Nous avons poussé nous-mêmes plus avant dans l'observance de la tradition manuscrite ; non par suite d'une croyance *a priori* à son infaillibilité, mais parce que la prudence s'impose ici plus encore qu'à propos d'un texte classique, et qu'il ne suffit pas qu'une tournure ou une expression choque notre sens et notre goût pour que Callimaque ne l'ait pas employée. Peut-être d'ailleurs, ici comme partout, la question critique est-elle d'ordre presque typographique; la vraie formule serait alors celle-ci : un texte prudent, un peu timide, dût-il trop souvent porter la *crux* des interprètes en défaut ; en bas de la page, un apparat critique assez largement ouvert aux libertés et à l'ingéniosité philologique, toutes les fois qu'elle atteint le vraisemblable.

L'autre question que pose l'établissement de notre texte, c'est celle des formes dialectales : *épico-ioniennes* pour les hymnes I-IV, *doriennes* pour les hymnes V et VI, ou peut-être *syracusaines*, si une hypothèse toute récente sur le caractère « syracusain » de la langue de ces deux pièces est bien justifiée [1]. Là encore la pru-

1. Le dialecte « syracusain » des hymnes V-VI serait le même que celui de l'idylle XV de Théocrite ; il porterait, en dehors des caractères communs du grec occidental, des caractères plus spéciaux :

dence s'impose vis-à-vis de la tradition. Non pas qu'elle vaille beaucoup par elle-même ; tout au contraire il apparaît, à première inspection, que son autorité est mince en pareille matière, et que les copistes ont souvent cédé à la tendance naturelle à réduire les formes dialectales aux formes communes. Mais il n'est pas moins certain que tout texte restera, sur ce point, conventionnel pour une grande part. Nous n'avons aucun moyen d'affirmer que Callimaque ait poussé plus ou moins loin — il s'agit surtout des hymnes V et VI — la « coloration » dialectale, ou qu'il ait appliqué avec plus ou moins de rigueur les « règles » du dialecte littéraire ionien ou dorien. Notre ignorance est à deux degrés : nous ne savons pas comment dans le milieu littéraire de l'époque on pratiquait ces règles de langage dialectal — ou plutôt de langage poétique, car, selon la juste remarque de Meineke, de telles formes, pour un poète alexandrin, « poeticae erant potius quam dialecticae. » — Et le saurions-nous que nous ignorerions encore dans quelle mesure Callimaque, de son propre gré de poète original, a pu se plier à ces habitudes communes ou les modifier. Aussi bien, à la première lecture, il apparaît en toute évidence que des formes différentes sont rapprochées à peu de vers de distance ou, plus, dans un même vers, pour les nécessités du mètre : ἀεὶ et αἰὲν au même vers (2) de l'hymne I ; Μουσέων et ἀοιδάων au v. 5 de l'hymne IV, Μουσάων ailleurs dans la même pièce (v. 252) ; dans les hymnes en « dorien », μόνος au v. 129 de l'hymne V, μώνᾳ (μούνᾳ mss.) trois vers plus loin. Il n'y a là que trois exemples parmi un très grand nombre d'autres. Dès lors, pourquoi le poète n'aurait-il pas

génitif en ω, accusatif pluriel en ως, datif pluriel en εσσι, forme ἦνθον, mots comme εἵκατι, ἐνδοῖ. Cf. Magnien, dans les *Mém. Soc. Linguist.* XXI, pp. 49 et suiv., 112 et suiv.

agi de même pour des raisons d'euphonie qui nous échappent, ou pour le simple agrément de la variété[1] ? Toute rigueur schématique méconnaît l'évidente liberté de la pratique poétique. Et la convention de suivre la tradition manuscrite, quand il est possible de le faire, n'expose pas à plus d'erreurs qu'une autre. Il est très admissible que Callimaque ait écrit μακρήν au v. 7 de l'hymne II, γαγενέων au v. 8 de l'hymne V : nous conservons les leçons de tous les manuscrits μακράν et γηγενέων — deux exemples parmi plusieurs.

Mais il reste que nous avons souvent, avec les récents éditeurs, abandonné la tradition, et cela dans les deux cas généraux suivants : 1° nous avons rétabli l'uniformité, quand il s'agit des règles les plus générales de l'épico-ionien et du dorien, et qui forment comme le ton de soutien de la coloration dialectale : ici formes en η, là formes en α, emploi des formes μιν ou νιν, formes comme ὄκα, ποκα, etc. ; il n'est pas légitime de penser que Callimaque ait jamais transgressé ces règles générales ; 2° quand un mot — ou une flexion — est attesté dans un endroit du texte, par les meilleurs mss., sous une forme dialectale, nous le restituons sous la même forme dans les autres passages où il figure. Exemple : μισθῶ, leçon de tous les manuscrits dans V, 102, autorise la correction βιότω dans V, 128 ; μῶνος, leçon de tous les *vetustiores* dans VI, 8, la correction μῶνος dans V, 75, et plusieurs autres. La même règle s'applique à beaucoup d'autres cas.

1. La reprise, à deux vers de distance, d'une idée identique avec une légère variante d'expression, est un procédé très fréquent chez le poète (par exemple, I, 92 et 93 ; V, 72 et 73-74). Il a pu en agir de même avec les formes et les flexions : il y avait là pour lui, encore une fois, matière poétique plutôt que dialecte. C'est ce qui peut faire douter que le grec des hymnes V et VI soit, *rigoureusement*, du « syracusain ».

En dehors de ces deux règles, qui à vrai dire légitiment un grand nombre de corrections, nous avons évité l'« ionisation » ou la « dorisation » arbitraires, même pour des mots attestés par d'autres textes sous leur forme dialectale. D'autant plus nous avons admis, sans chercher à les réduire à l'unité, des formes ou des flexions diverses, lorsqu'elles existent les unes et les autres en dialecte poétique. Ainsi des datifs pluriels de la première déclinaison. La forme en -ῃσι est la plus « homérique » ; mais la forme en -αις, certaine pour la fin du vers, apparaît plus d'une fois à d'autres places ; nous l'y avons conservée, même lorsque la correction -ῃσ' pourrait rétablir l'uniformité (p. ex. II, 37)[1]. Nous avons seulement écrit, avec Wilamowitz, -ῃσ' devant voyelle au lieu de -ῃς ; une des places où -ῃς ne peut être ainsi corrigé admet, semble-t-il, la forme du génitif -ης (III, 100)[2]. Et voici enfin qui fera mieux saisir le parti que nous avons pris. Le mot « déesse » se trouve six fois dans les hymnes I-IV, trois fois sous la forme θεά, trois fois sous la forme θεή, par accord de tous les manuscrits. Il peut y avoir de bonnes raisons pour restituer partout l'homérique θεά ou partout l'« hyperionisme » θεή[3]. Mais pourquoi plierions-nous la liberté du poète à un usage unique ? Nous avons écrit trois fois θεά, et trois fois θεή. « Ut alterum in calamum veniret », écrit Wilamowitz à propos d'une variante orthographique; « et auri placeret », ajouterons-nous ici.

1. Dans ce second cas, le plus récent éditeur, Wilamowitz, restitue -ῃσ' (p. ex. dans II, 37). Mais il semble n'aller pas au bout de son principe : il garde νάπαις dans II, 89. Nous conservons αις ici et là.

2. En effet ὄχθη presque toujours employé au pluriel, se trouve au singulier dans Φ 17, précisément avec ἐπί, mais à vrai dire au datif. Reste αἰθυίης, difficile à corriger dans IV, 12.

3. Comme l'écrit Wilamowitz.

Nous avons suivi pour l'apparat critique les règles admises pour les autres volumes de cette collection. Le principe est la sobriété. Nous entendons, comme on l'a dit déjà, qu'un apparat critique n'est pas un recueil de toutes fautes, et comme une simple copie des collations de manuscrits ; il n'en est que l'extrait utile. L'apparat critique marque d'abord — c'est son plus essentiel office — toutes les divergences entre le texte adopté et la tradition, ou une partie de la tradition, celle que représentent les manuscrits dont il a été fait état plus haut. Mais il s'agit des divergences seules qui sont de quelque intérêt et de quelque conséquence pour la constitution du texte. Fautes évidentes de copistes [1], différences orthographiques, iotacismes, séparations fautives des mots, détails d'accentuation, tous ces *inutilia* sont exclus. Il ne saurait d'ailleurs y avoir là une règle mécanique, bonne à tout venant. Une faute de ce genre peut avoir un réel intérêt pour l'histoire du texte et mériter d'être consignée. Il importera de noter, en face du ἰῄ de presque tous les manuscrits, la nécessité de la graphie ἱῄ dans l'hymne II, en raison du jeu étymologique. Mais toute la surcharge d'un apparat critique comme celui de Schneider est à rejeter, peut-être de toute édition, en tout cas d'une édition destinée au grand public comme est celle-ci. Quant à la règle adoptée pour l'indication des leçons, le seul point à noter est celui-ci : toute leçon non accompagnée d'un nom de critique ou d'un sigle de manuscrit est la leçon ou de tous les manuscrits — quand elle s'oppose à une correction de critique — ou des manuscrits autres que ceux désignés par leur sigle de l'autre côté du signe :.

L'apparat critique, si sobre soit-il, doit remplir aussi

1. Il va de soi que ces fautes mêmes sont mentionnées, quand elles sont le fait de *toute* ou *presque toute* la tradition manuscrite.

un autre office. Nous avons observé le principe général de ne pas mentionner de conjectures *non adoptées*, même intéressantes, lorsqu'il apparaît que toute conjecture est inutile. Mais il est des cas où, tout en se décidant à conserver le texte traditionnel, l'éditeur peut estimer qu'il soulève des doutes raisonnables, ou qu'il est peu explicable. Les corruptions évidentes sont marquées, dans le texte même, par le signe †. Mais c'est à l'apparat critique d'attirer l'attention du lecteur sur les cas moins graves de suspicion possible. Une brève formule ou la mention d'une conjecture suffiront à fixer son esprit là où il ne convient pas qu'il passe trop vite. Plus une édition est de tendance « conservatrice », plus de telles mentions sont nécessaires à la sincérité de l'apparat critique, qui donnera ainsi à chaque lecteur les moyens et commodités nécessaires pour *connaître* la tradition, et pour, s'il lui plaît, la *modifier* à son propre gré.

Nous serons très brefs sur le point de l'établissement du texte dans les autres divisions de ce petit volume. Pour les *Epigrammes*, la tradition manuscrite est simple : sauf deux (V et VI), elles viennent toutes de l'Anthologie de Céphalas, connue par le manuscrit Palatin. L'édition de Stadtmueller donne les renseignements les plus complets et les plus minutieux sur le texte de ce manuscrit, comme aussi sur celui de Planude[1]. Nous n'avons eu, pour notre très sommaire apparat critique, qu'à en extraire ce qui pouvait, d'après les principes énoncés plus haut, intéresser le lecteur. Elle est malheureusement restée inachevée ; pour la vingtaine d'épigrammes qui n'y figurent pas, nous n'avons pu profiter que des renseignements donnés par Jacobs et Schneider. — Mais la simplicité de la tradition manuscrite ne fait

1. Dans notre apparat critique P = Palatina, Pl = Planudea.

pas que la situation de l'éditeur vis-à-vis d'elle ne soit parfois délicate. Le texte des épigrammes de Callimaque est souvent peu satisfaisant, plus d'une fois inintelligible. Or, dans les quelques cas où nous connaissons, par des citations d'auteur, un autre texte que celui de l'*Anthologie*, nous constatons des variantes importantes, sans nul rapport paléographique avec les leçons du *Palatinus*. Il est évident que ces courtes pièces ont été exposées à des altérations nombreuses, et que le texte originel a été souvent transformé, soit parce qu'on le comprenait mal — ainsi σώφρονα θυμὸν ἔχειν au lieu de τὴν προπέτειαν ἐᾶν dans 42,4, ἱαρήν au lieu de φλιήν *ibid.* 6 — soit pour des raisons diverses, quelquefois de moralité — ainsi, chez Planude, ἄλλης δή au lieu de ἀρσενικῷ dans 25,5. On ne doit donc pas hésiter, toutes les fois qu'on dispose de plusieurs textes, à choisir, sans autre considération, le plus satisfaisant pour le sens. Pour la même raison, la hardiesse est justifiée en face des passages évidemment corrompus. On ne s'est pas fait faute de corrections ingénieuses. Mais nous avouons notre répugnance à les insérer dans le texte de ces petites pièces au détail précieux et subtil, où chaque mot a été, plus qu'ailleurs, recherché et médité par le poète. Nous avons donc préféré là encore la *crux* des philologues prudents ou timides aux trouvailles d'un Brunck ou d'un Bentley, sans parler des modernes — quitte à noter, dans l'apparat critique, la plus vraisemblable des restitutions. Aussi bien, devant un texte comme celui de l'épigramme 59, n'est-il pas plus honnête d'avouer que par endroits l'énigme en est indéchiffrable ? De même pour les réunions de lettres, qui, ici ou là, n'offrent nul sens et même ne forment aucun mot grec —. Plus d'une fois, d'autre part, nous avons, après réflexion, maintenu le texte du *Palatinus* contre des corrections très généralement acceptées (p. ex. παλαΐτερον dans 5,1 ; σύντονος ἀγρυπνΐη dans 27,4 ; etc...).

Simple était notre tâche pour les fragments *choisis* de l'*Hécalé*, et pour ceux des *Aitia*, des *Iambes*. N'ayant pu contrôler par nous-mêmes les documents originaux, nous avons donné, à peu de détails près, qu'on trouvera relevés dans les notes critiques, le texte des éditeurs, Gomperz, Grenfell-Hunt, Wilamowitz. Nous avons noté les différences de lecture signalées et les restitutions intéressantes proposées depuis la première publication. V. d'autre part plus loin, quant au caractère de notre présentation de ces textes nouveaux.

La traduction. Les *Hymnes*, les *Epigrammes* et les *Fragments* sont accompagnés d'une traduction [1]. La seule traduction en français des *Hymnes* — pour ne pas parler de la « traduction » en vers de de Wailly (1842) — est celle de la Porte du Theil (*L'an troisième*, pour l'édition que j'ai sous les yeux). Elle n'est pas sans mérite ; mais elle résume souvent plutôt qu'elle ne traduit ; et on pensera qu'un nouvel essai n'était pas inutile [2]. La tâche est difficile de rendre en français, avec une exactitude qui ne soit point barbare, une poésie subtile. Et par exemple, de donner la juste impression de ce style composite, où l'usage homérique voisine à chaque vers, et de propos délibéré, avec celui

1. Les fragments nouveaux — du moins leurs parties essentielles — ont été le plus souvent traduits dès leur apparition ; ainsi l'histoire d'Acontios et Cydippé par M. Puech dans la *Revue des Etudes Grecques*, 1910, pp. 260 et suiv. ; le fragment *Ox. Pap.* 1362 par M. Th. Reinach, *ibid.* 1916, p. 122 ; les fragments *Ox. Pap.* 1793, 2079 et 2080, et le fragment de la *Coma* par nous-même. dans l'Appendice de notre étude sur *Callimaque* (cf. p. 26, note).

2. Signalons ici que M. Louis Roussel a donné une traduction de l'*Hymne à Zeus*, accompagnée d'observations souvent pénétrantes (Montpellier, 1928).

des tragiques et des lyriques ou avec un usage beaucoup plus récent, on n'y pouvait songer ; il y faudrait plusieurs claviers d'expressions. Le sens général, et avec lui, l'allure du développement et le ton mi-sérieux — grave même quelquefois — mi-humoristique de cette poésie compliquée, c'est tout ce qu'une traduction peut essayer de rendre.

Pour les *Epigrammes*, nous avions un modèle dans l'exacte et élégante traduction publiée par Hauvette dans la *Revue des Etudes grecques* (XX, 1907). Nous avons essayé, sans nous flatter d'y avoir réussi, d'aller plus loin encore du côté du *serré* et de la concision. Et nous avons adopté, sur plus d'un point de ces pièces difficiles, une interprétation différente de celle d'Hauvette ; aussi bien le texte que nous avons admis n'est pas toujours celui qui a servi de base à son travail. Mais aussi, quand la traduction du regretté savant nous a paru rendre l'idée et le mot de façon tout adéquate, nous n'avons pas cherché une originalité aux dépens de l'exactitude et du bien rendu.

Un texte comme celui-ci est souvent bien peu traduisible. Nous ne nous dissimulons point que tout essai de ce genre court le risque de laisser sceptique le lecteur français quant au talent poétique dont on prétend donner quelque idée. Qu'on voie dans une telle traduction, plutôt qu'une lecture bonne à donner par elle-même une satisfaction artistique, une aide à se la procurer, en lisant le seul Callimaque : celui du texte grec [1].

1. Sur toutes les questions traitées dans cette Introduction et dans les courtes notices qui suivent, nous nous permettons de renvoyer à notre étude d'ensemble sur *Callimaque et son œuvre poétique* et à notre *Commentaire* des Hymnes (Bibliothèque des Ecoles Françaises d'Athènes et de Rome, fasc. 134 et 134 bis, Paris, de Boccard, 1929-30).

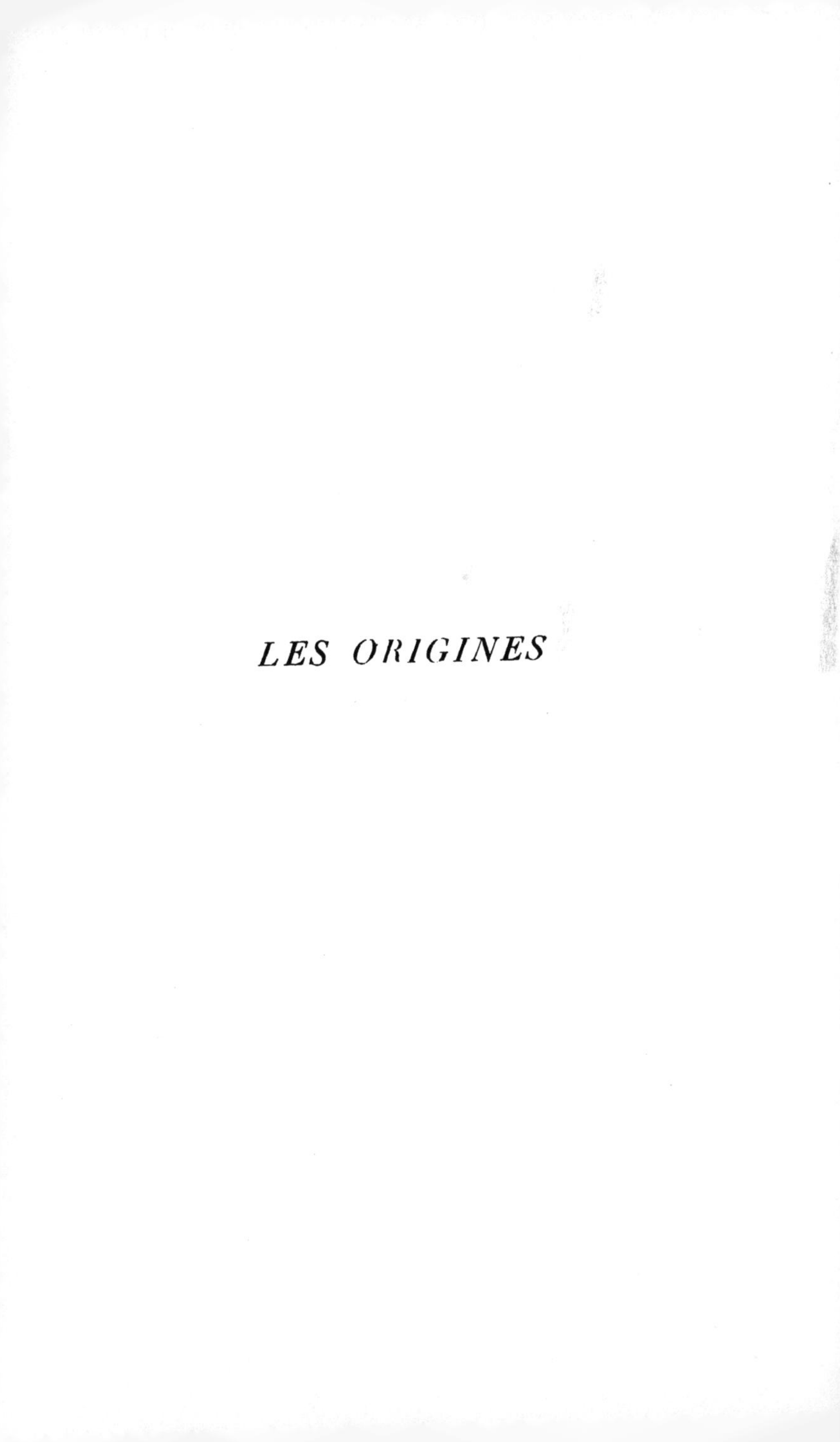

LES ORIGINES

LES ORIGINES

Une épigramme anonyme de l'*Anthologie* (VII, 42) donne les indications essentielles sur le poème de Callimaque intitulé Αἴτια. « Du savant fils de Battos Songe grand et illustre, tu fus vraiment de la porte de corne, non de la porte d'ivoire. Tu nous as révélé telles choses que nous, hommes, nous ignorions, et sur les immortels et sur les demi-dieux, quand tu vins enlever de Libye le poète et le porter sur l'Hélicon, au milieu des Piérides. Il les interrogea sur les héros d'autrefois et sur les dieux ; elles lui dirent en réponse, sur tout cela, les *Origines.* » Le poème était donc un recueil d'histoires divines et héroïques, que le poète était censé avoir entendues des Muses dans un songe merveilleux : d'où l'expression de Properce, *somnia Callimachi,* pour désigner les Αἴτια. Nous savons d'autre part que le poème était en quatre livres.

L'épigrammatiste ne fait pas nettement comprendre par ses vers le sens précis du titre Αἴτια. En principe tout au moins les histoires mythiques ou héroïques étaient racontées non pour elles-mêmes, mais pour servir d'*explication* à telle cérémonie, ou, d'une façon plus générale, à telle pratique curieuse, le fait d'autrefois étant la *cause,* αἴτιον, de l'usage d'aujourd'hui. La traduction stricte du mot Αἴτια est donc « les *Causes* ». Mais un tel titre aurait pour nous une signification philosophique qui fausserait entièrement l'idée qu'il convient d'avoir du poème de Callimaque ; il ne s'agit que d'histoire et d'« antiquités ». Il n'y a pas d'équivalent exact, sinon du mot, du moins de la conception qu'il recouvre. Nous traduisons « *Les Origines* ».

Les publications des papyrus d'Oxyrhynchus nous ont apporté un récit des *Aitia,* la moitié à peu près d'un autre, le début d'un troisième et, mutilés, les derniers vers du poème. Surtout un papyrus de Tebtynis, publié en 1934 par Norsa-Vitelli [1], nous a rendu toute une série de Διηγήσεις, qui sont des résumés, par un grammairien du Ier ou du IIe siècle ap. J.-C., des récits de Callimaque dans les *Aitia* (les deux dernières pièces du livre III, toutes les pièces du livre IV). Si nous sommes éloignés encore de toute possibilité de reconstruction de l'ensemble, nous pouvons cependant prendre quelque idée du caractère et de la contexture de l'œuvre.

Les *Aitia* étaient l'œuvre capitale de Callimaque — μέγιστα Αἴτια, dit la table médiévale. Cela, tout d'abord, par leur étendue même ; ce poème, en quatre livres, de 7 à 800 vers chacun, était d'assez grande dimension. Quand les adversaires du jeune poète le défiaient d'écrire un μέγα ποίημα, ils entendaient par là une œuvre plus une que les *Aitia*, et à sujet épique, à « grand sujet » ; c'est de qualité, plus que de quantité, qu'il s'agissait. Et d'autre part les *Aitia* devaient rester l'œuvre la plus significative de la nouvelle école poétique ; le génie de Callimaque s'est donné là le plus librement carrière, qui consiste à faire entrer les matières et les formes anciennes dans des combinaisons littéraires nouvelles, et à faire de la poésie « scientifique » une œuvre d'art personnelle.

La matière, c'est ici celle de l'*épos* didactique, de la poésie hésiodique. Nous savons que les *Aitia* débutaient par un « songe », où les Muses venaient révéler au poète des vérités semblables à celles qu'elles avaient enseignées jadis à l'auteur de la *Théogonie* [2] ; et nous savons aussi maintenant que la mention de la poésie hésiodique reparaissait à la fin du poème [3]. Ainsi toute l'œuvre, des premiers aux derniers vers, était mise en quelque sorte sous l'autorité de cette

1. ΔΙΗΓΗΣΕΙΣ di Poemi di Callimaco *in un Papiro di Tebtynis, a cura di* M. Norsa *e* G. Vitelli, Firenze, Ariani, 1934. Nous avons étudié ce document dans un article de la *Revue des Et. Grecques*, 1935, pp. 279-321.

2. Cf. plus loin, p. 41.

3. Voir ci-après, fr. X.

même tradition. Et à coup sûr les sujets traités dans les *Aitia* étaient, pour beaucoup, différents de ceux qu'on voyait dans la *Théogonie* ou les *Catalogues* hésiodiques ; au lieu des mythes panhelléniques, c'étaient surtout des mythes locaux et des histoires rares qui remplissaient les quatre livres des *Aitia* ; mais l'inspiration d'ensemble n'en était pas moins celle de la *Théogonie* ou des Ἠοῖαι ; cette poésie « scientifique » continuait une très antique tradition, d'ailleurs jamais interrompue. Seulement elle innovait en revêtant l'exposé des histoires divines ou humaines d'une forme toute différente de celle de la poésie hésiodique ; l'ἐλεγεῖον, avec son expression plus nette, plus précise et plus arrêtée de la pensée remplaçait l'ἔπος plus incertain et fluent, et permettait de donner à la poésie érudite le tour personnel partout sensible dans les *Aitia* ; à chaque pas le poète lui-même intervenait. En un mot la poésie toute d'enseignement, toute sèche des *Catalogues* hésiodiques rentrait dans le domaine de l'art. La matière en avait passé, une fois la prose littéraire créée, à la logographie et à l'histoire. Elle redevenait sujet poétique avec les livres des *Aitia*. Une tentative analogue semble avoir été faite, bien avant Callimaque, par Antimaque de Colophon, dans un domaine restreint ; sa *Lydé* était, à propos d'un cas personnel, une collection d'histoires érotico-mythiques en ἐλεγεῖα ; aussi bien c'est au nom de ce poète, très discuté par les factions littéraires, que se rallièrent les adversaires de Callimaque. Mais les témoignages sur l'œuvre d'Antimaque laissent à penser que, s'il eut le premier le mérite d'une conception originale, il ne sut pas la réaliser artistiquement. C'est précisément la lourdeur pédante et didactique, le manque d'art — παχύ, οὐ τορόν — que l'auteur des *Aitia* reprochait au Colophonien.

Il avait prétendu lui-même écrire une œuvre d'art autant et plus qu'un poème didactique ; tout autre chose à coup sûr qu'un manuel de mythologie versifiée. C'est là ce qui rend, avec le peu d'éléments dont nous disposons, vain et fragile tout essai de reconstitution des *Aitia*. Ce n'est pas ici le lieu de discuter les tentatives de Schneider, de Dittrich et d'autres. Leur tort est de faire du poème précisément le παχὺ γράμμα d'Antimaque. Se refuser à donner soi-même un «plan» des *Aitia*, n'est pas faire preuve d'impuissance ou de timidité philologique ; c'est rendre ce qu'on doit à la liberté et à la fantaisie poétiques de Callimaque, qui ne s'accordaient pas aux cadres tout faits où l'on prétendrait faire tenir la matière de son œuvre. Un grand nombre de récits très variés, où étaient rapportés des mythes, des traditions, des usages locaux, mille détails des «antiquités» religieuses de la Grèce, tel était le contenu du poème. Il n'y avait pas, rigoureusement, un αἴτιον comme conclusion de chaque récit ; mais plus généralement l'explication du présent par le passé donnait la tonalité générale de l'œuvre. Tantôt ces récits étaient longuement développés ; tantôt les sujets n'étaient qu'indiqués. Les récits n'étaient pas séparés et indépendants, comme dans les élégies romaines de Properce ; des transitions les reliaient ; et leur groupement dans chacun des livres devait être conditionné par des convenances artistiques d'opposition, de ressemblance, de balancement, de variété surtout, plutôt que par des nécessités rationnelles et logiques. Et l'intervention du poète — réflexions sérieuses ou piquantes, invocations aux divinités, allusions à la vie ou à la carrière de l'auteur, quelquefois véritable mise en scène — donnait aux récits une vive allure, en faisant comme autant d'adresses au lecteur. Il est évident qu'avant tout, et par les moyens les plus divers, le poète avait voulu parer à l'écueil de cette poésie érudite, la froideur et la monotonie ; son souci était de plaire plus que d'enseigner. D'où l'importance de l'affabulation et de la mise en scène dans les *Aitia*.

Quel était, dans cette «scénerie», le rôle exact des Muses? L'épigramme de l'Anthologie sur les *Aitia* [1] nous dit bien que c'est des Muses que Callimaque prétendait tenir ses révélations poétiques. Mais il est bien évident qu'on ne sau-

1. *Anthol. Pal.* VII, 42.

rait l'entendre rigoureusement que de *certains* morceaux du poème. Questions du poète aux Muses, et leurs réponses: le procédé deviendrait bien vite monotone et fastidieux. Interlocutrices du poète dans le songe sur l'Hélicon qui ouvrait la série des poèmes, les Muses s'effaçaient sans doute pour reparaître ici ou là. A elles appartenait d'abord, tout le début de l'œuvre — à elles, ou plutôt à Clio et Calliope, Histoire et Poésie, unies comme deux sœurs qui devaient, dans la conception de Callimaque, rester très près l'une de l'autre ; ne faudrait-il pas voir plus qu'une notation pittoresque dans le v. 12 de la *Fondation de Zancle*, qui nous présente Cliô « appuyant son bras à l'épaule de sa sœur » ? Ce serait comme un symbole de toute une pratique littéraire. Dans le début du 1er livre, nous voyons le poète s'entretenir avec les Muses en *général* (θεαί, fr. II, v. 1), puis *particulièrement* avec Calliope (ibid. v. 4). Or, dans les *Fondateurs de Zancle*, qui semblent appartenir au 2e livre [1], Clio répond au poète pour la *deuxième fois* (v. 11). Il y a là quelque difficulté. Il paraît peu admissible que la Muse soit indiquée comme prenant la parole τὸ δεύτερον, après un si long intervalle. On pourra proposer deux hypothèses. Ou bien, au début du 2e livre, il y avait *nouvelle succession* d'échanges de questions et réponses entre le poète et les Muses *en général*, puis, *particulièrement*, Calliope ou Cliô ; mais ce parallélisme absolu paraît assez choquant. Ou bien il faudrait — malgré l'argument, assez faible en somme, du seul mot ζάγκλον cité comme faisant partie du 2e livre des *Aitia* [2] — rapporter au *premier* livre, non au second, bientôt après le début, l'histoire de Zancle.

Peut-être pourrait-on supposer que dans chaque livre les Muses apparaissaient au début de la série des poèmes. Il semble bien en fait que le IVe livre commençât lui aussi par une invocation aux déesses ; la restitution [Μοῦ]σαι paraît assez évidente. Puis sans doute elles disparaissaient

1. Cf. plus loin, p. 48.
2. Cf. fr. 22 Schn.

chaque fois encore. Nous voyons des scènes d'« intérieur » faire le fond de tableau pour la succession des *Aitia* ; la salle du banquet chez Pollis remplaçait le sommet de l'Hélicon ; et c'est de Theugénès d'Icos que le poète apprenait les rites iciens, non de la Muse — comme ses recherches livresques lui avaient livré le secret des antiquités céennes. C'est ici le principe de la ποικιλία, de cette variété bigarrée et divertissante qui permet de dénier à la poésie de Callimaque ce caractère de froideur ennuyeuse qu'on lui a trop longtemps imparti.

Sur la *matière des Aitia*, on ne peut rien affirmer qui soit seulement l'ombre d'un système. Liberté imprévisible, telle apparaît la seule règle quant au choix et à la disposition des sujets traités. Ce qu'on voit fort bien, c'est *ce que n'étaient pas* les *Aitia*. Point un poème, si libre qu'on en imagine la structure, qui traitât les grand épisodes de la mythologie olympienne et classique. Nous ne pouvons plus accorder maintenant la moindre vraisemblance à une restitution comme celle qu'avait tentée Malten, d'une *Quête de Déméter* [1], ou à toute autre de même sorte. Histoires de héros locaux, épisodes de « folk-lore », anecdotes même, de tels sujets, si éloignés de la « grande » mythologie, étaient l'essentiel des *Aitia*. Et il paraît difficile de rattacher exactement chacun de ces récits à un *aition* précis.

S'il apparaît qu'aucun sujet de la légende classique n'était longuement développé dans les *Aitia*, il apparaît aussi, au témoignage des Διηγήσεις, qu'il serait assez vain de chercher à y découvrir des « séries ». On parlait — nous n'en avons pas nous-même rejetée l'idée — d'une *série* d'histoires héracléennes, d'une *série* des aventures des Argonautes. A voir le caractère tout fragmentaire d'un livre des *Aitia*, il est difficile de maintenir une telle assertion. L'histoire de Théiodamas, qui vient appuyer *par comparaison* celle

1. Cf. pour la discussion de cette hypothèse, *Callimaque...*, pp. 165 et suiv.

du sacrifice lindien, ne faisait nullement partie d'une série des exploits du héros; le χαῖρε βαρυσκίπων du fr. 120 Schn. n'est pas — il faut renoncer à cette idée — la conclusion d'une telle suite d'histoires. Y avait-il une série de récits relatifs au voyage des Argonautes, comme la pénétrante critique de M. Pfeiffer semblait l'admettre encore [1], sur la foi de quelques citations de noms géographiques ? Plusieurs « stations » du *nostos* apparaissent dans les documents nouveaux : Anaphé, Cyzique ; elles sont sans lien aucun de l'une à l'autre, et définissent des *aitia* tout différents. Il n'y a aucune raison de penser que d'autres noms qui figurent dans les fragments déjà connus soient, plutôt que ceux-là, à insérer dans un récit *suivi* de la navigation d'Argô. Un tel récit n'existait pas, si libre d'allure qu'on le suppose, et les mentions géographiques où grammairiens et commentateurs marquent des différences d'itinéraire entre la narration de Callimaque et celle d'Apollonios ne se réfèrent sans doute qu'à des énonciations sporadiques, nullement à un exposé d'un seul tenant. S'il en est bien ainsi, le ἄρχμενος ὡς κ. τ. λ. du nouveau texte Vitelli (fr. 113 Schn.) [2] doit être compris non point comme inaugurant une longue narration, mais comme signifiant seulement que la malédiction d'Aiétès est à l'origine même de l'histoire du *nostos* comme du rite d'Anaphé.

Par là même on comprend mieux à présent certain côté du différend entre Callimaque et Apollonios. Callimaque n'a jamais, *sous aucune forme*, écrit un « retour des Argonautes ». Par la tournure de son esprit, il ne voyait dans la grande aventure que la matière possible de morceaux poétiques érudits et subtils ; l'idée d'en tirer un « long poème » s'opposait rigoureusement à son idéal littéraire. Il reprochait à son disciple infidèle d'avoir formé et exécuté un tel dessein.

Point de grand sujet dans les *Aitia*, divin ou héroïque,

1. Cf. *Kallimachosstudien*, p. 52 sqq.

2. Cf. plus loin, p. 54.

et point de « série », qui rattachât à un même dieu ou à un même héros toute une suite d'aventures. Nous pouvons le tenir pour assuré. Est-ce à dire qu'il n'y eût aucun lien entre les histoires successives ? S'il s'agit d'un lien de *matière,* la réponse est assez incertaine. Le livre III se terminait par un *aition* sur Artémis vierge et par l'histoire de l'olympionique Euthyclès ; il faudrait plus que de la subtilité pour relier, quant à leur nature et à leur sens, ces deux pièces. Le livre IV s'ouvrait par l'*aition* du laurier d'Apollon et par celui du φαρμακός d'Abdère. Le lien n'apparaît pas évident ; pourtant il s'agit bien ici et là d'histoires relatives à des rites de purification. D'autre part, c'est pour la *ville* d'Abdère que vaut la pratique des φαρμακοί, et c'est pour la *cité* encore de Ténédos que les Lélèges, dans l'histoire, qui suit, de Mélikertès, offraient jadis un sacrifice *humain* ; or c'est d'un sacrifice *humain* que traitait ensuite, dans l'hypothèse de M. Pfeiffer, l'*aition* où paraissent les Liparéens et les Tyrrhéniens. On voit l'enchevêtrement, et ainsi, pour tout le début du livre IV, un lien un peu vague et tout extérieur entre les *aitia* ; c'en était sans doute assez pour le poète. A côté de quoi les histoires de Leimônê, du chasseur sacrilège, des Pélasgès et du héros de Témésa font bien, à elles toutes, une énigme insoluble, au moins quant à présent, pour qui les voudrait unir d'un fil qui les retienne ensemble, et si ténu fût-il. Mais voici tout au contraire deux *aitia* unis par la presque identité du sujet : le culte de l'Héra de Samos. On ose à peine remarquer que dans l'histoire qui suit, celle de l'Ephésien Pasiclès, figurait sa mère, prêtresse de l'*Héraion.* Mais quoi? on cherche un lien effectif, nous dirions *sérieux,* entre les différents récits, et il se peut fort bien que le lien existât, mais léger, fugitif, fondé sur une apparence plutôt que sur une raison, par là même *imprévisible* et par là même impossible à restituer par une démarche *logique* du raisonnement. Il ne faut pas le regretter ; ce serait faire un contre-sens que ne pas rendre ici tout son dû à la fantaisie individuelle : d'un bout à l'autre du poème, elle animait une matière qui, sans elle, s'avérerait d'une sécheresse et d'une gracilité un peu monotones.

Quant à la *forme*, il semble bien assuré qu'il y avait, d'un *aition* à l'autre, quelque transition, que les récits n'étaient pas, matériellement, présentés comme indépendants. Le fait que les citations sont toujours faites ἐν Αἰτίοις est déjà probant ; et la transition de la *Cydippé* aux récits suivants, pour être très mutilée, apparaît du moins. Nous voyons par ailleurs l'avant-dernier *aition* du livre III, sur Artémis, commencer — si l'on peut, sans abus de mot, parler ici du *premier* vers du récit — par un τεῦ δὲ χάριν, où la liaison matérielle avec l'*aition* précédent est bien marquée par la particule : le vers cité en lemme par le diégète est celui où s'enchaînait le nouveau développement. On voudrait ici plus de clarté ; la faute est au malin Hermès des découvertes, qui montre et qui cache ; on doit espérer qu'une transition d'un récit à l'autre nous sera rendue en plein détail. Mais ne peut-on penser déjà que la subtilité du poète s'amusait à ces « passages », plus naturels ou plus forcés ?

On peut parler ici d'amusement et de plaisir. Car la connaissance nouvelle que nous donnent des *Aitia* les Διηγήσεις de Tebtynis nuance — devant l'incomplet du document il ne peut s'agir que de nuances — la conception d'ensemble de l'œuvre d'un ton plus plaisant peut-être que sérieux. Nous sommes loin, avec les *Aitia*, d'un poème vraiment didactique. Toutes ces histoires de « folk-lore » local, plutôt que de culte olympique et de religion hellénique, sont mieux faites pour le plaisir du lecteur que pour sa grave instruction. Ce n'est pas seulement pour animer l'austérité de son sujet que le poète met en jeu tous les procédés de l'exposition pittoresque, au nombre desquels l'apostrophe directe au personnage héroïque ou divin paraît avec une fréquence presque excessive : c'est que le piquant, ce qui frappe et surprend, l'humour même et le ton mi-sérieux mi-plaisant, tous ces traits sont l'essentiel de la Muse des *Aitia*. Point une grande œuvre à coup sûr ; toute l'ingéniosité, toute la variété inventive du poète cache un peu insuffisamment certain caractère un peu grêle de sa pensée et de sa science même. Mais une œuvre agréable où la libre fantaisie et la ποικιλία de la matière et de la forme faisaient une poésie attachante et nouvelle.

On doit, renonçant à toute chimérique « reconstitution », se contenter d'énumérer les quelques récits dont on peut ou bien affirmer ou bien tenir pour très vraisemblable qu'ils figuraient dans les *Aitia*. Encore ne saurait-on être en telle matière trop circonspect ; nous constatons plus d'une fois que là où quelque mention pourrait faire croire à un récit complet, il ne s'agit au vrai que d'un vers, que d'un mot d'allusion. Et la liste des « histoires » dont la présence dans les *Aitia* est suffisamment attestée est très courte, à la dresser rigoureusement. La voici, livre après livre, pour autant que ces déterminations aient une autre valeur que celle d'une hypothèse ou d'une probabilité.

Le 1er livre contenait d'abord le prologue, constitué par la pièce « contre les Telchines » où le poète, contre les envieux, les βάσκανοι, qui lui reprochaient la maigreur de son inspiration, défendait son idéal poétique (cf. ci-après). Puis venait la série des *Aitia*.

Livre I. — 1er *Aition*. Pourquoi sacrifie-t-on aux Charites, à Paros, sans les pratiques de la flûte et du port des couronnes ? C'est que Minos, comme on lui avait annoncé, pendant qu'il leur sacrifiait dans cette île, la mort de son fils Androgeos, continua le rite sacré, se contentant d'arrêter le joueur de flûte et de déposer sa couronne. Après un développement qui traitait de la généalogie des Charites venait une invocation pittoresque à ces divinités, un appel pour qu'ils donnent aux vers du poète la beauté qui assure leur longue vie. Cf. ci-après I.

2e *Aition*. La pièce posait la question des sacrifices où figurent des imprécations (μετὰ καταρῶν). Il en était ainsi à Anaphé, au cours d'une scène de λοιδορία dont parle

Apollonios (*Arg.* IV, vv. 1725 sqq.). Et encore ainsi dans le sacrifice offert par les habitants de Lindos à Héraclès. Le poète, après avoir rappelé ces deux curieuses coutumes, leur comparait les κατάραι de l'histoire d'*Héraclès et Théiodamas*. L'interrogation aux Muses était suivie de la réponse de Calliope qui commençait par rappeler l'imprécation d'Aiétès aux Argonautes ravisseurs de sa fille. Cf. ci-après, II.

Au 1er livre figurait encore l'histoire de l'*enfant Linos*, exposé par sa mère Psamathé, déchiré par les chiens gardiens des troupeaux du roi d'Argos Crotopos — de la vengeance d'Apollon envoyant aux Argiens un monstre dévastateur, la Ποινή — de Coroibos qui en délivre la cité. L'αἴτιον, d'après un fragment sur papyrus très mutilé, semble avoir été pour ce récit les ἀρνηίδες ἡμέραι d'Argos, souvenir des ἄρνες compagnons de Linos. « Les agneaux, cher enfant, étaient tes camarades et compagnons ; ton séjour, les parcs et les pâtures[1]. »

Livre II. — Au 2e livre figuraient des histoires se rapportant au *Retour des Argonautes*, « comment les héros, de chez Aiétès, revinrent dans l'antique Hémonie[2] ». Rien d'analogue sans doute au long *nostos* épique d'Apollonios (cf. plus haut, p. 43) — la tradition même suivie par Callimaque semble avoir été différente de celle admise dans les *Argonautiques* — mais plutôt quelques épisodes. On saisit la trace sûre d'une *invective d'Aiétès* contre les Grecs (cf. plus haut, p. 43, et ci-après, II), — d'un *débat à Schérie* entre Alkinoos, les Argonautes et les Colques[3]; de la mention des *colonies colques* en Epire et en Illyrie. « Ce sont eux qui, au bord de la mer Illyrienne, ayant reposé leurs rames, près de la roche de la blonde Harmonia, la femme-serpent, bâtirent la ville qu'en grec on

1. Ἄρνες τοι, φίλε κοῦρε, συνήλικες, ἄρνες ἑταῖροι
ἔσκον, ἐνιαυθμοὶ δ' αὔλια καὶ βοτάναι.
2. Ἀρχμενος ὡς ἥρωες ἀπ' Αἰήταο Κυταίου
αὖτις ἐς ἀρχαίην ἔπλεον Αἱμονίην (cf. p. 55. II 8-9).
3. Cf. Nicole, *Rev. des Et. Gr.*, 1904, pp. 215 et suiv.

dirait la Ville des Fugitifs, Phygadès, et qu'en leur langue on nomme Pola [1]. »

Au 2e livre figurait encore l'histoire des *Fondateurs de Zancle*. Pourquoi, alors que toutes les villes de Sicile rappellent au jour du sacrifice traditionnel le nom de leur fondateur, la ville de Zancle le laisse-t-elle au contraire sans le proclamer ? Le poète interroge Cliô qui donne l'explication demandée ; sont énoncées ensuite d'autres curiosités. L'histoire occupait trois colonnes du papyrus ; la première et la troisième sont très mutilées ; la deuxième contient le récit complet. Cf. ci-après, III.

Livre III. — Dans le 3e livre était narrée l'histoire d'*Acontios et Cydippé*, empruntée par Callimaque à une chronique de Céos, et racontée après lui par Aristénète [2], chez les Latins par Ovide [3]. Le bel Acontios, un jeune homme de Céos, s'éprend de la Naxienne Cydippé, rencontrée par lui aux fêtes d'Artémis à Délos. Il a l'idée de graver sur une pomme une formule de serment par la déesse, qui engage la jeune fille à son égard, et, par un artifice, l'amène à en relire les termes à haute voix. C'en en fait : Cydippé ne peut plus être qu'à Acontios ; après plusieurs essais infructueux du père de la jeune fille pour lui imposer un époux de son choix, tout se découvre. Le papyrus publié par Grenfell et Hunt contient la fin du récit [4]. De ce qui précède on n'a que quelques fragments très courts qui, avec l'aide des imitations d'Aristénète et d'Ovide, avaient permis déjà de présenter une restitution approximative. On s'était trompé sur la question de l'αἴτιον ;

1. Οἳ μὲν ἐπ' Ἰλλυρικοῖο πόρου σχάσσαντες ἐρετμά
   λᾶα παρὰ ξανθῆς Ἁρμονίης ὄφιος
ἄστυρον ἐκτίσσαντο, τὸ μὲν « Φυγάδων » τις ἐνίσποι
   Γραικός, ἀτὰρ κείνων γλῶσσ' ὀνόμηνε Πόλας. (Fr. 104 Schn.).

2. Arist. *Epist.*, I, 10.

3. Ov. *Epist. Her.*, 20, 21.

4. Sur ce fragment, cf. l'étude qui accompagne la publication de Puech (*Rev. des Et. Grecques*, 1910, pp. 255 et suiv.), et celle de Legrand (*Rev. des Et. Anciennes*, 1911, pp. 1 et suiv.).

il n'y en a pas, à proprement parler, à la base du récit, qui n'est qu'une « histoire céenne. » Rappelons seulement, parmi les fragments anciens, le distique qui nous peint Acontios poursuivi par ses éromènes : « Beaucoup, qui aimaient Acontios, lançaient à terre, du fond des coupes, le cottabe sicilien... » ; et cet autre, mis dans la bouche de l'amoureux : « (Arbres), ne portez pas, gravées dans vos feuillages, d'autres lettres que celles qui diront : Cydippé la belle... [2] » V. ci-après, IV.

Au même livre appartenaient encore — assez hypothétiquement — plusieurs récits relatifs à *Héraclès*, bien qu'il faille renoncer à l'idée d'une *série* à proprement dire de tels récits. Quelques fragments se rapportent à l'histoire d'*Héraclès chez le pâtre Molorchos*, probablement liée au récit de sa victoire — « à Zeus et Némée je dois maintenant mon présent [3] » — sur le lion de Némée que, « dans sa colère l'épouse de Zeus avait envoyé pour ravager Argos, sa propre terre, et servir ainsi de dure épreuve au fils bâtard de Zeus [4]. » Le récit avait pour αἴτιον le remplacement, aux jeux de l'Isthme, de la couronne de pin par celle d'ache. « Et les Corinthiens, qui célèbrent près du sanctuaire de Poseidôn Aigéôn une fête plus antique que celle-ci, feront cependant de la couronne d'ache le symbole de la victoire isthmique, par imitation de celle qu'on donne à Némée ; ils rejetteront la couronne de pin qui jadis honorait les combattants d'Ephyra [5]. »

1. Πολλοὶ καὶ φιλέοντες Ἀκόντιον ἧκαν ἔραζε
   οἰνοπόται Σικελὰς ἐκ κυλίκων λάταγας (Fr. 102 Schn.).
2. Ἀλλ' ἐνὶ δὴ φύλλοισι κεκομμένα τόσσα φέροιτε
   γράμματα, Κυδίππην ὅσσ' ἐρέουσι καλήν (Fr. 101 Schn.).
3. Ζηνί τε καὶ Νεμέῃ τι χαρίσιον ἕδνον ὀφείλω (Fr. 193 Schn.).
4. Τῇ μὲν ἀρισκυδὴς εὔνις ἀνῆκε Διός
   Ἄργος ἔχειν, ἴδιόν περ ἐὸν λάχος, ἀλλὰ γενέθλῃ
   Ζηνὸς ὅπως σκοτίῃ τρηχὺς ἄεθλος ἔοι. (Fr. 108 Schn.).
5. Καί μιν Ἀλητιάδαι πουλὺ γεγειότερον
   τοῦδε παρ' Αἰγαίωνι θεῷ τελέοντες ἀγῶνα
   θήσουσιν νίκης σύμβολον Ἰσθμιάδος,
   ζήλῳ τῶν Νεμέηθε, πίτυν δ' ἀποτιμήσουσιν,
   ἣ πρὶν ἀγωνιστὰς ἔστεφε τοὺς Ἐφύρῃ. (Fr. 103 Schn.).

Un fragment nouveau du même récit semble mettre en scène la réception du héros (tel Thésée dans la hutte d'Hécalé) dans la cabane du pâtre. Il passe la nuit chez Molorchos et part le lendemain pour Argos ; il est question d'un « âne » dont il promet le cadeau à son hôte et qu'il lui fait parvenir — et, dans les derniers vers, d'une fête instituée en mémoire de l'hospitalité de Molorchos. Cf. ci-après, V.

A côté d'*Héraclès chez Molorchos*, *Héraclès et Théiodamas* (la place dans le livre III est tout à fait incertaine). Héraclès fait son festin d'un des bœufs de l'attelage du paysan Théiodamas, qui lui a refusé toute nourriture pour son fils Hyllos et l'accable de malédictions dont le héros se soucie fort peu ; il s'agissait d'expliquer un usage d'un culte de Lindos. Les traits du récit sont curieusement humoristiques. Cf. ci-après, VI...

Du 3e livre toujours nous connaissons la fin — *lemmes* et résumés — par les Διηγήσεις de Tebtynis. Cf. ci-après, VII. L'avant-dernière pièce expliquait le rite d'imploration d'*Artémis* par les femmes en couches. La dernière était une histoire relative à un olympionique, *Euthyclès de Locres*.

Livre IV. — Aucun fragment de quelque importance n'est conservé : mais le papyrus de Tebtynis donne, à la suite, les lemmes et les sommaires des 17 pièces. Cf. ci-après, VIII. L'ensemble se termine par la *Boucle de Bérénice*, qui figure à cette place comme un dernier ἐλεγεῖον, soit même comme un dernier αἴτιον. Sur la pièce, v. plus loin, p. 92.

Enfin, dans un des livres du poème figurait un αἴτιον relatif au *culte de Pélée* dans l'île d'*Icos*. Il reste de la pièce l'entrée en matière dont on peut penser avec quelque vraisemblance, vu l'importance de la scénerie, qu'elle servait en même temps de préface à un des livres des *Aitia*. Le texte est intéressant du fait qu'il comporte une de ces interventions personnelles du poète dans son œuvre, qui donnaient mouvement et vie à ce poème érudit. La scène se passe à Alexandrie, chez l'Athénien *Pollis*. V. ci-après, IX.

Là s'arrêtent les certitudes. Il est par ailleurs *douteux* qu'il y eût dans les *Aitia* un récit de la *quête de Déméter* à la recherche de sa fille [1]. — Au contraire un récit de l'histoire de *Démophoôn et Phyllis* [2], reprise par Ovide dans les *Héroïdes* [3], est *possible*. Il est *possible* aussi qu'y figurassent l'histoire d'*Ajax et la rançon des Locriens* pour le viol de Cassandre [4] — celle des *Oinotropoi*, les filles du prêtre d'Apollon Anios, qui avaient obtenu du dieu le privilège de changer toutes choses en vin [5] — celle de *Callistô* [6], la nymphe victime de la haine d'Artémis ou d'Héra — celle d'*Icare* [7]. En dehors de cette courte énumération, les probabilités sont si vagues, pour la présence dans les *Aitia* de tel ou tel récit, qu'il ne convient pas, en les signalant ici, de leur donner plus de consistance qu'elles n'en ont.

Le papyrus d'Oxyrhynchus publié en 1910 donne la fin du poème des *Aitia*. Disons plutôt qu'il eût pu la donner. Les vers sont si mutilés qu'ils se prêtent à des restitutions très différentes, non pas seulement pour le détail, mais pour l'ensemble même : invocation du poète à une divinité, ou dialogue entre le poète et Zeus. Les cinq derniers vers seulement sont complets : on les trouvera ci-après (X).

Quant aux fragments des *Aitia* depuis longtemps connus, et réunis dans le 2e volume des *Callimachea* de Schneider, ils sont si courts que l'intérêt en est surtout lexicographique ou historique ; nous en avons déjà cité quelques-uns, qu'on peut rattacher avec beaucoup de vraisemblance à tels des récits du poème. Rares sont, parmi les autres, ceux qui ont un intérêt littéraire. Ici c'est un couplet qui exalte les jouis-

1. Cf. Schneider, *Callim.*, II, p. 106 ; et récemment Malten, dans l'*Hermes*, 1910, pp. 506 et suiv.
2. Fr. 505 Schn.
3. Ov., *Epist. Her.*, 2.
4. Schn., *Callim.*, II, p. 77.
5. Cf. Wentzel, dans *Philol.*, 51, pp. 46 et suiv.
6. Fr. 385 Schn.
7. Fr. 5 Schn.

sances de l'esprit : « Tout ce que j'ai donné à mon front de blonds parfums, en couronnes odorantes, tout cela sur-le-champ fut sans vie — tout ce qui est entré dans ma bouche et mon ventre ingrat, tout cela s'est perdu, et pour demain il n'en reste rien ; ce que j'ai confié à mes oreilles et à mon esprit, seul me demeure encore [1]. » Là, confidence plus personnelle encore, c'est un appel aux divinités de la Libye en faveur de la patrie du poète : « Reines, héroïnes de Libye, dont le regard est sur les parcs et les rivages des Nasamones, faites vivante, faites grande la ville qui est ma mère [2]. » Ou c'est une invocation aux Charites en faveur de ses poèmes : « Soyez-moi propices, et que se posent sur mes vers vos mains parfumées, afin qu'ils vivent longtemps, pour ma gloire [3]. » Ailleurs ce sont quelques mots par où le poète défend son génie et sa manière. « N'attendez pas de moi un poème à grand fracas [4]. » — « J'ai tout dans ma besace et ne dirai pas tout [5]. » On a voulu, en réunissant quelques fragments du même genre — ces mots fameux par exemple : « Je ne chante rien qui n'ait son témoignage [6]... » — restituer un « prologue » théorique et polémique des *Aitia*. La tentative est toute arbitraire ; il ne faut voir là que des

1. Καὶ γὰρ ἐγὼ τὰ μὲν ὅσσα καρήατι τῆμος ἔδωκα
 ξανθὰ σὺν εὐόδμοις ἄκρα λίπη στεφάνοις,
ἄπνοα πάντ' ἐγένοντο παραχρῆμ', ὅσσα τ' ὀδόντων
 ἔνδοθι νειαίρην τ' εἰς ἀχάριστον ἔδυ,
καὶ τῶν οὐδὲν ἔμεινεν ἐς αὔριον· ὅσσα δ' ἀκουαῖς
 εἰσεθέμην, ἔτι μοι μοῦνα πάρεστι τάδε.

Nous savons maintenant que le couplet figurait au IIe livre avant l'αἴτιον sur Zancle (v. ci-après, III). (Fr. 106 Schn.).

2. Δέσποιναι Λιβύης ἡρωΐδες, αἳ Νασαμώνων
 αὔλια καὶ δολιχὰς θῖνας ἐπιβλέπετε,
μητέρα μοι ζώουσαν ὀφέλλετε. (Fr. 126 Schn.).

3. Ἔλλαθι νῦν ἐλέγοισι δ' ἐνιψήσαστε λιπώσας
 χεῖρας ἐμοῖς, ἵνα μοι πουλὺ μενοῦσιν ἔτος.

Ces vers faisaient partie de la pièce sur les *Charites* (cf. plus loin, p. 54). (Fr. 121 Schn.).

4. Μηδ' ἀπ' ἐμεῦ διφᾶτε μέγα ψοφέουσαν ἀοιδήν. (Fr. 165 Schn.).

5. Οὐ γὰρ ἔπη θήσει πάντα γ' ἐμὴ κίβισις. (Fr. 177 Schn.). Le texte est incertain et obscur.

6. Ἀμάρτυρον οὐδὲν ἀείδω. (Fr. 442 Schn.).

exemples des interventions personnelles du poète dans ses récits. Quant à la *Réponse* du poète aux βάσκανοι, récemment retrouvée, et à laquelle appartient le fr. 165 Schn. qu'on vient de citer, elle n'a pu, contre l'opinion d'abord émise, constituer, au moins lors de leur publication première, le début des *Aitia*. Cf. ci-après, p. 82.

On le voit : même après les découvertes récentes il nous reste peu de chose du poème de Callimaque. Disons, sans crainte d'erreur, qu'il faut le regretter hautement. Quels qu'aient pu être ses défauts, par la masse de faits curieux rassemblés dans cette galerie poétique d'« antiquités » grecques, par la variété de la mise en scène et le pittoresque du détail, par la grâce nette et précise, un peu sèche et dénudée, de la forme, ce poème savant eût pu tenir sa place dans la littérature universelle. A tout le moins c'est, après les temps classiques, la seule et la dernière des grandes œuvres de la poésie grecque.

Pour ce qui est du *texte* des fragments qu'on trouvera ci-après, nous avons en général reproduit celui des éditeurs, Grenfell-Hunt et Wilamowitz. Nous avons noté les écarts entre ce texte et celui des papyrus, et marqué les cas où nous avons admis des conjectures ou des lectures plus étendues, postérieures à la première publication. — Nous nous sommes proposé, non pas de reproduire l'aspect du document original — c'est affaire de science papyrologique — mais seulement de donner le texte courant qu'on a tiré de lui. Et donc nous ne marquons pas dans ce texte par des points les lettres douteuses, réservant la mention des incertitudes — quand elles sont de conséquence — pour les *notes critiques*. Plus : quant aux *manques* du papyrus, quand ils ne s'étendent qu'à une, deux ou trois lettres dont la restitution est d'évidence, nous ne les avons indiqués ni dans le texte ni dans les notes ; dans les autres cas les *crochets* marquent l'étendue de la restitution.

I

AUX CHARITES

... Sans tuniques, sans vêtements, comme vous êtes sorties du sein de votre mère Ilithye, mais à Paros portant aigrettes et robes de couleur, de votre chevelure, sans cesse, épanchant l'huile grasse... Soyez-moi propices, et sur mes vers posez vos mains onctueuses, afin qu'ils vivent beaucoup d'années, pour ma gloire.....

II

LA MALEDICTION D'AIETES

Comment se fait-il, déesses, que ceux d'Anaphé se plaisent à mêler à la joie du sacrifice les paroles d'outrage, et que Lindos adjoint aussi les imprécations au sacrifice par où l'on honore Héraclès faisant son festin de la bête de labour. Bien vite, et savamment, Calliope commença de répondre : « Mets en ta mémoire le dieu resplendissant, et Anaphé, la voisine de Théra la Laconienne, et Argô, et les Minyens, rappelant d'abord comment les héros, de chez Aiétès de Kytaia, firent voile pour retourner vers l'antique Hémonie ; et Apsyrtos était mort, et le roi, quand il vit l'aventure de sa fille, éclata en une dure colère, et tint cet âpre discours : « ..... les Ioniens..... tout est bouleversé.... ils ont fait de moi l'objet de leur risée, lançant à la mer la nef.... qui les porte avec tout son équipage guerrier.... Que le sache le Soleil, que le sache aussi le Phase, roi des fleuves de chez nous. »

I

....ἀχίτων]ες ἀνείμον[ες], ὡς ἀπὸ κόλπου
μητρὸς Ἐλειθυίης ἤλθετε βουλομένης,
ἐν δὲ Πάρῳ καλλέα τε καὶ αἰόλα βεῦδε' ἔχουσαι
.....ἀπ' ὀστλίγγων δ' αἰὲν ἄλειφα ῥέει,
ἔλλατε νῦν, ἐλέγοισι δ' ἐνιψήσασθε λιπώσας
χεῖρας ἐμοῖς, ἵνα μοι πουλὺ μένωσιν ἔτος [1].

II

Κῶς δέ, θεαί, θ[ύων] μὲν ἀνὴρ Ἀναφαῖος ἐπ' αἴσ[χει
ἥδεται, αὖ [δ' ἐπ' ἀραῖς] Λίνδος ἄγει θυσίην,
ἦ τ' ἀρότην ἔ[σθοντα τ]ὸν Ἡρακλῆα σεβίζῃ;
Αἶψα δ' ἐπι[σταμένως] ἤρχετο Καλλιόπη·
Αἰγλήτην Ἀνάφην τε Λακωνίδι γείτονα Θήρῃ
Ἀργώ τ[ἐν μ]νήμῃ κάτθεο καὶ Μινύας,
ἄρχμενος ὡς ἥρωες ἀπ' Αἰήταο Κυταίου
αὖτις ἐς ἀρχαίην ἔπλεον Αἱμονίην,
[Ἄψυρτος δ' ἔθνησκ]εν, ὁ δ' ὡς ἴδεν ἔργα θυγατρ[ὸς
[αἰνῶς ὠργίσθη, δεινὰ δ'] ἔλεξε τάδε·
......θαιος Ἰήονες ἄλλα μὲν ε...
.....πάντα δ' ἀνατράπελα,
.....ἐποιήσαντό με φόρτον
σού[μενοι..........ὅ σφε φέρει
αυταν.............Ἥλιος ἴστω
καὶ Φᾶσις [ποταμῶν ἡμε]τέρων βασιλεύς·

1. Supplementa quibus nullum auctoris nomen adponitur sunt eorum — Huntii, aliorum — qui primi textum ediderunt.

III

LES FONDATEURS DE ZANCLE

Je sais, aux bouches du fleuve Géla, la ville qui s'appuie sur l'antique descendance de Lindos, et aussi la crétoise Minoa, où les filles de Côcalos déversèrent sur le fils d'Europé les bouillantes ondes. Je sais Léontini, et Adranos, et la seconde Mégare, qu'établirent là-bas les Mégariens de Nisa, et je puis dire Eubée de Sicile, et Eryx, qu'aima celle à qui appartient le « ceste » [1]. Toutes cités qui ne laissent pas inconnu, au sacrifice rituel, le nom de qui bâtit leurs murailles. Je dis, et Clio, prenant pour la deuxième fois la parole, le bras appuyé à l'épaule de sa sœur : « Les gens de Cymé et les gens de Chalcis, sous la conduite de Périérès et du hardi Crataiménès, ayant abordé en Trinacrie, élevèrent les murs d'une cité, sans prendre garde au présage de l'oiseau de proie, le pire ennemi des fondateurs de villes, si un héron ne suit son vol (?) ; car c'est le maléfice sur les tours qui s'élèvent, quand les arpenteurs font tout au long la jetée du cordeau, pour tailler ruelles étroites et routes unies. [Fie-toi plutôt] au vol du faucon ou.... si tu mènes des colons sur la terre étrangère. Et quand les chefs eurent établi tours et créneaux de renfort, près de la Faucille de Cronos — car c'est là qu'une cavité, sous terre, tient caché le fer, *zanklon*, dont il trancha les parties de son père — alors ils

1. Les Rhodiens de Lindos avaient eu part à la fondation de Géla (Cf. Thuc. VI, 4, 3.) — Minoa est sur la côte méridionale de la Sicile, près de Sélinonte — On racontait que les filles de Côcalos avaient plongé Minos, pour le rajeunir, dans un bain d'eau bouillante (Cf. Paus. VII, 4, 6) — Léontini est au nord de Catane, Adranos dans la région de l'Etna ; Mégara Hyblaea et Eubée de Sicile sont près de Syracuse — La « maîtresse du ceste » est Aphrodite, patronne de la ville d'Eryx, où elle avait un temple célèbre.

III

LES FONDATEURS DE ZANCLE

Sunt tres columnae. The Ox. Pap. XVII, n. 2080. Secundam perscribimus; primam et tertiam, valde mutilas, omittimus, quarum, ex vv. 12-17, elucet fr. 106 Schn. q. vid. supra, p. 52, n. 1. Supplementa sunt Huntii. — VV. 25-26 = Fr. 502 + 172 Schn.

Οἶδα Γέλα ποταμοῦ κεφαλ[ῇ ἐπικείμενον] ἄστυ
Λινδόθεν ἀρχαίη σκιμπτόμενον γενεῇ,
Μινώην καὶ Κρῆσσαν, ἵ[να ζειόντα λοετρά
χεῦαν ἐπ' Εὐρώπης υἱέϊ Κ[ωκαλί]δες·
οἶδα Λεοντίνους δ' Ἀδρα[νιτῶν τε πολίχνην],
καὶ Μεγαρεῖς ἑτέρους [οὓς] παρένασσαν ἐκεῖ
Νισαῖοι Μεγαρῆες, ἔχω δ' Εὔβοιαν ἐνισπεῖν,
φίλατο καὶ κεστοῦ δεσπότις ἣν Ἔρυκα·
τάων οὐδεμίη γὰρ ὅτις ποτὲ τεῖχος ἔδειμε
νωνύμνη νομίμην ἔρχετ' ἐπ' εἰλαπίνην.
Ὣς ἐφάμην· Κλειὼ δὲ τὸ δεύτερον ἦρχ[ετο μ]ύθου,
χεῖρ' ἐπ' ἀδελφείης ὦμον ἐρεισαμένη·
« Λαὸς ὁ μὲν Κύμης ὁ δὲ Χαλκίδος, ὃν Περιήρης
ἤγαγε καὶ μεγάλου λῆμα Κραταιμένεος,
Τρινακρίης ἐπέβησαν, ἐτείχιζον δὲ πόληα,
ἅρπασον οἰωνῶν οὐχὶ φυλα[σσόμενοι
ἔχθιστον κτίσταισιν, ἐρωδιὸ[ς εἰ μὴ ἐφέ]ρπει·
καὶ γὰρ ὃ βασκαίνει πύργον ἐ[γειρόμεν]ον,
γεωδαῖται καὶ σπάρτα διην[εκὲς εὖτε] βάλωνται,
στείνεα καὶ λεύρας ὄφρα τάμ[ωσιν ὁ]δούς.
Μερμνοῦ μοι πτερύγεσσι...[.......]ου τε νέοιο
εἴ κοτ' (ἐπὶ) ξείνην λαὸν ἔποικον ἄ[γοις.
Ἀλλ' ὅτε δὴ μόσσυνας ἐπάλξεσι [καρτυνθέ]ντας
οἱ κτίσται δρέπανον θέντο πε[ρὶ Κρόνιο]ν,
— κεῖθι γὰρ ᾧ τὰ γονῆος ἀπέθρισε μήδε' ἐκεῖν]ος
κέκρυπται γύπη Ζάγκλον ὑπ[οχθονίῃ —

en vinrent à la question sur la cité ; l'un voulait lui donner son nom; l'autre avait son avis tout opposé. Ils furent en querelle ; allant chez Apollon, ils lui demandent de qui sera dite la nouvelle fondation. Le dieu répond qu'elle ne doit avoir pour patron Périérès, ni non plus Crataiménès. Il dit ; ils l'ouirent, et s'en furent. Et depuis ce temps le pays n'invoque pas, par son nom, son fondateur ; mais bien les magistrats l'invitent en ces termes au sacrifice : « Qu'il vienne, favorable, à notre festin celui qui bâtit notre ville ; qu'il vienne, et qu'il en vienne deux, et plus ; largement coule le sang des génisses. » Elle acheva de parler, et moi, je voulais encore apprendre ; car l'étonnement était en moi, à me demander pourquoi, près de la fontaine du Lierre, Haliarte, la ville de Cadmos, célèbre les Theodaisia, fête crétoise — pourquoi, seule parmi les cités, Styron et la terre de Minos portent.... dans des vases profonds.... pourquoi la source de Rhadamanthe.... traces dernières de sa législation...... »

. . . .

IV

ACONTIOS ET CYDIPPE

..... Déjà la jeune fille avait partagé sa couche avec un jeune garçon, selon le rite qui veut que la fiancée dorme le sommeil prénuptial avec un enfant mâle qui a son père et sa mère [1]. Oui, on dit qu'Héra — chien, chien, arrête, cœur impudent, tu vas dire ce qu'il est sacrilège de révéler. —

1. Ce rite de *simulacre*, le sommeil prénuptial de la fiancée avec un *enfant* mâle, est mentionné par un scholiaste de l'*Iliade* (XIV, 296) à Naxos et à Samos, où il passait pour un rappel des amours secrètes de Zeus et d'Héra. — Le père de Cydippé, contrairement au serment involontaire qui engage la jeune fille à Acontios, l'a fiancée à un autre ; on en est aux cérémonies préparatoires du mariage.

εἶτ' ἴσαν ἀμφὶ πόληος· ὁ μὲν θέ[λ]εν οὔνομα θ[έ]σθαι
[τὸ] σφόν, ὁ δ' ἀντίξουν εἶχε διχο[φ]ροσύνην,
ἀλλήλοις δ' ἐλύησαν. Ἐς Ἀπόλ[λωνα δ' ἰόντ]ες
εἶρονθ' ὁπποτέρου κτίσμα λέγοιτ[ο] νέον.
Αὐτὰρ ὁ φῆ μήτ' οὖν Περιήρεος ἄ[στυ] ῥ[εθῆ]ναι
κεῖνο πολισσούχου μήτε Κραταιμέ[νεος·
Φῆ θεός· οἱ δ' ἀΐοντες ἀπέδραμον, ἐ]κ δ' ἄρα κεί[νου
γαῖα τὸν οἰκιστὴν οὐκ ὀνομαστὶ κ[αλεῖ,
ὧδε δέ μιν καλέουσιν ἐπ' ἔντομα δημιοεργοί·
ἵλαος ἡμετέρην ὅστις ἔδειμε [πόλ]ιν
ἐρχέσθω μετὰ δαῖτα, πάρεστι δὲ καὶ δύ' ἄγεσθαι
καὶ πλέας· οὐκ ὀλίγης αἷμα βοὸς κέχυται. »
Ὣς ἡ μὲν λίπε μῦθον, ἐγὼ δ' ἐπὶ καὶ [τὸ πυ]θέσθαι
ἤθελον· ἦ γάρ μοι θάμβος ὑπετρέφετο·
Κισσούσης παρ' ὕδωρ Θεοδαίσια Κρῆ[σσαν ἑ]ορτὴν
ἡ πόλις ἡ Κάδμου κῶς Ἁλίαρτος ἄγει,
καὶ Στύρον ἐν μούνοισι πολίσμασι. . . . . . .δι. . ρτων
[κ]αὶ Μίνω μεγάλοις ἄγγεσι γαῖα φ[ορεῖ,
[?κλ]ῶθε δέ τι κρήνη Ῥαδαμάνθυο[ς. . . . .
ἴχνια τῆς κείνου λοιπὰ νομογραφίης
. . . . ἐν δέ νυ τοῖσι σοφὸν τόδε. . . . . [1]

IV

ACONTIOS ET CYDIPPE

Ἤδη καὶ κούρῳ παρθένος εὐνάσατο,
τέθμιον ὡς ἐκέλευε προνύμφιον ὕπνον ἰαῦσαι
ἄρσενι τὴν τᾶλιν παιδὶ σὺν ἀμφιθαλεῖ.
Ἥρην γάρ κοτέ φασι — κύον, κύον, ἴσχεο, λαιδρὲ
θυμέ, σύ γ' ἀείσῃ καὶ τά περ οὐχ ὁσίη·

1. In prima columna, quam omisimus, olim legebantur — vv. 12-17 — versus fr. 106 Schn. quos invenies p. 52.

3 ἄρσενι : αὐτίκα Hunt ex Schol. ad Soph. *Antig.* 629

Bien heureux encore es-tu, de n'avoir pas vu les mystères de la déesse redoutable [1]; tu en aurais bien révélé le secret. Trop savoir est funeste à qui ne sait être le maître de sa langue; au vrai, c'est l'enfant qui possède un couteau. C'était le lendemain matin que les bœufs devaient, dans l'angoisse de leur cœur, voir dans l'eau se refléter le coutelas aigu [2]; mais, le soir, la jeune fille fut saisie d'une pâleur fatale, prise par ce mal que nous faisons passer dans le corps des chèvres sauvages, et appelons faussement le mal sacré; funeste, il consuma la jeune fille, il la mit aux portes d'Hadès. Une seconde fois on prépara la couche nuptiale; une seconde fois, sept mois durant, l'enfant fut malade d'une fièvre quarte. Une troisième fois on pensa au mariage; une troisième fois encore un frisson mortel s'empara de Cydippé. Le père n'attendit pas une quatrième épreuve; il fit voile vers Delphes, vers Phoibos. Le dieu, dans la nuit [3], rendit cet oracle : « C'est un serment juré par Artémis qui fait obstacle au mariage de ta fille. Ma sœur n'était pas à châtier Lygdamis [4]; elle n'était pas à l'Amyclaion, tressant le jonc, ni aux bords du Parthénios [5], à baigner son corps après la chasse; non, elle était à Délos, quand ta fille jura qu'elle n'aurait pas d'autre époux qu'Acontios. Si tu veux de mon conseil, tu exécuteras en tout le serment

1. Il s'agit sans doute des mystères de Déméter à Eleusis.

2. C'est dans le vase qui contient l'eau lustrale que les bœufs voient se refléter le couteau du sacrificateur. — Le « mal sacré » est l'épilepsie : comme d'autres maladies, on pensait pouvoir le faire passer par exorcisme dans le corps des chèvres sauvages, d'où l'expression proverbiale κατ' αἶγας ἀγρίας.

3. Peut-être simple allusion à l'*adyton* souterrain.

4. C'est le roi des Cimmériens dont il est question à la fin de l'*Hymne à Artémis*, v. 251 et suiv.

5. Sanctuaire d'Amyclées, en Laconie. Le jonc, θρύον, convient à Artémis, déesse de la végétation et aussi des eaux courantes. Apollonios décrit le bain de Diane dans le Parthénios, fleuve de Paphlagonie (*Argon.* II, v. 936 et suiv.).

ὤναο κάρ(θ)' ἕνεκ' οὔ τι θεῆς ἴδες ἱερὰ φρικτῆς,
  ἐξ ἂν ἐπεὶ καὶ τῶν ἤρυγες ἱστορίην.
Ἦ πολυιδρείη χαλεπὸν κακόν, ὅστις ἀκαρτεῖ
  γλώσσης· ὡς ἐτεὸν παῖς ὅδε μαῦλιν ἔχει.
Ἠῷοι μὲν ἔμελλον ἐν ὕδατι θυμὸν ἀμύξειν
  οἱ βόες ὀξεῖαν δερκόμενοι δορίδα·
δειελινὴν τὴν δ' εἷλε κακὸς χλόος, εἷλε δὲ νοῦσος,
  αἶγας ἐς ἀγριάδας τὴν ἀποπεμπόμεθα,
ψευδόμενοι δ' ἱερὴν φημίζομεν, ἣ τότ' ἀνιγρὴ
  τὴν κούρην Ἀ[ίδ]εω μέχρις ἔτηξε δόμων.
Δεύτερον ἐστόρνυντο τὰ κλισμία, δεύτερον ἡ παῖς
  ἑπτὰ τεταρταίῳ μῆνας ἔκαμνε πυρί·
τὸ τρίτον ἐμνήσαντο γάμου κάτα, τὸ τρίτον αὖτις
  Κυδίππην ὀλοὸς κρυμὸς ἐσῳκίσατο.
Τέτρατον οὐκέτ' ἔμεινε πατὴρ ἐς Δέλφιον ἄρας
  Φοῖβον· ὁ δ' ἐννύχιον τοῦτ' ἔπος ηὐδάσατο·
« Ἀρτέμιδος τῇ παιδὶ γάμον βαρὺς ὅρκος ἐνικλᾷ·
  Λύγδαμιν οὐ γὰρ ἐμὴ τῆμος ἔκηδε κάσις
οὐδ' ἐν Ἀμυκλαίῳ θρύον ἔπλεκεν οὐδ' ἀπὸ θήρης
  ἔκλυζεν ποταμῷ λύματα Παρθενίῳ,
Δήλῳ δ' ἦν ἐπίδημος, Ἀκόντιον ὁππότε σὴ παῖς
  ὤμοσεν, οὐκ ἄλλον, νυμφίον ἑξέμεναι.
. . . . .υξ, ἀλλ' ἤν μ' ἐθέλῃς συμφράδμονα θέσθαι,
  πάντα τελευτήσεις ὅρκια θυγατέρος·
ἄργυρον οὐ μολίβῳ γὰρ Ἀκόντιον, ἀλλὰ φαεινῷ
  ἤλεκτρον χρυσῷ φημί σε μειξέμεναι.
Κοδρείδης σύ γ' ἄνωθεν ὁ πενθερός, αὐτὰρ ὁ Κεῖος

6 χάρθ' Hunt : χαρτ || **7** ἐξ ἂν ἐπεὶ Housman : ἐξενεπει, ἐξενέπειν Hunt || **8** πολυιδρείη Hunt : πολυιδρίη cum ε superscripto || **11-12** interpunctionem post δειελινήν posuit Hunt, post δορίδα Platt. || **15** Ἀίδεα Hunt : Α... εω (αὐτέων Hunt) || **22-23** interpunctionem post ἐνικλᾷ posuit Puech, item Platt, post Λύγδαμιν Hunt || **23** τῆμος Platt : τῆνον (Τῆνον Hunt) || **24** θρύον lectio incerta || **28** α...υξ nondum restitutum : ἀκηρυξ' ἀλλ'.. Housman

de ta fille. Aussi bien tu n'allieras pas l'argent au plomb, mais Acontios sera l'ambre uni à l'or resplendissant. Toi, le beau-père, tu es un Codride ; et lui, le Céen, ton gendre, descend des prêtres de Zeus Aristaios, de Zeus Icmios, qui ont pour mission, sur la cime des monts, d'adoucir, quand elle se lève, la funeste Canicule, et de demander à Zeus la brise qui fait choir en masse les cailles dans les filets de lin. » Il dit, et le père repartit pour Naxos et interrogea sa fille ; elle dévoila toute l'histoire. Et elle se trouva guérie ; et quant au reste, c'est à toi, Acontios, qu'appartiendra de l'aller chercher en son île, en l'île de Dionysos [1]. Et la divinité fit ainsi respecter le serment, et déjà les compagnes de la jeune fille entonnaient les chants de l'hyménée, qui ne fut plus retardé. Non, Acontios, cette nuit où tu touchas à la ceinture virginale, tu n'aurais voulu l'échanger ni contre la cheville d'Iphiclos, courant sur la tête des épis [2], ni contre les richesses de Midas, le roi de Célènes ; ce que je dis, ils m'en rendront témoignage, ceux qui n'ignorent point le cruel dieu d'Amour. De cette union un grand nom devait naître ; votre famille, Acontiades, nombreuse et honorée, habite encore Ioulis. Jeune Céen, ton histoire d'amour, je l'ai apprise du vieux Xénomédès, qui dans son recueil de mythes a rassemblé toute la tradition de l'île, et raconté d'abord comment l'habitèrent les nymphes Coryciennes, chassées du Parnasse par un lion formidable [3] — ainsi lui fut donné le nom d'Hydroussa — comment Ciro... fut habiter à Caryai [4] ; comment enfin s'éta-

1. Le texte de cette phrase est incertain.

2. Le héros Iphiclos était assez rapide et léger pour pouvoir courir sur un champ d'épis. Voir Hésiode, fr. 117 Rzach.

3. Un texte de l'historien Héracleidès rapporte la même anecdote avec des circonstances différentes : les nymphes chassées *de Céos* par un lion vont s'établir à Carystos. Un promontoire de l'île s'appelait le *Lion*. — Hydroussa, la « riche en eau ».

4. Phrase de lecture très incertaine et qu'on ne peut expliquer.

γαμβρὸς Ἀρισταίου Ζηνὸς ἀφ' ἱερέων
Ἰκμίου, οἷοι μέμηλεν ἐπ' οὔρεος ἀμβώνεσσιν
πρηΰνειν χαλεπὴν Μαῖραν ἀνερχομένην,
αἰτεῖσθαι τὸ δ' ἄημα παραὶ Διὸς ᾧ τε θαμινοί
πλήσσονται λινέαις ὄρτυγες ἐν νεφέλαις. »
Ἡ θεός · αὐτὰρ ὁ Νάξον ἔβη πάλιν, εἴρετο δ' αὐτήν
κούρην, ἡ δ' ἀν ἀ τῷ πᾶν ἐκάλυψεν ἔπος,
κῆν αὖ σῶς· ὅ τε λοιπόν, Ἀκόντιε, σεῖο μετελθεῖν
ἔσται τὴν ἰδίην ἐς Διονυσιάδα.
Χὴ θεὸς εὐορκεῖτο καὶ ἥλικες αὐτίχ' ἑταίρης
ᾖδον ὑμηναίους οὐκ ἀναβαλλομένους.
Οὔ σε δοκέω τημοῦτος, Ἀκόντιε, νυκτὸς ἐκείνης
ἀντί κε τῇ μίτρης ἥψαο παρθενίης
οὐ σφυρὸν Ἰφίκλειον ἐπιτρέχον ἀσταχύεσσιν,
οὐδ' ἃ Κελαινίτης ἐκτεάτιστο Μίδης
δέξασθαι, ψήφου δ' ἂν ἐμῆς ἐπιμάρτυρες εἶεν
οἵτινες οὐ χαλεποῦ νήιδές εἰσι θεοῦ.
Ἐκ δὲ γάμου κείνοιο μέγ' οὔνομα μέλλε νέεσθαι·
δὴ γὰρ ἔθ' ὑμέτερον φῦλον, Ἀκοντιάδαι,
πουλύ τι καὶ περίτιμον Ἰουλίδι ναιετάουσιν,
Κεῖε, τεὸν δ' ἡμεῖς ἵμερον ἐκλύομεν
τόνδε παρ' ἀρχαίου Ξενομήδεος, ὅς κοτε πᾶσαν
νῆσον ἐνὶ μνήμῃ κάτθετο μυθολόγῳ,
ἄρχμενος ὡς νύμφῃσιν ἐναίετο Κωρυκίῃσι,
τὰς ἀπὸ Παρνησσοῦ λῖς ἐδίωξε μέγας,
Ὑδροῦσσαν τῷ καί μιν ἐφήμισαν, ὥς τε Κιρῴ[δης
ο...θυς. το... ᾤκεεν ἐν Καρύαις·

33 Ζηνὸς ἀφ' ἱερέων Housman : τιος αμφιερων pap. καὶ Διὸς ἀφ' ἱερῶν Diels λήιτος ἀμφ' ἱερῶν Wilamowitz ‖ **39** αν + ετως pap. : ἄνεως Hunt ἀνέτως κἀνεκάλυψεν Platt ἀνὰ τῷ πᾶν ἐκάλυψεν Pfeiffer ‖ **40-41** κηναυσωσοτ et ἔσται lectiones incertae : κῆναυσθώσατο... ἔστω Hunt βῆ ναῦς ὡς, ὅτι λοιπόν, Α. σεῖο μετελθεῖν Housman χὴ ναῦς ὡς ὅτι λοιπὸν, Α. σεῖο μετῆλθεν, ἔσπλει τὴν ἰδίην Leo; scripsimus ut distinxit Schwister et post eum Pfeiffer ‖ **45** τῇ Murray : τῆς ‖ **54** κοτε Hunt : ποτε ‖ **58** Κιρώδης incerta lectio

blirent dans l'île ces peuplades dont Zeux Alalaxios reçoit les sacrifices au son des trompettes, les Cariens et les Léléges [1], et comment ce fut Céos, le fils de Phoibos et de Mélia, qui fit changer son nom. Le crime des sorciers Telchines, et leur mort par la foudre, et Démonax dont la folie méprise les dieux bienheureux, tout cela le vieillard l'a mis sur ses tablettes ; et aussi la vieille Makélo, mère de Dexithéa : seules, toutes deux, laissées vivantes par les immortels, quand ils dévastèrent l'île, pour une criminelle insolence [2]. Il y a consigné aussi la fondation des quatre villes : de Carthaia par Mégaclès ; de la cité d'Ioulis aux belles sources par Eupylos, fils de l'héroïne Chryso ; de Poiessa, séjour des Charites aux belles tresses, par Acai... ; de Corésia par Aphrastos [3]. Et enfin, Céen, à ces récits celui de ton ardent amour fut mêlé par le vieillard curieux de science, et c'est là que notre Calliope a pris l'histoire de Cydippé. Mais je ne chanterai plus les fondations de cités; je dois maintenant préférer le respect (de l'ordre ?) de Zeus, le dieu de Pisa [4]....

1. Les Cariens et les Léléges d'Asie-Mineure donnaient à Zeus, qu'ils identifiaient à leur grand dieu, des épithètes guerrières : ainsi celle de *Stratios*. Celle d'*Alalaxios*, le dieu du *Cri de guerre*, en est une toute semblable.

2. Le texte fait ici allusion à des légendes connues seulement par quelques vers de Nonnos et par les scholies de l'*Ibis*, d'Ovide, au v. 475 ; les détails sont d'ailleurs différents ; il est parlé dans les scholies d'un *Damo*, sans doute ici *Démonax*, chef des Telchines, et d'une *Makélo*, sa fille, mise à mort avec son mari par la foudre de Zeus. Dexithéa, épouse de Minos, est connue comme nymphe céenne par Bacchylide, I.

3. Ioulis était dans l'intérieur de l'île ; Carthaia, sur la côte orientale ; Poiessa et Corésia sur la côte occidentale. Les noms des fondateurs sont nouveaux.

4. Le texte et le sens des deux derniers vers sont incertains.

ὥς τέ μιν ἐννάσσαντο τέων Ἀλαλάξιος αἰεί
  Ζεὺς ἐπὶ σαλπίγγων ἱρὰ βοῇ δέχεται
Κᾶρες ὁμοῦ Λελέγεσσι, μετ' οὔνομα δ' ἄλλο καλεῖσθαι
  Φοίβου καὶ Μελίης ἶνις ἔθηκε Κέως·
ἐν δ' ὕβριν θάνατόν τε κεραύνιον, ἐν δὲ γόητας
  Τελχῖνας μακάρων τ' οὐκ ἀλέγοντα θεῶν
ἠλεὰ Δημώνακτα γέρων ἐνεθήκατο δέλτοις,
  καὶ γρῆυν Μακελώ, μητέρα Δεξιθέης,
ἃς μούνας, ὅτε νῆσον ἀνέτρεπον εἵνεκ' ἀλ[ι]τ[ρῆς
  ὕβριος ἀσκηθεῖς ἔλλιπον ἀθάνατοι·
τέσσαρας ὥς τε πόληας ὁ μὲν τείχισσε Μεγακλῆς
  Καρθαίαν, Χρυσοῦς δ' Εὔπυλος ἡμιθέης
εὔκρηνον πτολίεθρον Ἰουλίδος, αὐτὰρ Ἀκαι....
  Ποιῆσσαν, Χαρίτων ἵδρυμ' ἐυπλοκάμων,
ἄστυρον Ἄφραστος δὲ Κορήσιαν· εἶπε δέ, Κεῖε,
  ξυγκραθέντ' αὐταῖς ὀξὺν ἔρωτα σέθεν
πρέσβυς ἐτητυμίης μεμελημένος ἔνθεν ὁ παιδός
  μῦθος ἐς ἡμετέρην ἔδραμε Καλλιόπην.
Οὐ γὰρ τὰς πολίων οἰκησίας ᾄσομαι ἤδη·
  ἔστι γε Πισαίου Ζηνὸς ὄπις π...θην.

62 καλεῖσθαι Hunt βαλεῖσθαι pap. || **68** ἀλιτρῆς Wil. || **71 sqq.** **in** principio versuum multae litterae lectionis incertae || **74** Κορήσιαν Graindor Κορήσιον Hunt : Καρήσιον pap. || **76** ἐτητυμίης Hunt : ἐττ̣τυμιῃ || παιδὸς Hunt : πα (incert.) cum δος superscripto || **78** οἰκησίας lect. incerta || **79** π...ι θην : προκριθῆν(αι) suppl. Ellis

V

HERACLES CHEZ MOLORCHOS

. . . .

(Que le lecteur) imagine lui-même (ce qu'ils firent), et qu'il raccourcisse ainsi mon poème. Je dirai seulement ce que répondit le héros à l'hôte qui l'interrogeait : « Bon vieillard, tu apprendras tout le reste au long du repas ; mais ce que me dit la déesse Pallas, tu le sauras maintenant........ Il passa là toute la nuit ; à l'aurore il partit pour Argos ; n'oubliant pas la promesse faite au bon hôte, il lui envoya l'âne.... il l'honorait comme un propre parent, et maintenant encore, quand se célèbre la fête perpétuelle ....

. . . .

VI

HERACLES ET THEIODAMAS

.... comme une épine l'avait blessé [Hyllos] à la plante du pied ; tout rageant de faim, il te tirait les poils de la poitrine et les arrachait ; toi, maître, tu riais, tu riais dans ta peine. Enfin, sur le champ aux trois labours, tu rencontras le vieillard Théiodamas, tout vert encore, qui faisait paître son attelage ; à la main un bâton de dix pieds lui servait à la fois d'aiguillon pour ses bœufs et de mesure pour son sillon[1].

1. Restitution hypothétique de Wilamowitz pour les six vers suivants : « Salut, toi qui m'approches, de tous ceux que je rencontrai le plus désirable ; allons, je t'en prie, si tu as quelque chose à manger dans la corbeille qui te pend à l'épaule, donne-moi pour mon enfant de quoi chasser la faim mauvaise ; je n'oublierai pas ton amical présent. » Mais lui, farouche et inflexible, se mit à rire....

V

HERACLES CHEZ MOLORCHOS

αὐτὸς ἐπιφράσσαιτο, τάμοι δ' ἄπο μῆκος ἀοιδῇ·
ὅσσα δ' ἀνειρομένῳ φῆσε, τάδ' ἐξερέω·
« ἄττα γέρον, τὰ μὲν ἄλλα πα[ρὼν ἐν δ]αιτὶ μαθήσει,
νῦν δὲ τά μοι πεύσῃ Παλλά[ς ἔειπε θεή]

....

[νύ]κτα μὲν αὐτόθι μίμνεν· ἀπέστιχε δ' Ἄργος ἑῷος,
οὐδὲ ξεινοδόκου λήσαθ' ὑποσχεσίης,
πέμψε δεο[-]τρ...] ο[...... τίεν] δέ ἑ ὡς ἕνα πηῶν,
νῦν δ' ἔθ' ὁπ]ηνίκα τὴν οὐδα]μά παυσομένην [1]

....

VI

HERACLES ET THEIODAMAS

....

σκῶλος ἐπεί μιν ἔτυψε ποδὸς θέναρ· αὐτὰρ ὁ πείνῃ
θυμαίνων λάχνην στήθεος εἷλκε σέθεν
δραξάμενος· τὶν δ', ὦνα, γέλως ἀνεμίσγετο λύπῃ
εἰσόκε τοι τρίπολον νειὸν ἀνερχομένῳ
ὠμογέρων ἔτι πουλὺς ἀνὴρ ἀβόλησε βοτείων
Θειοδάμας· δεκάπουν δ' εἶχεν ἄκαιναν ὅγε,
[ἀμφ]ότερον κέντρον τε βοῶν καὶ μέτρον ἀρούρης· [2]
Τὸν δ' ἦτ]οῦ· « Ξείνων χαῖρε [συναντο]μένων
οὗτος δ]ὴ μέγ' ἀρητὲ προσ[έπλασα]ς, αἶ[ψα] δ' ἄνωγα,
[εἴ τι κα]τωμαδίης [κοιτίδος ἐστί]ν ἔσω,
τόσσο]ν ὅσον τ' ἀπὸ π[αιδὶ κακὴν β]ούπειναν ἐλά[σσαι]
[οἶσον] καὶ φιλίης [μνήσομ' ἀεὶ δόσ]ιος. »
Αὐτὰρ ὅγ 'ἀγρεῖον καὶ ἀμείλιχον ἐξεγέλασσε

1. *Supplementa* sunt Wilamowitzii.
2. Vv. 8-12 restituit Wilamowitz *exempli gratia*.

. . . *lacune* . . . . .

[Je ne puis pourtant nourrir] tous ceux qui passeront affamés devant ma charrue. . . .

lacune. . . .

. . Il en entendit aussi, Pélée, de ces mots qui. . . . puissent-ils jamais ne passer par ma bouche. . . . .

lacune. . . .

Toi, l'homme le plus fort pour rompre les bœufs par les cornes. »

Ainsi Théiodamas lançait ses injures ; toi, tu les écoutais tout autant qu'un Selle [1], sur les monts du Tmaros, écoute le bruit de l'onde icarienne, ou que des oreilles de jeunes prostitués se soucient d'un amant pauvre, ou des mauvais fils de leurs pères — et toi du chant de la lyre [2]...

lacune. . .

Salut, héros à la lourde massue, héros qui peinas tant, sur les douze tâches commandées, et, de ta volonté, sur tant d'autres.....[3]

1. C'est-à-dire : pas du tout. Les Selles sont les prêtres de Zeus à Dodone, tout au fond de l'Epire.

2. Héraclès avait été un mauvais écolier, il avait même tué son maître de musique, Linos.

3. L'appartenance à la pièce de ce distique final = fr. 120 Schn. introduit ici par Wilamowitz, est très douteuse.

versus mutili

. . . .

οἵ κεν βρωσείοντες ἐμὸν παρίωσιν ἄροτρον

plurima desunt

ἔκλυε καὶ τῶν μηδὲν ἐμοὺς δι' ὀδόντας ὀλίσθοι
Πηλεύς. . . . .

plurima desunt

ἀστέρα, ναὶ κεράων ῥῆξιν ἄριστε βοῶν. »
Ὣς δ' μὲν ἔνθ' ἠρᾶτο, σὺ δ' ὥς ἁλὸς ἦχον ἀκούει
Σέλλος ἐνὶ Τμαρίοις οὔρεσιν Ἰκαρίης,
ἠιθέων ὡς μάχλα φιλήτορος ὦτα πενιχροῦ,
ὡς ἄδικοι πατέρων υἱέες, ὡς σὺ λύρης . . . . .

. . . .

plurima mutila

χαῖρε βαρυσκίπων, ἐπίτακτα μὲν ἑξάκι δοιά,
ἐκ δ' αὐταγρεσίης πολλάκι πολλὰ καμών.

29-30 fr. 120 Schn. quod ex scholio in charta papyracea hic posuit Wilamowitz (valde incertum).

VII

LEMMES ET SOMMAIRES

des pièces du livre III

On donne ici la matière des *Aitia* pour la fin du livre III, plus loin pour le livre IV. — On a jugé sans intérêt de reproduire et de traduire entièrement les documents contenus dans le papyrus des Διηγήσεις de Tebtynis. On trouvera seulement, à la suite des *lemmes*, constitués généralement par le premier vers de chaque pièce — et traduits quand ils sont traduisibles — un résumé très bref, et disant seulement l'essentiel, de la « diégèse ».

1. Pièce *avant-dernière.*

τεῦ δε χάριν....
[κικλῄσ]κουσιν..

« Pour quel motif [les femmes en couche] invoquent-elles [Artémis] ? »

Artémis est invoquée par les parturientes parce qu'Ilithye lui a donné le privilège de présider aux enfantements, et qu'elle a assisté sa mère pour l'enfantement d'Apollon.

2. Pièce *dernière.*

Ἦλθες ὅτ' ἐκ Πίσης, Εὐθύκλεες, ἄνδρας ἐλέγξας..

« Quand tu fus revenu de Pisa, Euthyclès, après la lutte.... »

Histoire de l'olympionique Euthyclès, condamné par ses concitoyens à son retour d'Olympie, puis, sur l'ordre d'Apollon, honoré par eux des honneurs rituels, statue et sacrifice.

VIII

LEMMES ET SOMMAIRES
des pièces du livre IV
(Voir l'observation en tête du fr. VII).

1.

Μοῦ]σαί μοι βασιλη...

« Muses (chantez pour moi) les rois.... »
Invocation aux Muses. — Rite de purification à l'exemple d'Apollon se purifiant aux eaux du Pénée du meurtre du serpent Python.

2.

Ἔνθ' Ἄβδηρ' οὗ νῦν διάπλεων φαρμακὸν ἀγινεῖ.

Histoire du φαρμακός d'Abdère, lapidé et chassé de la cité après l'avoir purifiée.

3.

Ἀγκύρης, Μελίκερτα, μιῆς ἔπι πότνια Βύνη...

« Vénérable Buné (Ino-Leucothée) appuyée, Mélicerte, sur une seule ancre... »
Histoire du fils d'Ino, jeté à la mer, et du culte que lui rendent les Lélèges.

4.

Νέκταρος... ..ντ. θιον γενοση..

Intraduisible. Lemme et diégèse également mutilés. Il s'agit des Liparéens et des Tyrrhénéens, peut-être d'un sacrifice humain offert à Apollon par ceux-ci.

5.

τὸν νεκρὸν...... τ..... υβατονισ.... τινα εὔω

Intraduisible. Histoire de Leimônê et de son père Hippoménès, enfermant sa fille séduite dans une chambre avec un cheval, et faisant traîner le séducteur à travers la ville [1].

6.

Θεοὶ πάντες κομποῖς νεμεσήμονες, ἐκ δέ τε πάντων...

« Tous les dieux en veulent aux vantards, et parmi eux surtout (Artémis). »

Histoire d'un chasseur qui, s'étant vanté de n'avoir pas consacré la tête d'un sanglier à Artémis, est écrasé par cette tête, tombant de l'arbre où il l'a suspendue.

7.

Τυρσήνων τείχισμα Πελασγικὸν εἶχέ με γαῖα.

« Muraille « pélasgique », la terre des Tyrrhéniens me possédait.. »

Peu clair. Il s'agit des Pélasges et du mur « pélasgique » d'Athènes.

8.

Εὐθύμου τὰ μὲν ὅσσα παραὶ Διὶ Πῖσαν ἔχοντι

« Euthymos (ayant gagné ?) tout ce qui se trouve chez Zeus, le maître de Pise.... »

Histoire du compagnon d'Ulysse, tué par ceux de Témésa, et exigeant d'eux, comme ἥρως, le tribut d'un festin et d'une vierge, et de l'olympionique Euthymos qui les délivre de ce tribut.

1. Cf. plusieurs textes, entre autres Eschine, *Contre Timarque*, 182.

9.

Le lemme manque. Récit concernant l'antique *xoanon* d'Héra à Samos.

10.

Ἥρῃ τῇ Σαμίῃ περὶ μὲν τρίχας ἄμπελος ἕρπει...

« Dans la chevelure de l'Héra de Samos serpente un sarment de vigne.. »

Même sujet : la statue d'Héra, œuvre de Skelmis.

11.

Ἠισύμνας Ἐφέσου, Πασίκλεες, ἀλλ' ἀπὸ δαίτης...

« Tu étais archonte à Ephèse, Pasiclès ; au retour d'un banquet.... »

Anecdote sur Pasiclès, archonte d'Ephèse, sauvé de ses assassins au retour d'un banquet, grâce à l'obscurité, puis, à l'Héraion, mis à mort par eux à cause d'une méprise de sa mère, prêtresse du temple, qui apporte un flambeau.

12.

Ἥρως ὦ κατὰ πρύμναν, ἐπεὶ τόδε κύρβις ἀείδει..

« O toi, le héros à la poupe, puisqu'ainsi s'exprime la table de lois (du Phalère). »

Sur le héros κατὰ πρύμναν du Phalère, qui est Androgeos, fils de Minos, et sur Phalère, port d'Athènes avant le Pirée.

13.

Ὀδρύσεω Θρήϊκος ἐφ' αἵματι πολλὰ Θάσοιο

Anecdote sur le meurtre du Thrace Odrysès par les Pariens, qui sont ensuite assiégés victorieusement par les

Thasiens jusqu'à ce qu'ils leur aient donné satisfaction ; les Thasiens montrent encore la nef d'Odrysès.

14.

Lemme entièrement mutilé. Il s'agit d'Antigone et du sacrifice thébain pour Etéocle et Polynice, où les flammes se séparaient, marquant la haine éternelle des deux frères.

15.

Ὧδε.... εἵνεσθε πάλιν Ἑλλάδος, ὧδε τελέσσαι..

Mutilé, intraduisible. Anecdote sur le Romain Gaïus, sautant sur la muraille lors du siège de Rome par les Peucétiens (assimilés aux Gaulois ?) et défiant leur chef.

16.

Ἀργὼ καὶ σὲ πάρος με κατέδραμε χαιτεον (?) ὕδωρ

Mutilé ; la fin du vers sans doute corrompue. Apostrophe du héros Kyzikos (?). Il s'agit de l'escale à Cyzique des Argonautes, qui y déposent leur ancre trop légère, la consacrant à Athéna, et en remontent une autre.

17.

Πάντα τὸν ἐν γραμμαῖσιν ἰδὼν ὅρον ᾗ τε φέρονται..

« (Conon) qui a vu toutes les limites du ciel, avec ses figures, et comment se comportent (les astres). »

Premier vers du Βερενίκης Πλόκαμος. La pièce figure ici comme un dernier ἐλεγεῖον après les ἐλεγεῖα des Αἴτια, ou même comme un dernier αἴτιον, Cf. plus loin, p. 92.

IX

LE BANQUET CHEZ POLLIS[1]

..... Il n'oubliait pas le jour de l'Ouverture des Jarres, ni celui de la Fête des Conges en souvenir d'Oreste, jour béni des esclaves[2] ; il célébrait aussi le rite annuel de la fille d'Icarios, ta journée, Erigoné, grande pitié des femmes d'Attique. Il avait convié à un repas ses familiers, et parmi eux un étranger qui se trouvait depuis peu en Egypte, venu pour quelque affaire à lui. Il était d'Icos, et je partageais son lit de banquet, non par place désignée, mais parce que — c'est le dicton homérique[3], qui n'est point faux — le dieu assemble qui se ressemble. Il n'avait pas de goût pour vider à plein gosier le hanap à la mode de Thrace, et préférait le modeste vase de bois de lierre. Aussi, au troisième tour de la coupe, je lui parlai, ayant appris son nom et sa race : « Le mot est bien vrai, qui dit que le vin ne veut pas sa part d'eau seulement, mais de causerie aussi. Eh bien donc, car elle ne se colporte pas dans le gobelet à vin, ni on ne l'implore, flatterie de l'homme libre à l'esclave, du regard sourcilleux de l'échanson, eh bien, versons ce calmant dans l'âpre breuvage, Theugénès, et réponds à ma question ; dis-moi ce que je désire entendre de toi : pour-

1. Livre incertain.

2. L'*Ouverture des Jarres* était, à Athènes, la première journée des *Anthestéries*. Toute la famille, et même les esclaves, y prenait part, comme à la fête du jour suivant, les *Conges*, Χόες. Celle-ci passait pour avoir été instituée par un roi d'Athènes pour donner l'hospitalité au parricide Oreste. Le rite d'Erigoné est la fête des *Aiôra*, en souvenir de la fille d'Icarios cherchant le corps de son père, tué par les paysans, et se pendant près de son tombeau.

3. « Toujours le dieu mène le semblable vers le semblable » (*Od.* XVII, 218).

IX

LE BANQUET CHEZ POLLIS

ἠῶς οὐδὲ πιθοιγὶς ἐλάνθανεν οὐδ᾽ ὅτε δούλοις
ἦμαρ Ὀρέστειοι λευκὸν ἄγουσι χόες,
Ἰκαρίου καὶ παιδὸς ἄγων ἐπέτειον ἁγιστύν,
Ἀτθίσιν οἰκτίστη, σὸν φάος, Ἠριγόνη,
ἐς δαίτην ἐκάλεσσεν ὁμηθέας, ἐν δέ νυ τοῖσι
ξεῖνον ὃς Αἰγύπτῳ καινὸς ἀνεστρέφετο
μεμβλωκὼς ἴδιόν τι κατὰ χρέος· ἦν δὲ γενέθλην
Ἴκιος, ᾧ ξυνὴν εἶχον ἐγὼ κλισίην,
οὐκ ἐπιτάξ, ἀλλ᾽ αἶνος Ὁμηρικός, αἰὲν ὁμοιον
ὡς θεός, οὐ ψευδής, ἐς τὸν ὁμοιον ἄγει.
Καὶ γὰρ ὁ Θρηικίην μὲν ἀπέστυγε χανδὸν ἄμυστιν
οἰνοποτεῖν, ὀλίγῳ δ᾽ ἥδετο κισσυβίῳ.
Τῷ μὲν ἐγὼ τάδ᾽ ἔλεξα περιστείχοντος ἀλείσου
τὸ τρίτον, εὖτ᾽ ἐδάην οὔνομα καὶ γενεήν·
« Ἦ μάλ᾽ ἔπος τόδ᾽ ἀληθὲς ὅτ᾽ οὐ μόνον ὕδατος αἶσαν,
ἀλλ᾽ ἔτι καὶ λέσχης οἶνος ἔχειν ἐθέλει·
τὴν ἡμεῖς, οὐκ ἐν γὰρ ἀρυστήρεσσι φορεῖται
οὐδέ μιν εἰς ἀτ[ενεῖς] ὀφρύας οἰνοχόων
αἰτήσεις ὁρόων, ὅτ᾽ ἐλεύθερος ἀτμένα σαίνει,
βάλλωμεν χαλεπῷ φάρμακον ἐν πόματι,
Θεύγενες, ὅσσα δ᾽ ἐμεῖο σέθεν πάρα θυμὸς ἀκοῦσαι
ἰχαίνει, τάδε μοι λέξον [ἀνειρομέν]ῳ·

18. ἀτενεῖς : diversa proposuerunt Hunt, alii ; ἀτρεμεῖς, ἀτρόμους etc. || **19** ἀτμένα σαίνει : fortasse ἀτμένας αἰνεῖ || **22** ἰχαίνει forma inaudita (ἰχανᾷ Babr. 77,2) || λέξον... ῳ : ἀνειρομένῳ Hunt, certum uidetur.

quoi chez vous est-il de tradition d'honorer Pélée, le chef des Myrmidons, comment les us de Thessalie se retrouvent-ils à Icos, et à cause de quoi, une fille..... portant un poireau [1] et un pain....

Sur une seconde colonne, très mutilée, du papyrus se retrouve le fr. 111 Sch. — Quand j'eus parlé ainsi, « Trois fois heureux, ta fortune est rare, d'ignorer la vie du marin; pour moi, plus que la mouette, toute ma vie réside sur les flots. »

X

CONCLUSION DES AITIA. LE POETE ET ZEUS

« ... Suis le sentier poétique heureux et fécond, suis l'homme à qui, tandis qu'il menait ses troupeaux paissant, les Muses firent leurs récits, sur les traces du cheval fougueux [2]. Salut donc, et va ta route, à l'heureuse aventure.» Salut, Zeus, salut à toi aussi, et tiens en ta garde la maison de nos princes. Moi j'irai maintenant mon chemin, pédestrement, en la prairie des Muses.

1. On ne sait ce que c'est que ce rite. Le poireau figure dans les banquets de théoxénie ; à Sparte pour les Dioscures (Athénée 137 c), à Delphes pour Létô (ibid. 372 a), qui passait pour en avoir eu une « envie ».

2. Texte et sens incertains. Il s'agit d'Hésiode. Le « cheval fougueux » est Pégase.

Μυρμιδόνων ἐσσῆνα τ. . . . . . . ὔμμι σέβεσθαι
Πηλέα, κῶς Ἴκῳ ξυν[ὰ τὰ Θεσσαλι]κά,
τεῦ δ' ἕνεκεν γήτειον ιδ[. . . . . ἄ]ρτον ἔχουσα
. . . .

Alteram columnam, plane mutilam, omittimus. Elucet tamen fr. 111 Schn. vv. 2-4 :

ταῦτ' ἐμέθεν λέξαντος
« τ[ρισ]μάκαρ, ἦ παύρων ὄ[λβιός ἐσσι μέτα,
ναυτι[λίης εἰ νῆιν ἔ[χεις βίον, ἀλλ' ἐμὸς αἰών
[κύμασιν αἰ]θυίης μᾶλλον ἐσφκίσατο. »

X

CONCLUSION DES AITIA. LE POETE ET ZEUS

Πάντ' ἀγαθὴν καὶ πάντα τ[ελ]εσφόρον εἶπε' [ἀταρπόν]
κείνῳ τῷ Μοῦσαι πολλὰ νέμοντι βοτά
σὺν μύθους ἐβάλοντο παρ' ἴχνιον ὀξέος ἵππου·
χαῖρε, σὺν εὐεστοῖ δ' ἔρχεο λωιτέρῃ. »
« Χαῖρε, Ζεῦ, μέγα καὶ σύ, σάω δ' ὅλον οἶκον ἀνάκτων·
αὐτὰρ ἐγὼ Μουσέων πεζὸς ἔπειμι νομόν. »

1. εἶπε' ἀταρπον (dubium) Arnim : alii alia tentaverunt || 5. ὅλον Hunt : ἐμὸν alii.

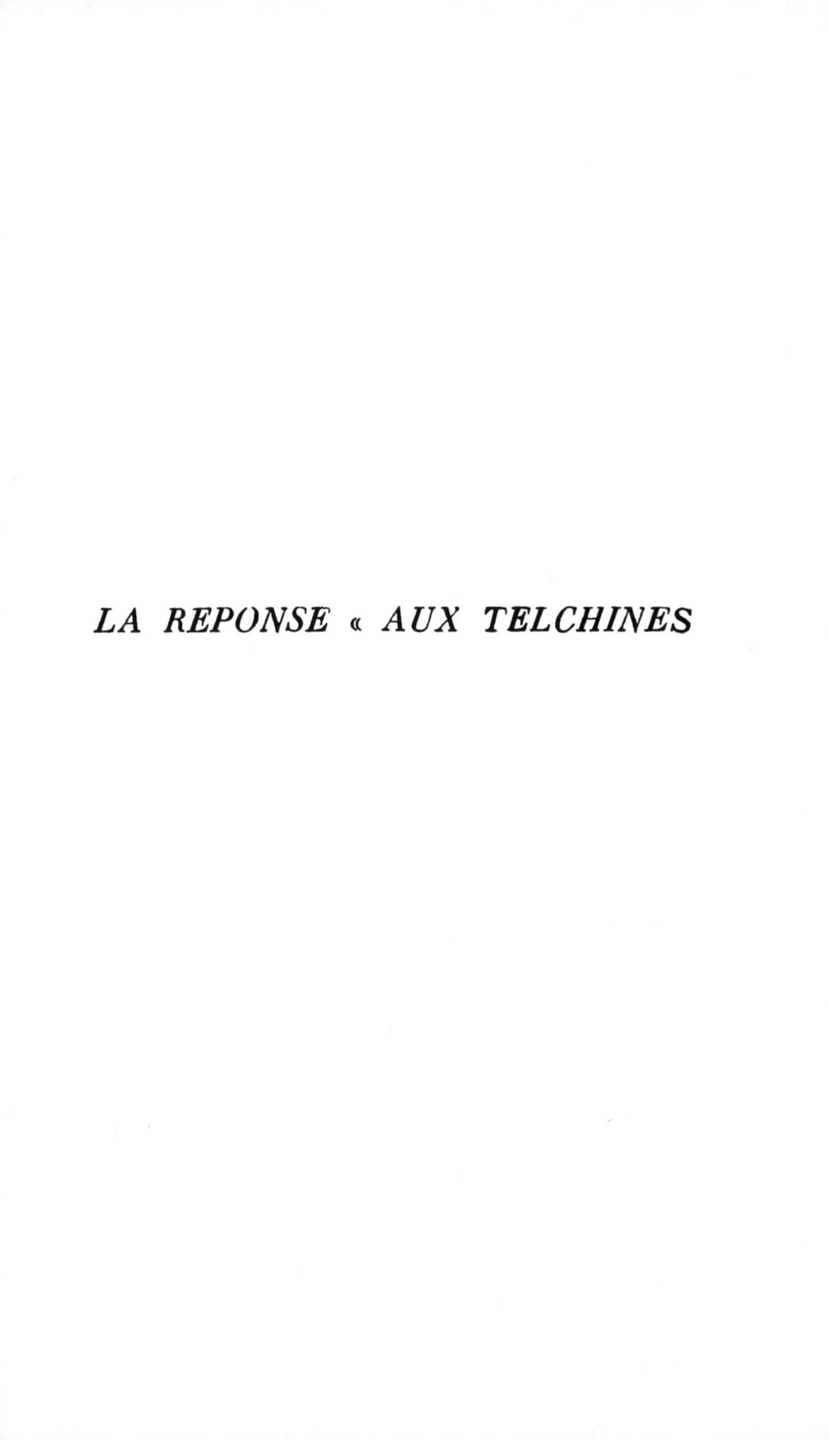

LA REPONSE « AUX TELCHINES

LA REPONSE « AUX TELCHINES »

L'Invective contre les « Telchines », publiée par Hunt dans les *Oxyrhynchus Papyri* (t. XVII, n. 2079), est une réponse âpre aux « charlatans » de lettres, qui accusaient de maigreur impuissante la Muse brève du poète. La pièce est un ἐλεγεῖον. Mais il convient de la séparer des autres pièces de même mètre. Cela parce que le morceau est d'un intérêt tout hors de pair quant à la personne et à l'art de Callimaque, mais aussi et surtout parce qu'il semble avoir eu, matériellement, une place privilégiée dans l'ensemble de l'œuvre. Sitôt parue au jour, on avait eu l'idée — c'était celle du premier éditeur — que cette profession de foi littéraire, opposant, comme fait la clausule de l'Hymne à Apollon, l'ὀλίγη λιβάς du délicat au poème « grand comme la mer » des Cycliques, devait faire partie d'un prologue polémique des *Aitia*. Bien des raisons s'y opposent ; l'une est péremptoire : c'est que l'*Invective* est du poète âgé (v. 6), du poète à cheveux blancs (v. 38), à la fin de sa carrière, et qu'il faudrait renverser, par la plus aventureuse des méthodes, toute la chronologie des *Aitia*, pour admettre que l'*Invective* les ait préfacés, *au moins lors de leur première publication*. Car il n'est nullement exclu que dans une édition postérieure, procurée par le poète à une époque avancée de sa vie, ou par ses amis et disciples, la pièce ait été mise en tête de toute l'œuvre, ou au moins des *Aitia*. Il faut bien qu'elle ait eu un poste en vue dans une édition des œuvres, pour avoir été l'objet, de la part des grammairiens, d'une telle abondance de citations. Sur la quarantaine de vers qu'on lira plus loin, il n'y en a pas moins d'une quinzaine qui nous étaient par là déjà connus. Un fait aussi exceptionnel s'accorderait bien avec l'idée que la *Réponse* a pu, après coup, faire le frontispice de toute la poésie de Callimaque.

Et ainsi cette déclaration poétique est à deux faces ; elle peut servir d'*annonce* à l'œuvre du poète subtil, et elle *résume* les luttes de sa jeunesse et de son âge mûr. Dans une édition d'à présent encore, elle ouvrirait bien le *libellus* qu'est maintenant pour nous toute l'œuvre du Cyrénéen ; mais aussi elle viendrait bien, en *postface,* illustrer tout l'effort de l'écrivain. Nous avons pris un troisième parti. La *Réponse* s'adresse avant tout aux contempteurs des *Aitia* et de leur poésie qu'on jugeait grêle. Nous la plaçons donc ici, après les quatre livres du poème.

Le fragment se compose d'une colonne de 40 vers et d'une seconde, dont il ne subsiste rien que quelques mots débuts de vers : nous ne la reproduisons pas. Le texte transcrit ci-après est, ici ou là, assez mutilé pour que, sinon la pensée générale, au moins le détail nous échappe. Par contre, dans de nombreux passages, le recours à la citation restitue le texte en toute certitude. Les *crochets* déterminent, dans notre transcription, l'état exact du texte du papyrus, en dehors des cas où une ou deux lettres sont de restitution évidente. Nous n'avons pas craint ici d'introduire dans le texte même quelques compléments qui sont *exempli gratia.* A côté d'eux, l'apparat critique mentionne les plus intéressantes parmi les autres restitutions. Il donne tous les renvois, pour les *citations,* aux *Fragments* de Schneider [1].

1. La meilleure publication du texte est dans l'étude très complète de Pfeiffer, dans *Hermes,* 1928, pp. 302 sqq.

REPONSE AUX « TELCHINES »

Sans cesse vont bourdonnant contre moi les Telchines, gens qui, ignorants de la Muse, ne sont point nés ses amis — *Je n'ai point mené à terme un long poème suivi (chantant) les rois.... ou les héros, en beaucoup de milliers de vers ; mon « rollet » est de quelques mots, comme d'un enfant, et mes ans se comptent par bien des dizaines* — Et moi, aux Telchines je dis ceci : Race épineuse, experte à vous ronger le foie (oui, je sais que je suis poète) de brève poésie. Mais la Thesmophore nourricière l'emporte sur le chêne immense[1] ; mais... que Mimnerne est un doux poète.... sa « grande femme » ne l'enseigne point[2]... mais la grue qui s'éjouit du sang des Pygmées revient d'Egypte vers la Thrace avec son cri strident... (et le cygne...)[3]. Allez à la male heure, funestes enfants de Mauvaise Envie ; jugez ma science poétique à la mesure de l'Art, non de l'arpent persique, et ne cherchez point chez moi quelque poème retentissant ; le tonnerre n'est pas mien, il est à Zeus. Aussi bien, quand pour la première

1. C'est-à-dire : le grain de blé l'emporte sur le gland.

2. Le poète opposait sans doute le grand poème de Mimnerne, la « Nannô », ἡ μεγάλη γυνή, à un recueil de courtes pièces, donnant la supériorité à celui-ci.

3. Les vv. 13-14 sont un souvenir du texte homérique Γ 2 sqq. qui compare les cris des Troyens à l'assaut à ceux des troupes de grues ; les vv. 15-16 opposaient à ces clameurs stridentes le chant du cygne.

REPONSE AUX « TELCHINES »

[Πρὸς Τελχῖνας]

[Αἰὲν] ἐμοὶ Τελχῖνες ἐπιτρύζουσιν ἀοιδῇ,
νήιδε]ς οἳ Μούσης οὐκ ἐγένοντο φίλοι,
[εἵνεκε]ν οὐχ ἓν ἄεισμα διηνεκές, ἢ βασιλ...
.....ας, ἐν πολλαῖς ἤνυσα χιλιάσιν
.......ους ἥρωας, ἔπος δ' ἐπὶ τυτθὸν ἑλ[ίσσω
[παῖς ἅτ]ε· τῶν δ' ἐτέων ἡ δεκὰς οὐκ ὀλίγη.
[Φημὶ δ]ὲ καὶ Τελχῖσιν ἐγὼ τόδε· φῦλον ἀ[κανθές
[μοῦνον ἐὸν] τήκ[ειν] ἧπαρ ἐπιστάμενον,
. ...ρέων [ὀλ]ιγόστιχος · ἀλλὰ καθέλ[κει
[δρῦν πο]λὺ τὴν μακρὴν ὄμπνια Θεσμοφόρος.
.........δυοῖν Μίμνερμος ὅτι γλυκὺς α........
............ἡ μεγάλη δ' οὐκ ἐδίδαξε γυνή.
[Κλαγγὸν ἐπὶ Θρήϊκος ἀπ' Αἰγύπτοιο [ῥοάων
[αἵματι] Πυγμαίων ἡδομένη γέρα[νος
[ἔρχεται].... ισαι.......ιμα.......οῖον ἐπ' ἄνδρα
..............................τέραι.
[Ἔλλετε, Βασκανίης ὀλοὸν γένος] αὖθι δὲ τέχνῃ
[κρίνετε, μὴ σχοίνῳ Περσίδι τὴν] σοφίην.
[Μηδ' ἀπ' ἐμεῦ διφᾶτε μέγα ψοφέο]υσαν ἀοιδὴν
[τίκτεσθαι· βροντᾶν δ' οὐκ ἐμόν, ἀλλ]ὰ Διός.

1 αἰὲν ἐμοι Pfeiffer, νῦν δὲ τό μοι Hunt || **2** = fr. 488 || **3** εἵνεκεν... διηνεκές = fr. 287 || **4** βασιλήων πρήξιας Lobel βασιλῆας κλήσας H. || **5** ἢ ἀρχαίους ἥρ. H. ἑλίσσω H. || **6** = fr. 489 || **7** φημὶ δὲ H. ἀκανθὲς Pf. ἄιδρι H. || **8** μοῦνον ἐόν H. σφωίτερον Pf. || **9** ἦν, ἔξοιδ' ἂρ ἐών H. || **10** δρῦν πολύ H. || **13-15** supp. Pf. || **17** Ἔλλετε... γένος = fr. 292 || **18** κρίνετε H. μὴ... σοφίην = fr. 481 || **19-20** = fr. 165 + fr. 490

fois je posai sur mes genoux la tablette de cire, mon Apollon me dit [1], Apollon Lycien : « L'encens, ô poète, mon ami, il me le faut offrir bien lourd, mais la Muse, légère. Et c'est mon ordre aussi que tu suives la voie que ne foulent point les chars, et que tu ne mènes le tien sur les traces des autres, ni sur la route large ; non, prends ton chemin à toi, pour étroit qu'il puisse être... » J'obéis ; car je chante pour ceux à qui plaît le chant aigu de la cigale, non le fracas des ânes. Qu'un autre aille braire, tout comme l'animal bien pourvu d'oreilles ; moi, que je sois l'être gracile, l'être ailé. Et la vieillesse, ah ! puissè-je, quand je chante, puisant au divin éther le mets des gouttes de rosée [2], puissè-je en secouer le manteau, aussi lourd sur moi que l'île aux trois pointes sur le funeste Encelade ! Ce sera justice ; les Muses, ceux qu'elles n'ont pas regardés, enfants, d'un œil oblique, elles ne les laissent pas de côté, quand leurs cheveux sont blancs [3].....

1. La tournure semble marquer un rapport précis entre le « Lycien » et la personne du poète. Peut-être le séjour à Athènes, avec l'Apollon du « Lycée ».

2. Les vv. 33-34 sont corrompus quant au texte et peu explicables. Nourri de rosée, comme la cigale, le poète voudrait, comme elle aussi (Anacréon, 34), être à l'abri de la vieillesse. Les mots inintelligibles ἵνα δρόσον peuvent avoir remplacé un autre mot, peut-être simple épithète de γῆρας.

3. Les vv. 37-38 reproduisent les vv. 5-6 de l'épigramme 21. Une pareille itération est surprenante ; Pfeiffer suppose que le distique aurait été *ajouté* au texte de l'épigramme. La suite des idées est ici qu'on ne saurait s'offusquer du vœu du poète, dont la vie tout entière fut consacrée au culte des Muses.

[Καὶ γὰρ ὅτ[ε πρώτιστον ἐμοῖς ἐπὶ δέλτον ἔθηκα
  [γούνασιν], Ἀπόλλων εἶπεν ὅ μοι Λύκιος
[ἦ δέον α]ἰέν, ἀοιδέ, τὸ μὲν θύος ὅττι πάχιστον
  [ἄμμι φέρει]ν, μοῦσαν δ' ὦ 'γαθέ, λεπταλέην.
[Πρὸς δέ σε] καὶ τόδ' ἄνωγα, τὰ μὴ πατέουσιν ἅμαξαι
  [τὰ στείβε]ιν, ἑτέρων (δ') ἴχνια μὴ καθ' ὁμά
[δίφρον ἐλ]ᾶν μηδ' οἶμον ἀνὰ πλατύν· ἀλλὰ κελεύθους
  [σπεῦδ' ἰδί]ας, εἰ καὶ στεινοτέρην ἐλάσεις. »
[Τῷ πιθόμη]ν· ἐνὶ τοῖς γὰρ ἀείδομεν οἳ λιγὺν ἦχον
  [τεττίγων, θ]όρυβον δ' οὐκ ἐφίλησαν ὄνων.
[Θηρὶ μὲν ο]ὐατόεντι πανείκελον ὀγκήσαιτο
  [ἄλλος, ἐγ]ὼ δ' εἴην οὑλαχύς, ὁ πτερόεις.
[Ἆ πάντ]ως ἵνα γῆρας + ἵνα δρόσον + ἣν μὲν ἀείδω
  [πρώκιο]ν ἐκ δίης ἠέρος εἶδαρ ἔδων,
[αὖθι τ]ὸ δ' [ἐκ]δύοιμι, τό μοι βάρος ὅσσον ἔπεστι
  [τριγ]λώ[χι]ς ὀλ[οῷ] νῆσος ἐπ' Ἐγκελά[δῳ.
[Οὐ νέμεσις· Μοῦσαι γ]ὰρ ὅσους ἴδον ὄμματι παῖδας
  [μὴ λοξῷ, πολιοὺς] οὐκ ἀπέθεντο φίλους
  . . . . .πτερὸν οὐκέτι κινεῖν
  . . . . .ἐνεργότατος.

21 καὶ γὰρ... γούνασιν = fr. an. 261 || **23** suppl. H. || **24** ἄμμι φέρειν Wilam. δοῦναι, τήν H. || **25** Suppl. H. || **26** Suppl. H. ἑτέρων κ. τ. λ. = fr. 293 || **27** Suppl. H. || **28** Suppl. Wilam. καινοτέρας H. || **29** Suppl. Wilam. || **30** Suppl. Wilam. μαίονται, θόρυβον κ. τ. λ. H. || **31** Suppl. ex fr. 320 || **32** Suppl. H. || **33** Ἀ... γῆρας = fr. 323 || **34** = fr. 542 || **35** αὖθι..... ἐκδύοιμι = fr. 286 || **36** = fr. 382 || **37-38** = cf. *Ep.* 21, 5-6.

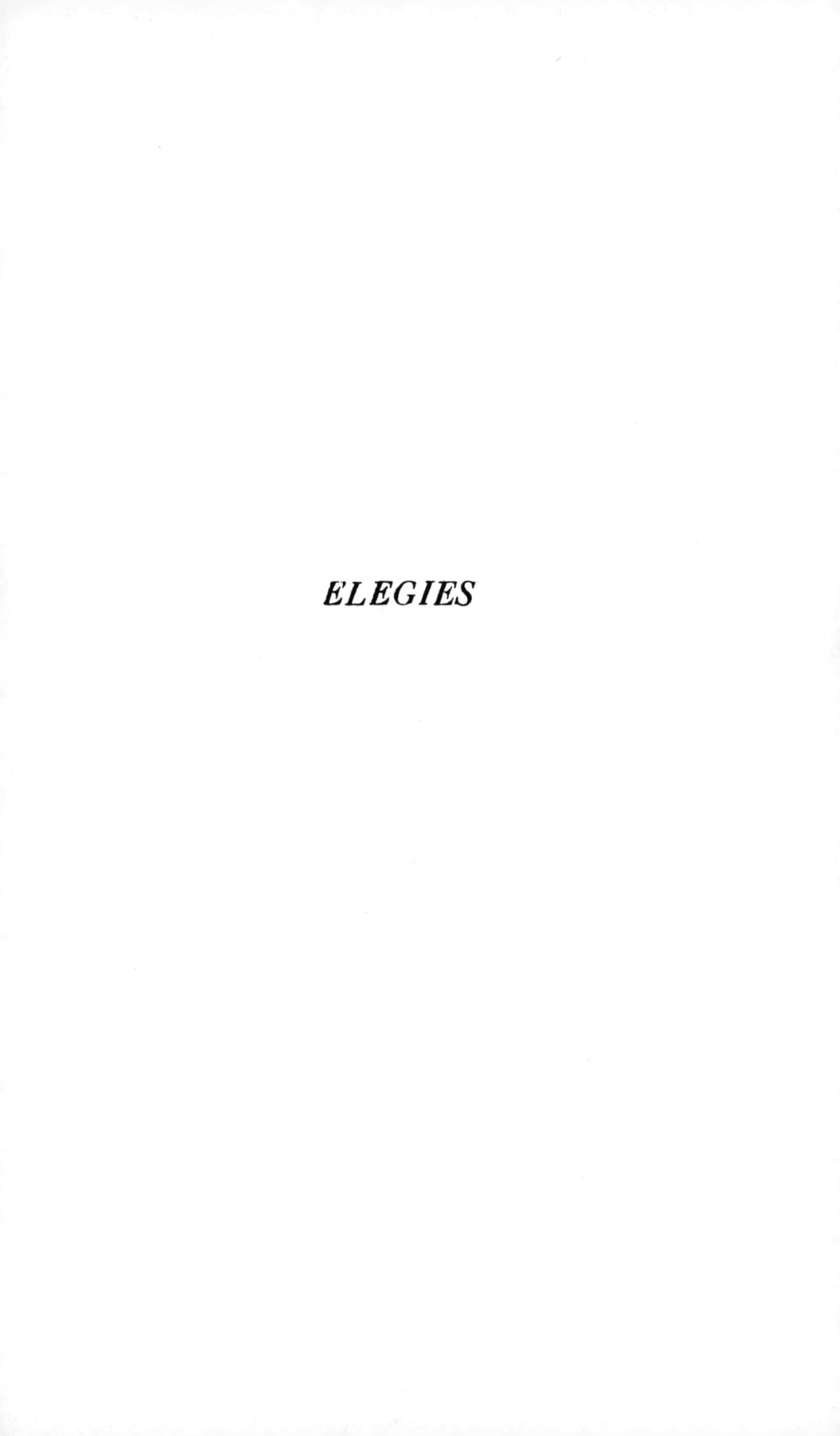

ELEGIES

ELEGIES

S'il apparaît que Callimaque n'a pas écrit d'élégies « sentimentales » au sens des « élégiaques » latins, nous savons par contre que figuraient dans son œuvre, en dehors des *Aitia* et des *Epigrammes*, des pièces en ἐλεγεῖα. Une mention ἐν τοῖς ἐλεγείοις est assez incertaine. Mais, même avant les publications récentes de Grenfell-Hunt et de Vitelli, nous connaissions l'existence de deux de ces pièces, la *Boucle de Bérénice*, Βερενίκης πλόκαμος et la *Victoire de Sôsibios*, Ἐπινίκιον ἐλεγειακὸν εἰς Σωσίβιον. Or un papyrus d'Oxyrhynchus (n. 1793) porte, se faisant suite, des fragments de l'un et l'autre poèmes, insignifiants pour la *Coma*, plus importants pour le *Sôsibios*, plus, à ce qu'il semble, quelques bribes d'une pièce en l'honneur de Bérénice encore et de son père Magas. Il est vraisemblable, sinon certain, que ces diverses pièces, et d'autres encore, aient été présentées au public par le poète ou après lui en une seule série, dans une édition de son œuvre ; et le titre ne pouvait guère en être que celui d'Ἐλεγεῖα, encore que chaque poème apparaisse toujours cité sous son titre individuel. On a donc le droit de parler des « Elégies » de Callimaque, si rien d'ailleurs ne doit être mis sous ce nom qui ressemble aux élégies amoureuses d'un Properce ou d'un Tibulle. Les Elégies de Callimaque étaient, à en juger par ce que nous pouvons en lire encore, des pièces de circonstance et de signification politique ou courtisane.

Nous ne dirons qu'un mot de la pièce qui tenait les colonnes IV et V du papyrus d'Oxyrhynchus. Les noms de Magas et de Bérénice se déchiffrent dans les bribes qui en subsistent. Il est osé d'affirmer seulement qu'elle était un éloge des deux personnages, et qu'y pouvait être narré le trait de bravoure de la jeune reine, à quoi font allusion les vv. 25-26 de la *Coma Berenices* de Catulle. Deux vers seulement du poème peuvent être entièrement restitués, le premier s'identifiant au fr. 209 Schn. : ils ont trait à l'histoire, racontée par Hérodote (I, 165), de la masse de fer, μύδρος, précipitée dans les eaux par les Phocéens au quitter de leur patrie : « Tant qu'au fond des eaux restera la masse des Phocéens, jusqu'à ce que Pallas soit mère et femme Artémis[1].. »

L' Ἐπινίκιον εἰς Σωσίβιον est, avoisinant les thèmes pindariques, un éloge des victoires au stade d'un ami ou protecteur de Callimaque, l'Alexandrin Sôsibios. D'après le fr. 192 Schn. qui semble bien appartenir à la pièce, ce Sôsibios ne peut être que le ministre d'Evergète et de Philopator, fils de Dioskouridès — le poème serait alors de 245-240 — ou son grand-père, fils d'un autre Dioskouridès — et le poème se placerait, tout au début de la carrière du poète, en 290-280. Les deux combinaisons sont possibles. L'*épinikion* célèbre la victoire du personnage à la course des chars, la gloire qu'il procure à Alexandrie, sa générosité envers les dieux et ses autres victoires aux jeux, enfin sa « gentillesse ». Pour la forme, la pièce est une réduction à l'ἐλεγεῖον de l'ode pindarique, et par là rentre dans le cadre général du système poétique de Callimaque. On peut douter de la convenance de cette tentative. Au vrai, il nous est un peu difficile d'en juger. Le texte en effet, écrit sur les colonnes VI à X du papyrus d'Oxyrhynchus n. 1793, dont la partie supérieure seule subsiste, est si incomplet et mutilé qu'il est très peu intelligible ; on le verra trop par notre essai incertain et informe de traduction. Cf. ci-après, I.

La *Boucle de Bérénice* nous est bien connue par le poème 66 de Catulle : il s'agit de la boucle de cheveux offerte en ex-voto à Aphrodite Zéphyritis par la reine Bérénice, après l'heureux retour de son jeune mari Ptolémée Evergète de sa campagne d'Asie (246-245) ; le poète, faisant parler la boucle, nous la montre émigrant dans les cieux pour y faire figure de constellation. L'ἐλεγεῖον est ici comme un très long ἐπίγραμμα où l'ex-voto dit lui-

1. Φωκαέων μέχρις κε μένῃ [μέγας ε]ἰν ἁλὶ μύδρος,
[μέχ]ρι τέκῃ Παλλὰ[ς κ' ᾖ γάμος] Ἀρτέμιδι.

même son histoire. Comme le « nautile » de l'ép. V narre le voyage maritime qui le porta aux rivages d'Ioulis, et de là au temple de Cypris, la boucle raconte comment Cypris encore l'enleva de son sanctuaire pour la transporter au monde céleste ; mais l'idée qui fait développement est que la boucle, fraîchement enlevée de la tête royale, a sa personnalité et sa sensibilité, qui sont tout près de celles même de la jeune reine. Il faut prendre de ce biais la *Coma* pour apprécier à sa valeur ce curieux poème. Tout y est commandé, ensemble et détail, par cette fiction, point tant extraordinaire, point tant « alexandrine » pour un lecteur grec, de l'ex-voto qui parle et se réjouit et se plaint. Tout est senti et dit, non pas du point de vue du poète ou de son lecteur, mais de celui de la boucle royale qui regrette la tête chérie dont le fer l'a séparée. Tout est particularisé dans cette intention. Tourner le poème, comme on l'a fait, à une élégie banale sur la tendresse conjugale, et *ce que dit la boucle* à un simple récit impersonnel, c'est se donner trop beau jeu pour trouver le poème de mauvais goût. Il côtoie quelque peu dangereusement une fâcheuse préciosité plutôt qu'il n'y tombe.

Nous n'avions jusqu'au tout dernier temps que quelques bribes insignifiantes — citations et pap. d'Oxyrhynchus n. 1793 — du poème original ; on les trouvera rassemblés ci-après. Un papyrus de la Société italienne de papyrologie publié par Vitelli[1] nous a rendu tout récemment vingt vers de la pièce de Callimaque, dont un seul est entièrement mutilé, les autres étant d'ailleurs souvent incomplets. Nous avons de par cette découverte la preuve irréfutable que le poème de Catulle était bien une *traduction* — *expressa.... carmina Battiadae* — exacte, sinon littérale, du poème grec, et distique par distique. Le fragment Vitelli — cf. ci-après II — contient l'original des vv. 45-64 de la pièce de Catulle.

1. *Studi ital. di filol. class.* VII, 1, 1929, pp. 3 et suiv. Cf. Fränkel, dans *Gnomon*, 1929, p. 265.

ELEGIES

I

LA VICTOIRE DE SOSIBIOS

On se reportera à ce qui a été dit plus haut de l'état presque désespéré du texte et du caractère très approximatif de la traduction. Il a paru plus expédient de transcrire et de traduire à part chacune des colonnes ; aussi bien chacun de ces fragments développe un point du thème.

Il est possible que le fr. 193 Schn. — *A Zeus et à Némée je dois un don de reconnaissance*[1] — ait fait le premier vers du poème.

Col. VI. Le poète énonçait sans doute la récente victoire de Sôsibios et invoquait Poseidon.

Le cheval de Libye a dans l'oreille encore (le bruit) de l'essieu, et, comme s'ils étaient d'aujourd'hui, montent à mes lèvres ces mots proférés sur l'heureuse nouvelle : « Dieu qui tiens ta place des deux côtés de l'étroit que ceinturent les flots, toi par qui jurent les fils de l'antique Sisyphe, toi (qu'invoquent) les habitants de l'isthme sacré de Pélops, ici comme dieu de Crômna, là comme dieu de Lekhaion...

Le sens du v. 1 est incertain ; le v. 2 est, dans son texte, inexplicable. Il s'agit de Poseidon, adoré des deux côtés de l'isthme, où sont, respectivement Crômna et Lekhaion ; les « fils de Sisyphe » sont les Corinthiens.

1. Ζηνί τε καὶ Νεμέῃ τι χαρίσιον ἕδνον ὀφείλω.

ΕΛΕΓΕΙΑ

I

ΣΩΣΙΒΙΟΥ ΝΙΚΗ

...ἄξονος Ἀσβύστης ἵππος ἔναυλον ἔχει· Col. VI
σημερινὸν δ' ὡς ειπερ[.]μον περὶ χεῖλος ἀίσσει
τοῦτ' ἔπος ἥδείῃ λεχθὲν ἐπ' ἀγγελίῃ·
« Δαῖμον, ὃς ἀμφοτέρωθεν ἁ[λιζ]ώνοιο κάθησαι
στείνεος, ἀρχαίοις ὅρκιε Σ]ι[σ]υφίδαις,
[ὃν] τε[......]γου [......]ες Πελοπή[ιο]ν ἱερὸν ἰσθμόν
[τῇ μὲν Κρωμνί]την τῇ [δὲ Λεχαῖ]ον.......
....ει.....ος........

VI **2** ἱμον περὶ χεῖλος ἀίσσει dubium, rect. Hunt. || **4** κάθηται pap. corr. H. || **5** Σισυφίδαις suppl. Murray || **6** γου...ες pap. γεωργοῦντες supp. H. || **7** Κρωμνίτην suppl. H. Λεχαῖον supp. Pf.

Col. VII *(Le poète chantera ?) pour que l'habitant même du Cinyps apprenne que Sôsibios et la terre d'Alexandre ont remporté une double couronne, près des deux enfants, le frère de Léarchos et celui que nourrit le lait de la fille de Myrina, et que le Nil, roulant ses eaux fécondes que l'année ramène, parle ainsi :*

Le Cinyps est un fleuve d'Afrique entre les deux Syrtes. Le frère de Léarchos est Mélicerte, à qui se rapportent les jeux isthmiques ; le nourrisson d'Hypsipyle, fille de Myrina, est Archémore, en l'honneur de qui furent institués les jeux néméens. Le début du discours du Nil est entièrement mutilé et intraduisible.

Col. VIII. Le texte est ici très obscur. Il y a discours direct, après l'espèce de parenthèse des vv. 1-2. Il est impossible — ἐδώκαμεν, etc. — que ce soit le Nil qui continue à parler — est-ce le poète, ou Sôsibios, ou les vainqueurs même du concours des παῖδες aux Panathénées ?

... *Car, à Athènes, au saint édifice, sont fixés les vases qui sont non point un ornement, mais le prix de la lutte*[1], *quand, sans craindre la concurrence des hommes faits, nous avons donné à clamer, au chœur menant la ronde joyeuse près du sanctuaire d'Athéna, le doux refrain de victoire, le refrain d'Archiloque*[2] *; dans le diaule, à ta fête, Ptolémée, fils de Lagos*[3], *nous obtinmes d'abord la victoire*[4]....

Col. IX. Il s'agit ici non plus des victoires de Sôsibios, mais des *ex-voto* par lui offerts au dieu, dont l'un a été vu par le poète de ses propres yeux.

1. Ce sont les vases donnés en prix aux vainqueurs des Panathénées.

2. Le τήνελλα καλλίνικε.

3. Sans doute les jeux en l'honneur de Ptolémée Sôter, institués en 279-78 par Philadelphe.

4. Il y a ici deux ou trois vers mutilés, n'offrant aucun sens.

ὄφρα κε Σωσίβιόν τις Ἀλεξάνδρου τε πύθηται Col. VII
[γ]ῆν ἐπὶ καὶ ναίων Κίνυφι διστεφέα
ἀμφοτέρῳ παρὰ παιδ(ὶ), κασιγνήτῳ τε Λεάρχου
καὶ τὸ Μυριναῖον τῷ γάλα θησαμένῳ,
θηλύτατον καὶ Νεῖλος ἄγων ἐνιαύσιον ὕδωρ
ὧδ' εἴπῃ· . . . . . καλά μοι . . . . τις ἔτεισε
[. . . . . . οὐ γάρ πω τ[. · . . . .]υ . . . . . ἄεθλα
. . . . φίων τ . . . . Col. VIII
[καὶ παρ' Ἀθηναίοις γὰρ ἐπὶ στέγος ἱερὸν ἧνται
κάλπιδες, οὐ κόσμου σύμβολον ἀλλὰ πάλης·
ἄνδρας ὅτ' οὐ δείσαντες ἐδώκαμεν ἡδὺ βοῆσαι
νηὸν ἔπι Γλαυκῆς κῶμον ἄγοντι χορῷ
Ἀρχιλόχου νικαῖον ἐφύμνιον· ἐκ δὲ διαύλου,
Λαγείδη, παρὰ σοὶ πρῶτον ἀεθλοφορεῖν
εἱλάμεθα, Πτολεμαῖε, τεῇ. Π . . . . . . ἡνίκ' ἐλεγχ . . . . .

quaedam plane mutila Col. IX

. . . .

ἀμφοτέρων δ ξεῖνος ἐπηβόλος· οὐκέτι γυμνάς
παῖδας ἐν Ἡραίῳ στήσομεν Εὐρυνόμης. »
Ὣς φαμένῳ δώσει τις ἀνὴρ ὁμόφωνος ἀ[μοι][β]ήν·
τοῦτο μὲν ἐξ ἄλλων ἔκλυον ἱρὸν ἐγώ.

VII **10** γῆν Housman : την || **11** παιδὶ H. : παῖδε || **12** θησάμένῳ H. : θησομενῳ || **13** Νεῖλος ἄγων Maas, Νειλωτων H. || **14** καλά μοι κ. τ. λ. καλά μοις H. — καλά μοι κ. τ. λ. : μοι Ε[ύ]ρτις fort. Pf.
VIII **1** Suppl. Hunt. ex Call. fr. 122 || **7** suppl. H. post τεῇ πάτερ suppl. Lobel
IX **3** ὁμόφωνος Hu. ἀμοιβήν Lobel. ομοφρονος ἀοιδην pap.

Col. IX. « *L'étranger (Sôsibios) tient les deux victoires ; non, elles ne seront pas nues, de notre fait, dans le temple d'Héra, les filles d'Eurynomé*[1] » *A ces paroles on pourra donner réplique de même ton (?). Ce monument (de l'Héraion) j'en ai ouï parler ; mais je l'ai vu de mes yeux, celui qu'il fit élever au pied du mont Casios.* « *De Chypre un bateau sidonien ici m'amena...*[2] »

Col. X. ... Le fragment col. X célèbre, par une adaptation de l'usage pindarique, les qualités morales du riche et puissant Sôsibios, qui n'est pas un « parvenu ».

...Et celui dont nous chantons les victoires, qui sait rester lié au populaire et n'oublie pas les humbles. Chose qu'on voit bien rarement chez l'homme opulent, dont l'esprit ne domine pas la fortune. Ni je ne louerai tout son mérite ni je ne le laisserai caché, car je crains la langue des gens des deux côtés, et qu'on dise ici : « *il n'a jamais fait rien de bien... et là :* « ......

1. Ce sont les Charites, honorées dans l'Héraion d'Argos. Allusion sion au proverbe αἱ χάριτες γυμναί. Encore ici le texte est presque inintelligible.

2. Premier vers de la dédicace ; l'*ex-voto* prend lui-même la parole. Le mont Casios, près de Péluse, avec un temple de Zeus.

Κεῖνό γε μὴν ἴδον αὐτός, ὃ πὰρ ποδὶ κάτθετο Νείλου
  νει[ατί]ῳ Κασίου + εἰς ἐπίκωμος ἅλα·
« Κύπροθε Σιδόνιο[ς μ]ε κατήγαγεν ἐνθάδε γαῦλος

quaedam plane mutila

Col. X

....

καὶ τὸν ἐφ' οὗ νίκησιν ἀείδομεν, ἄρθμια δήμῳ
  εἰδότα (καὶ) μικρῶν οὐκ ἐπιληθόμενον.
Παύριστον τό κεν ἀνδρὶ παρ' ἀφνειῷ τις ἴδοιτο,
  ᾧτινι μὴ κρείσσων ᾖ (νόος) εὐτυχίης.
Οὔτε τὸν αἰνήσω τόσον ἄξιον οὔτε λάθωμαι
  — δείδια γὰρ δήμου γλῶσσαν ἐπ' ἀμφοτέροις —
μ....[...] ομένῳ δ... πησιν..... οὐδέπ[οτ' ἐ]σθλὸν ἔρεξεν 8

quaedam valde mutila

5 Νείλου H. lectio incertissima || **6** plane corruptum videtur || **7** Κυπροθενειδονδιο pap. Suppl. et corr. Hunt. ex Call. fr. 217.

X. **2** ειδοτα ουκ ἐπὶ μικρῶν pap. corr. Murray et Lobel || **4** ᾖ νοος Hu. ητινος pap. || **7** in principio versus μὴ τὸ μὲν ὧδ' εἴπησιν ὁδ' οὐδεποτ' κ. τ. λ. conatus est Hu.

II

LA BOUCLE DE BERENICE

(Cf. Cat. LXVI, vv. 45 sqq.)

... quand la pointe du fer, loin de toi (?)[1], creusa la montagne, et que, par le milieu de l'Athos, voguèrent les nefs funestes des Mèdes. Que faire, nous, pauvres boucles, quand de tels monts cèdent au fer ? Périsse la race des Chalybes qui, les premiers, mirent au jour, des entrailles de la terre, le métal maudit, et démontrèrent le travail des marteaux ! J'étais fraîche coupée, et mes sœurs me pleuraient, quand tout à coup, du tournoiement rapide de ses ailes, le frère de Memnon l'Ethiopien, le souffle doux du Zéphyre, le vent de Locride[2], le cheval ailé[3] serviteur d'Arsinoé à la noire ceinture, m'enlève à travers les nuées de l'éther et me dépose au sein vénérable de la divine Cypris. C'est la Zéphyritis qui le choisit pour tel office, elle la Grecque (?) habitante du rivage de Canope. Et pour que la Couronne d'or de la fille de Minos[4] ne fût pas seule, pour les humains, fixée au ciel pour y briller au milieu d'un tel nombre d'astres, et que j'y parusse aussi, moi, la belle boucle de Bérénice, Cypris, quand, encore toute baignée des flots, je montais vers les Immortels, Cypris me plaça, étoile nouvelle, dans l'antique chœur des astres...

1. Texte et sens incertains. A qui cette apostrophe ? Au soleil, semble-t-il. Il n'y a rien de tel dans le texte de Catulle.

2. Le Zéphyre vient de l'Ouest, du pays Locrien (cf. Dion. Per. 29).

3. L'idée du « vent » et celle du « cheval » sont rapprochées dans plusieurs textes. Le texte de Callimaque exclut définitivement l'invention de l' « autruche » pour expliquer l'*ales equos* de Catulle.

4. La Couronne d'Ariane, constellation.

II

Βερενίκης Πλόκαμος.

Supplementa sunt Vitellii exempli gratia.

. . . .

Βούπορος ἄρσιν ὄρ[υξεν ἑκά]ς σεο, καὶ διὰ μέ[σσον Cal. v. 45
  Μηδείων ὁλοαὶ νῆες ἔβησαν Ἄθω.
Τί πλόκαμοι ῥέξωμεν, ὅτ' οὔρεα τοῖα σιδήρῳ
  εἴκουσιν; Χαλύβων ὡς ἀπόλοιτο γένος,
γηόθεν ἀντέλλοντα, κακὸν φυτόν, οἵ μιν ἔφ[ηναν.
  πρῶτοι, καὶ τυπίδων ἔφρασαν ἐργασίην.
[Ἄρτι δ' ἄρ' ἔ]κτμητόν με κόμαι ποθέεσκον ἀδε[λφεαί,
  καὶ πρόκατε γνωτὸς Μέμνονος Αἰθίοπος
ἵετο κυκλώσας βαλιὰ πτερὰ θῆλυς ἀήτης,
  [λάτρις] ἰο[ζ]ώνου Λοκρικὸς Ἀρσινόης.
[circa 9 ll.] πνοιη[. . . . .
  Κύπ[ρ]ιδος εἰς κόλπ[ον σεμνὸν ἔνεικε θεῆς.
Αὐτὴ] μιν Ζεφυρῖτις ἐπὶ χρέο[ς εἵλατο τοῦτο
  [Γραῖα (?) Κ]ανωπίτου ναιέτις α[ἰγιαλοῦ.
[Ὄφρα δὲ μὴ] Νύμφης Μινωίδος ο[ὐρανὸν ἴζοι
  [χρύσε]ος ἀνθρώποις μοῦνον ἐπὶ σ[τέφανος
[λάμπω]ν ἐν πολέεσσιν ἀρίθμιος, ἀλλα[φανείην
  [καὶ Βερ]ενίκειος καλὸς ἐγὼ πλόκαμ[ος,
[κύμασι] λουόμενόν με παρ 'ἀθα[νάτους ἀνιόντα
  [Κύπρι]ς ἐν ἀρχαίοις ἄστρον [ἔθηκε νέον.

48-49 Χαλύβων,.. ἔφηναν = fr. 35 c Schn. || **53** ἵετο incertum || **54** λάτρις Vitelli, ἱππεύς Rostagni, πομπός Pfeiffer.

Autres fragments du poème de *La Boucle de Bérénice.*

Fr. 34 Schn.

Cat. v. 7-8, v. 9-10 ..C'est moi que Conon vit dans le ciel, moi la Boucle de Bérénice.... qu'elle offrit à tous les dieux...

Du pap. d'Oxyrh. 1793

Cat. v. 27 (l'hymen) royal....

Fr. 35 b Schn.

Cat. v. 40... J'en ai fait serment, par ta tête et ta vie.

Du pap. Oxyrh. = Fr. 35 d Schn.

Cat. vv. 80-82 ....découvrant vos seins ..... avant qu'à l'astre de Bérénice.......

Ex eodem poemate jam enotuerunt haec

Fr. 34 Schn.

ἡδὲ Κόνων μ' ἔβλεψεν ἐν ἠέρι τὸν Βερενίκης Cat. vv. 7-8
βόστρυχον ὄντ' ἄρα κείνη πᾶσιν ἔθηκε θεοῖσιν. 9-10

Postremorum uerborum restit. incerta.

Ex pap. Oxyr. 1793

πρὶν ἀναξ... (ἀνάξιον?) Cat. v. 27

Fr. 35 b Schn.

..σήν τε καρὴν ὤμοσα σόν τε βίον.. Cat. v. 40

Ex pap. Ox. = Fr. 35 d Schn.

Cat. vv. 80-82

[κόλπον ἀνηκ]άμεναι.... πρὶν [ἀστέρι τῷ] Βερενίκης

EPIGRAMMES

EPIGRAMMES

Dans une édition de l'œuvre poétique de Callimaque, les *Epigrammes* trouvent leur place naturelle après les *Aitia* et les *Elégies*. D'abord parce qu'elles sont des ἐλεγεῖα après les ἐλεγεῖα des « Origines ». Et aussi parce que, si nous estimons que Callimaque n'a pas écrit d'élégies « sentimentales » à la manière des élégiaques latins, nous pensons aussi que les *Epigrammes* représentent dans sa poésie la même « espèce » littéraire. Ainsi, après les pièces des ἐλεγεῖα, d'intérêt civique et politique, se rangent au mieux les pièces de notation érotique qui constituent une bonne part tout au moins du recueil des *Epigrammes*.

Les 63 pièces que nous mettons sous ce titre figurent, sauf les n°s 5 et 6, connus respectivement par Athénée et Strabon, dans l'*Anthologie Palatine*. La mention ἐν ἐπιγράμμασιν, fréquente à partir du Ier siècle, prouve qu'un recueil des *Epigrammes* existait dès cette époque ; la tradition mélagréenne est donc bonne, Méléagre n'ayant eu qu'à puiser dans ce recueil [1]. Les raisons qu'allègue Wilamowitz contre l'authenticité de l'*ép.* 3 sur Timon, et de l'ép. 36 sur le buveur Erasixénos n'ont rien qui soit probant.

Les *Epigrammes* sont rangées dans toutes les éditions en un ordre factice. Nous n'avons pas cru devoir le modifier. A les disposer suivant leur ordre dans le manuscrit Palatin il n'y aurait nul intérêt, puisque divers livres de cette anthologie contiennent des pièces de même nature. Hauvette, dans son étude, les distribue en quatre séries : funéraires, votives, érotiques, littéraires ou morales. L'ordon-

1. V. sur ce point l'étude d'Hauvette dans la *Rev. des Et. Grecques*, 1907.

nance est logique. Le lecteur, s'il lui plaît, la rétablira bien facilement : le recueil est si court ! Il n'est pas à croire que Callimaque ait de lui-même sagement « classé » ses Ἐπιγράμματα. Sans doute pensait-il que ses amis lettrés en goûteraient mieux le charme varié, si les feuillets du *volumen* les faisaient passer sans trop de précautions de l'amour à l'amitié, ou du thrène funéraire à la beuverie joyeuse. Le mieux est de se donner, tout en respectant la tradition, un plaisir de même sorte.

Les *Epigrammes* sont des « inscriptions » funéraires ou votives, ou des « notations » sentimentales. La question que posent les unes et les autres est celle de leur degré de « vérité » et de « littérature ». Et d'abord, les pièces funéraires ou votives se rapportent-elles à des morts ou à des offrandes *réelles*, ou ne sont-elles que jeux de l'esprit ? Nous ne pouvons entrer dans le détail d'une question qui dépasse notre cadre ; quelques indications suffiront. Notons d'abord qu'il ne s'agit pas, en tout cas, de savoir si l'inscription a été ou non vraiment gravée sur la stèle ou au bas de l'ex-voto : la question est insoluble, et sans intérêt. Si l'inscription a été rédigée *à propos* d'une mort ou d'une offrande réelles, c'est assez pour qu'elle s'oppose à l'épitaphe ou à la dédicace « en l'air » et qu'on puisse parler de la «réalité» de l'épigramme. Il y a là, de ce biais, question d'espèce plutôt que de principe. Il faudrait, comme l'a fait Hauvette, passer en revue toutes les pièces du recueil. On en trouverait un très grand nombre dont la véracité n'est pas douteuse ; on irait peut-être plus loin que lui de ce côté. Il suffit de feuilleter un recueil d'épitaphes comme celui de Kaibel pour se rendre compte que l'épigraphie funéraire la plus authentique a un domaine très varié, et que des épitaphes qui ont un caractère très net de jeux d'esprit ont figuré sur des tombes. Peut-être serait-on amené à conclure que le nombre des pièces, funéraires ou votives, qui sont purement « littéraires », est en somme assez restreint dans le recueil.

Il faut aborder dans le même esprit la lecture des épigrammes érotiques. A coup sûr elles ne sont pas la transcription rigoureusement fidèle d'une réalité passionnelle ; mais c'est le cas de tous les vers d'amour. Toujours dans ce domaine la « poésie » s'est jointe à la « vérité » ; les *Epigrammes* ne font pas exception à cette règle. A coup sûr les préoccupations de bel esprit, les pointes littéraires ou philosophiques se mêlent parfois aux cris de passion. Pourquoi ceux-ci en seraient-ils, comme on l'a dit, moins sincères ? Les esprits compliqués subtilisent, en toute sincérité, sur leurs sentiments comme sur leurs idées. Il faut lire comme des pièces *vraies*, au sens poétique du mot, ces courtes notations où, pour la première fois dans la littérature grecque, s'exprime sous cette forme, dans un ramassé et avec une énergie qui saisissent — dans le texte grec, s'entend — l'éternelle passion. Disons-le : il n'y a dans tout le recueil qu'un petit nombre de telles pièces. Mais ces quelques vers âpres suffisent à faire du Cyrénéen un des poètes de l'amour.

Dans plusieurs éditions quelques épigrammes figurent sous la rubrique *dubia et incerta*. Leur attribution à Callimaque est très peu sûre. Et il se trouve qu'elles sont de peu de valeur. Nous les avons laissées de côté. Intéressants au contraire sont les courts fragments d'épigrammes littéraires que nous avons mis à la suite des 63 pièces de la collection. Le fragment sur le dialecticien Diodôros Cronos est cité comme ἐν ἐπιγράμμασιν ; celui sur Simonide de Céos, où le poète parle lui-même et fait allusion à l'histoire du banquet thessalien, est sans mention de recueil. Les deux vers sur Archiloque portent celle, un peu incertaine, ἐν τῷ Γραφείῳ. Callimaque avait-il réuni sous ce titre de Γραφεῖον des épigrammes satirico-littéraires ? L'existence d'un tel recueil est toute hypothétique. S'il a réellement existé, il comprenait sans doute des pièces qui furent insérées plus tard, du vivant du poète ou après lui, dans le recueil des Ἐπιγράμματα. Le mot connu de Callimaque sur la Lydé d'Antimaque de Colophon est également cité avec la mention ἐν ἐπιγράμμασιν : « la Lydé, écrit lourd, sans netteté fine[1]. »

1. Λύδη καὶ παχὺ γράμμα καὶ οὐ τορόν (fr. 74 b Schn.).

EPIGRAMMES

I

Un homme d'Atarnes consultait Pittacos de Mytilène [1], le fils d'Hyrras : « Bon vieillard, on me propose deux mariages. L'une des filles est de ma lignée, pour les moyens et la naissance ; l'autre est bien au-dessus de moi. Que faire ? allons, conseille-moi ; qui des deux épouserai-je ? » Il dit; et Pittacos répond, levant son bâton, appui de ses vieux ans : « Regarde, ceux-ci te diront tout ce qu'il faut dire. » C'étaient, dans un large carrefour, des enfants, qui faisaient tourner sous le fouet leurs légères toupies. « Suis leurs pas. » Et l'homme s'approcha. « Pousse, disaient les enfants, celle qui est sur ta ligne. » Ce qu'entendant l'Atarnien se garda de poursuivre le mariage riche ; il avait compris l'avis que donnaient les enfants. — Eh bien ! tout comme il conduisit en sa demeure la fille modeste, tout de même, toi, va, prends aussi « celle qui est sur ta ligne ».

1. Pittacos de Mytilène, dans l'île de Lesbos — Atarnes est en face, sur la côte éolienne — est l'un du groupe des Sept Sages. Ses dits et conseils, tels qu'ils sont rapportés par Diogène, sont de modération et d'opportunisme moral ; l'historiette ici racontée s'y accorde bien. — L'épigramme figure dans l'*Anthologie* sans nom d'auteur, et Jacobs la refuse à Callimaque. Aussi bien elle est un peu à part dans la collection, pour le caractère et les dimensions. Mais le domaine de l'« épigramme » est très large, et va de la simple « notation » en un distique au récit développé et à la courte « élégie ».

ΕΠΙΓΡΑΜΜΑΤΑ

I

Ξεῖνος Ἀταρνείτης τις ἀνείρετο Πιττακὸν οὕτω
τὸν Μυτιληναῖον, παῖδα τὸν Ὑρράδιον·
« Ἄττα γέρον, δοιός με καλεῖ γάμος· ἡ μία μὲν δὴ
νύμφη καὶ πλούτῳ καὶ γενεῇ κατ᾽ ἐμέ,
ἡ δ᾽ ἑτέρη προβέβηκε· τί λώιον; εἰ δ᾽ ἄγε, σύμ μοι
βούλευσον, ποτέρην εἰς ὑμέναιον ἄγω. »
Εἶπεν· ὁ δὲ σκίπωνα, γεροντικὸν ὅπλον, ἀείρας·
« Ἠνίδε, κεῖνοί σοι πᾶν ἐρέουσιν ἔπος. »
Οἱ δ᾽ ἄρ᾽ ὑπὸ πληγῇσι θοὰς βέμβικας ἔχοντες
ἔστρεφον εὐρείῃ παῖδες ἐνὶ τριόδῳ.
« Κείνων ἔρχεο, φησί, μετ᾽ ἴχνια. » Χὼ μὲν ἐπέστη
πλησίον· οἱ δ᾽ ἔλεγον· « Τὴν κατὰ σαυτὸν ἔλα. »
Ταῦτ᾽ ἀίων ὁ ξεῖνος ἐφείσατο μείζονος οἴκου
δράξασθαι, παίδων κληδόνα συνθέμενος.
Τὴν δ᾽ ὀλίγην ὡς κεῖνος ἐς οἰκίον ἤγετο νύμφην,
οὕτω καὶ σύ γ᾽ ἰὼν τὴν κατὰ σαυτὸν ἔλα.

AP VII, 89, sine auctoris nomine; Diog, I, 79, qui Callimacho tribuit. — **1** ἀνείρετο : ἀνήρετο Diog. || **2** Ὑρράδιον Schn., Ὑρραδίου (Ὑρράδιον pr. manus in P ante rasuram) || **5** σύμ μοι : σύν μοι pr. man. in P || **7** σκίπωνα : σκήπωνα P || **11** ἐπέστη : ἐφέστη || **14** κληδόνα : κληδόνι Plan. || **15** οἰκίον ἤγετο Diog. οἶκον ἐπήγετο Pal.. Plan. — γ᾽ ἰών : Δίων Diog.

II

On m'a dit ton destin, Héracleitos, et j'ai pleuré ; je me suis souvenu : combien de fois, tous les deux, à causer, nous avons couché le soleil ! Ainsi, mon hôte d'Halicarnasse, et depuis un long temps, tu n'es plus que cendre. Mais ils vivent, tes chants de rossignol, et sur eux Hadès, qui tout ravit, ne portera pas la main [1].

III

Pas de ton « salut », méchant cœur ; passe ton chemin ; « Salut », pour moi, c'est que tu n'approches pas [2].

IV

Timon, tu n'es plus ; et donc, de l'ombre ou de la lumière, qui t'est le plus ennemi ? — « L'ombre ; car de vous, il y en a plus encore chez Hadès. »

V

J'étais jadis, déesse du Zéphyrion [3], une coquille de la mer ; maintenant, Cypris, tu as en moi la prime offrande de Séléнaia, un nautile. Sur mer je voguais, tantôt, quand soufflent les vents, tendant ma voile à mes propres cordages, tantôt, quand c'est la bonace, la riante déesse, ramant avec mes pieds, de ma force ramassée ; ainsi mon nom s'accorde à

1. Héracleitos n'est guère autrement connu que par cette belle épigramme ; Diogène Laerce (IX, 17) le désigne comme « poète d'élégie ». Il peut être l'auteur de la jolie pièce de l'*Anthologie* VII, 465.

2. Epitaphe fictive. C'est le fameux misanthrope Timon qui parle.

3. Le Zéphyrion est un promontoire à l'est d'Alexandrie, avec un temple d'Aphrodite et Arsinoé Philadelphe, adorées comme une seule personne divine. — C'est l'ex-voto même qui parle, un « nautile ». Sur ce coquillage « navigateur », cf. Pline, *Nat. Hist.*, IX, 29.

II

Εἶπέ τις, Ἡράκλειτε, τεὸν μόρον, ἐς δέ με δάκρυ
ἤγαγεν, ἐμνήσθην δ' ὁσσάκις ἀμφότεροι
ἥλιον λέσχῃ κατεδύσαμεν· ἀλλὰ σὺ μέν που,
ξεῖν' Ἁλικαρνησεῦ, τετράπαλαι σποδιή·
αἱ δὲ τεαὶ ζώουσιν ἀηδόνες, ᾗσιν ὁ πάντων
ἁρπακτὴς Ἀΐδης οὐκ ἐπὶ χεῖρα βαλεῖ.

AP VII, 80; Diog. IX, 17. — **3** ἥλιον λ. Bentley; ἥλιον ἐν λ. P ἠέλιον ἐν λ. Pl. Diog.

III

Μή χαίρειν εἴπῃς με, κακὸν κέαρ, ἀλλὰ πάρελθε·
ἶσον ἐμοὶ χαίρειν ἐστὶ τὸ μή σε πελᾶν.

AP VII, 318; in Pl. sine auctoris nomine; a Callimacho abiudicat Wil. — **1** κέαρ : καρ cum α superscripto Pl. ‖ **2** πελᾶν Jacobs : γελᾶν P Pl. (σ'ἀλήγειν Stadtmueller).

IV

Τίμων, οὐ γὰρ ἔτ' ἐσσί, τί τοι, σκότος ἢ φάος, ἐχθρόν;
« Τὸ σκότος· ὑμέων γὰρ πλείονες εἰν Ἀΐδῃ. »

AP VII, 317. — **1** σκότος ἢ φάος : φάος ἢ σκότος Pl. ‖ **2** ὑμέων Pl. : ὑμείων P.

V

Κόγχος ἐγώ, Ζεφυρῖτι, παλαίτερον· ἀλλὰ σὺ νῦν με,
Κύπρι, Σεληναίης ἄνθεμα πρῶτον ἔχεις,
ναυτίλον, ὃς πελάγεσσιν ἐπέπλεον, εἰ μὲν ἀῆται,
τείνας οἰκείων λαῖφος ἀπὸ προτόνων,
εἰ δὲ Γαληναίη, λιπαρὴ θεός, οὖλος ἐρέσσων
† ποσσὶν ἵν' ὥστ' ἔργῳ τοὔνομα συμφέρεται·

Athen. VII, 318 b. — **1** παλαίτερον Bentley : παλαιτερος. πάλαι τέρας Schneider et poster. sine causa, ut uidetur ‖ **6** ποσσὶν ἵν' locus parum sanatus : ποσσί νιν Hermann; ποσσὶν ἴδ' ὡς τὤργῳ Schneider.

mes façons. Tant qu'enfin j'échouai aux rivages d'Ioulis, pour de là, bibelot qu'on admire, orner ton temple, Arsinoé ; et dans la conque sans vie que je suis, on ne verra plus, comme hier, l'alcyon, hôte des demeures humides, mettre au jour ses œufs. A la fille de Clinias, déesse, accorde ta faveur ; elle sait la vertu ; elle est de Smyrne en Eolide.

VI

Je suis l'œuvre du Samien qui jadis reçut dans sa demeure le divin aède ; je chante Eurytos et ses malheurs, et la blonde Ioléia ; on me donne pour poème d'Homère ; pour un Créôphylos, Zeus bon, c'est quelque chose [1] !

VII

Théaitètos [2] suit la voie d'un art pur. Et le chemin peut ne pas conduire, Bacchos, au lierre que tu décernes ; mais les hérauts ne clameront le nom des vainqueurs que pour un court moment ; lui, l'Hellade à jamais dira son génie.

VIII

Un petit mot, Dionysos, suffit au poète heureux. « Victoire ! », c'est son plus long discours. Mais celui que ton souffle ne favorise pas, si on lui demande : « Eh bien, quelle est ta chance ? » — « Affreux, dira-t-il, est ce qui m'arrive ! » Que pareille phrase ne soit jamais que pour qui trame l'injustice ; pour moi, ô dieu, les deux courtes syllabes.

1. Le poète Créôphylos avait composé la « Prise d'Oichalia » où figuraient Eurytos et Héraclès, prétendant de sa fille Ioléia. On attribuait aussi le poème à Homère, ou l'on disait que l'aède, pour remercier Créôphylos de son hospitalité, lui avait permis d'inscrire son nom en tête de l'œuvre.

2. Poète alexandrin, connu seulement comme épigrammatiste.

ἔστ' ἔπεσον παρὰ θῖνας Ἰουλίδας, ὄφρα γένωμαι
σοὶ τὸ περίσκεπτον παίγνιον, Ἀρσινόη,
μηδέ μοι ἐν θαλάμῃσιν ἔθ' ὡς πάρος, εἰμὶ γὰρ ἄπνους,
τίκτηται νοτερῆς ὤεον ἀλκυόνος.
Κλεινίου ἀλλὰ θυγατρὶ δίδου χάριν, οἶδε γὰρ ἐσθλά
ῥέζειν καὶ Σμύρνης ἐστὶν ἀπ' Αἰολίδος.

8 Ἀρσινόη *Et magn.* s. u. περισκέπτῳ, p. 664, 49 : Ἀρσινόης || **10** τίκτηται νοτερῆς Bentley : τίκτει τ' αἰνοτέρης — ἀλκυόνος Bentley : ἀλκυόνης.

VI

Τοῦ Σαμίου πόνος εἰμὶ δόμῳ ποτὲ θεῖον ἀοιδόν
δεξαμένου, κλείω δ' Εὔρυτον, ὅσσ' ἔπαθεν,
καὶ ξανθὴν Ἰόλειαν, Ὁμήρειον δὲ καλεῦμαι
γράμμα· Κρεωφύλῳ, Ζεῦ φίλε, τοῦτο μέγα.

Strab. XIV, 638: Sext. Empir. *contra mathem.* 48, p. 609 ; Schol. Dion. Thrac. p. 163, ubi quator ultima verba omissa sunt. — **1** τοῦ Σαμίου Strab. : Κρεωφύλου Sext. et Schol. Dion. || ἀοιδόν Sext. : Ὅμηρον Strab. utrumque Schol. Dion. || **2** κλείω Sext. : κλαίω Strab. utrumque Schol. Dion.

VII

Ἦλθε Θεαίτητος καθαρὴν ὁδόν· εἰ δ' ἐπὶ κισσόν
τὸν τεὸν οὐχ αὕτη, Βάκχε, κέλευθος ἄγει,
ἄλλων μὲν κήρυκες ἐπὶ βραχὺν οὔνομα καιρόν
φθέγξονται, κείνου δ' Ἑλλὰς ἀεὶ σοφίην.

AP IX, 565. — **1** κισσόν Pl. : κισσοῦ || **4** σοφίην Meineke : σοφίαν.

VIII

Μικρή τις, Διόνυσε, καλὰ πρήσσοντι ποιητῇ
ῥῆσις· ὁ μὲν « Νικῶ » φησὶ τὸ μακρότατον.
Ὧι δὲ σὺ μὴ πνεύσῃς ἐνδέξιος, ἥν τις ἔρηται·
« Πῶς ἔβαλες; » φησί· « Σκληρὰ τὰ γιγνόμενα. »
Τῷ μερμηρίξαντι τὰ μὴ ᾽νδικα τοῦτο γένοιτο
τοὔπος· ἐμοὶ δ', ὦναξ, ἡ βραχυσυλλαβίη.

AP IX, 566.

IX

Ici Saôn d'Acanthos, fils de Dicôn, dort un religieux sommeil ; ne dis pas qu'ils meurent, les gens de bien.

X

Si tu cherches Timarchos dans l'Hadès [1], pour savoir quelque chose de l'âme, et comment tu revivras, demande le fils de Pausanias, de la tribu Ptolémaïs ; tu le trouveras parmi les justes.

XI

L'homme était de petite taille ; et la ligne qui n'en dit pas beaucoup, « Théris, fils d'Aristaios, Crétois », est encore longue pour moi (sa pierre).

XII

Si tu vas à Cyzique, tu n'auras pas de peine à trouver Hippacos et Didymé : leur famille est bien en vue. Tu leur diras une chose amère ; oui, tu leur diras que cette pierre ici recouvre leur fils, Critias.

XIII

Est-ce ici que repose Charidas [2] ? — « Si tu veux parler du fils d'Arimmas de Cyrène, oui, c'est ici. » — O Charidas, qu'en est-il, des choses de sous terre ? — « Ténèbres épaisses. » — En revient-on ? — « Mensonge. » — Et Pluton ? —

1. Diogène Laerce (VI, 95) cite un Timarchos, disciple de Cléoménès, disciple lui-même du cynique Métroclès.

2. L'épigraphie *réelle* offre de nombreux exemples de conversation avec le mort — ou du discours du mort sur les choses de l'au-delà. V. par exemple, dans le recueil de Kaibel, le n° 646.

IX

Τῇδε Σάων ὁ Δίκωνος Ἀκάνθιος ἱερὸν ὕπνον
  κοιμᾶται· θνῄσκειν μὴ λέγε τοὺς ἀγαθούς.

AP VII, 451. — **1** Ἀκάνθιος Pl. : ὁ Ἀκ. || **2** θνῄσκειν Pl. : θνάσκειν.

X

Ἢν δίζῃ Τίμαρχον ἐν Ἄιδος, ὄφρα πύθηαι
  ἤ τι περὶ ψυχῆς ἢ πάλι πῶς ἔσεαι,
δίζησθαι φυλῆς Πτολεμαΐδος υἱέα πατρὸς
  Παυσανίου· δήεις δ᾽ αὐτὸν ἐν εὐσεβέων.

AP VII, 520. — **2** ἔσεαι : ἔσεται Pl. || **3** δίζησθαι Wil. : δίζεσθαι.

XI

Σύντομος ἦν ὁ ξεῖνος, ὃ καὶ στίχος οὐ μακρὰ λέξων
  « Θῆρις Ἀρισταίου Κρής » ἐπ᾽ ἐμοὶ δολιχός.

AP VII, 447. — **1** λέξων : λέξω Pl. (item P ante correct.).

XII

Κύζικον ἢν ἔλθῃς, ὀλίγος πόνος Ἱππακὸν εὑρεῖν
  καὶ Διδύμην· ἀφανὴς οὔ τι γὰρ ἡ γενεή·
καί σφιν ἀνιηρὸν μὲν ἐρεῖς ἔπος, ἔμπα δὲ λέξαι
  τοῦθ᾽, ὅτι τὸν κείνων ὧδ᾽ ἐπέχω Κριτίην.

AP VII, 521. — **1** ἔλθῃς Pl. : ἐθέλῃς || **3** λέξαι : λέξον Pl. || **4** ὧδ᾽ἐπέχω P in marg. : ἔχω P υἱὸν ἔχω Pl. || Κριτίην : Κριτίαν Pl.

XIII

Ἦ ῥ᾽ ὑπὸ σοὶ Χαρίδας ἀναπαύεται; « Εἰ τὸν Ἀρίμμα
  τοῦ Κυρηναίου παῖδα λέγεις, ὑπ᾽ ἐμοί. »
Ὦ Χαρίδα, τί τὰ νέρθε; — « Πολὺ σκότος. » Αἱ δ᾽ ἄνοδοι τί;

AP VII, 524. — **3** πολὺ Pl. : πολύς.

« Une fable. » — Malheur ! — « Tel est mon dire, mon dire sincère ; si tu en veux un pour te plaire, voici : pour un « bœuf » de Pella, on en a un vrai chez Hadès [1]. »

XIV

Qui donc le connaît, ce dieu, Demain ? quand toi, Charmis, qui étais encore hier devant nos yeux, nous t'avons le lendemain enterré en pleurant. Non, ton père Diophôn n'a jamais rien vu de plus affreux.

XV

Timonoé. Qui donc, Timonoé ? Par les dieux, ton nom ne m'aurait rien dit, s'il n'y avait là, sur la stèle, ceux de ton père, Timothéos, et de Méthymna, ta ville. Ah oui ! je le dis, deuil cruel pour ton époux Euthyménès [2] !

XVI

Créthis qui tant contait, Créthis experte aux jolis jeux ! Les filles de Samos la cherchent partout, leur douce compagne, la gaie parleuse ; et elle, sous cette pierre, dort du sommeil qui les attend toutes.

XVII

Si jamais il n'y avait eu de nefs rapides ! Nous ne pleurerions pas Sôpolis, le fils de Diocleidès. Aujourd'hui son corps, quelque part, est porté sur les flots, et ce n'est pas devant lui, c'est devant un nom, un tombeau vide que nous passons [3] !

1. Il s'agit sans doute d'une monnaie de la ville macédonienne de Pella, portant l'image d'un bœuf et ne valant presque rien.

2. Il y a ici comme un vrai petit drame. Le poète remarque un nom sur une stèle, Timonoé. Ce nom lui rappelle quelque souvenir, quand il voit ceux aussi du père et de la patrie de la défunte. Et tout finit par un court thrène sur le deuil de l'époux.

3. Inscription de *cénotaphe* : thème commun.

« Ψεῦδος. » — Ὁ δὲ Πλούτων; — « Μῦθος. » — Ἀπωλόμεθα.
« Οὗτος ἐμὸς λόγος ὔμμιν ἀληθινός· εἰ δὲ τὸν ἡδύν
βούλει, Πελλαίου βοῦς μέγας εἰν Ἀίδῃ. »

XIV

Δαίμονα τίς δ' εὖ οἶδε τὸν Αὔριον; ἁνίκα καὶ σέ,
Χάρμι, τὸν ὀφθαλμοῖς χθιζὸν ἐν ἀμετέροις,
τᾷ ἑτέρᾳ κλαύσαντες ἐθάπτομεν· οὐδὲν ἐκείνου
εἶδε πατὴρ Διοφῶν χρῆμ' ἀνιαρότερον.

AP VII, 519. — **1** ἁνίκα : ἡνίκα Pl. || **2** ἀμετέροις : ἡμετέροις Pl. || **3** τᾷ ἑτέρᾳ ; τῇ ἑτέρῃ Pl. || **4** ἀνιαρότερον Jacobs : ἀνιηρότερον.

XV

Τιμονόη. Τίς δ' ἐσσί; μὰ δαίμονας, οὔ σ' ἂν ἐπέγνων,
εἰ μὴ Τιμοθέου πατρὸς ἐπῆν ὄνομα
στήλῃ καὶ Μήθυμνα τεὴ πόλις· ἦ μέγα φημί
χῆρον ἀνιᾶσθαι σὸν πόσιν Εὐθυμένη.

AP VII, 522. — **1** Τιμονόη Pl. : Τιμονίη.

XVI

Κρηθίδα τὴν πολύμυθον, ἐπισταμένην καλὰ παίζειν,
δίζηνται Σαμίων πολλάκι θυγατέρες,
ἡδίστην συνέριθον, ἀεὶ λάλον· ἡ δ' ἀποβρίζει
ἐνθάδε τὸν πάσαις ὕπνον ὀφειλόμενον.

AP VII, 459. — **2** δίζηνται : δίζονται Pl. || Σαμίων : σαμίην P cum ων superscripto || **3** ἡδίστην Meineke : ἡδίσταν.

XVII

Ὤφελε μηδ' ἐγένοντο θοαὶ νέες· οὐ γὰρ ἂν ἡμεῖς
παῖδα Διοκλείδου Σώπολιν ἐστένομεν.
Νῦν δ' ὁ μὲν εἰν ἁλί που φέρεται νέκυς, ἀντὶ δ' ἐκείνου
οὔνομα καὶ κενεὸν σῆμα παρερχόμεθα.

AP VII, 271. — **4** σῆμα Brunck : σᾶμα.

XVIII

Il n'est pas mort sur terre, Lycos le Naxien ; c'est sur les flots qu'il a perdu et sa nef et sa vie, Lycos le marchand, à son retour d'Egine. Sur la plaine humide flotte son cadavre, et moi, son tombeau, je n'ai qu'un vain nom, et je clame ces mots trop véridiques : « Garde-toi de la mer, matelot, de rien faire avec elle, quand se couchent les Chevreaux ! »

XIX

Un enfant de douze ans ! Son père l'a mis ici dans la tombe, Nicotélès, tout son espoir [1] !

XX

Le matin nous enterrions Mélanippos ; au coucher du soleil c'est sa jeune sœur, Basilô, qui se donne la mort ; son frère par elle mis au bûcher, elle ne pouvait plus supporter de vivre. Double coup du malheur pour la maison d'Aristippos, leur père ; et Cyrène en gémit toute, de voir vide la maison aux beaux enfants !

XXI

Qui que tu sois qui longes ce tombeau, sache que je suis fils et père de Callimaque de Cyrène [2]. Connais-les, tous les deux ; l'un fut chef, jadis, des soldats de sa cité, l'autre chanta des chants plus forts que l'Envie. C'est justice ; celui que les Muses ont vu tout jeune d'un œil propice, elles ne l'abandonnèrent jamais, quand ses cheveux furent blancs.

1. La simplicité extrême et toute dénudée d'une telle épitaphe n'en exclut pas, dans le texte grec du moins, la valeur littéraire.

2. Cette épitaphe fictive du père du poète célèbre à la fois son aïeul le stratège et lui-même. Pour l'*oculus benevolens* des Muses, cf. Hésiode, *Théogonie*, vv. 81-82.

XVIII

Νάξιος οὐκ ἐπὶ γῆς ἔθανεν Λύκος, ἀλλ' ἐνὶ πόντῳ
ναῦν ἅμα καὶ ψυχὴν εἶδεν ἀπολλυμένην,
ἔμπορος Αἰγίνηθεν ὅτ' ἔπλεε· χὠ μὲν ἐν ὑγρῇ
νεκρός, ἐγὼ δ' ἄλλως οὔνομα τύμβος ἔχων
κηρύσσω παναληθὲς ἔπος τόδε· « Φεῦγε θαλάσσῃ
συμμίσγειν Ἐρίφων, ναυτίλε, δυομένων. »

AP VII, 272 (u. 5-6 in P peculiare epigramma efficiunt). — **1** ἔθανεν Pl. : θάνεν || **3** ἔπλεε Pl. : ἔπλεεν || **6** δυομένων : δυσμενέων P ante correct.

XIX

Δωδεκέτη τὸν παῖδα πατὴρ ἀπέθηκε Φίλιππος
ἐνθάδε τὴν πολλὴν ἐλπίδα Νικοτέλην.

AP VII, 453.

XX

Ἠῷοι Μελάνιππον ἐθάπτομεν, ἠελίου δέ
δυομένου Βασιλὼ κάτθανε παρθενική
αὐτοχερί· ζώειν γὰρ ἀδελφεὸν ἐν πυρὶ θεῖσα
οὐκ ἔτλη· δίδυμον δ' οἶκος ἐσεῖδε κακόν
πατρὸς Ἀριστίπποιο, κατήφησεν δὲ Κυρήνη
πᾶσα τὸν εὔτεκνον χῆρον ἰδοῦσα δόμον.

AP VII, 517. — **3** ζώειν Pl. : ζωίειν || **6** εὔτεκνον : εὐτέκνων Pl.

XXI

Ὅστις ἐμὸν παρὰ σῆμα φέρεις πόδα, Καλλιμάχου με
ἴσθι Κυρηναίου παῖδά τε καὶ γενέτην.
Εἰδείης δ' ἄμφω κεν· ὁ μέν κοτε πατρίδος ὅπλων
ἦρξεν, ὁ δ' ἤεισεν κρέσσονα βασκανίης·
Οὐ νέμεσις· Μοῦσαι γὰρ ὅσους ἴδον ὄμματι παῖδας
μὴ λοξῷ, πολιοὺς οὐκ ἀπέθεντο φίλους.

AP VII, 525. — **3** εἰδείης Pl. : ἠδείης — κοτε Jacobs : κοτεν P ποτε Pl. || **4** ἤεισεν : ἤεισε Pl. — κρέσσονα : κρείσσονα Pl. || **6** μὴ λοξῷ Schol. ad Hes. *Theog.* 81, uerba Μοῦσαι...φίλους citans : ἄχρι βίου, quod nihili est, ἀρχιβίους Reiske.

XXII

Astacidès de Crète, le chevrier, une nymphe l'a enlevé, dans la montagne ; maintenant c'est quelqu'un de sacré qu'Astacidès. Plus jamais, sous les chênes de Dicté, plus jamais, bergers, nous ne chanterons Daphnis ; nous chanterons toujours Astacidès [1].

XXIII

« Adieu, Soleil », dit Cléombrotos d'Ambracie : et du haut du toit il se précipite dans l'Hadès. Il n'avait, de mourir, aucun motif : il avait lu, de Platon, un écrit, un seul, celui sur l'Ame [2].

XXIV

Je suis là, moi le Héros, à la porte d'Aiétion l'Amphipolitain, petite statue dans un petit vestibule, tenant un serpent qui se tord, et pour arme une épée ; indisposé contre un cavalier, il m'a mis moi-même à pied [3].

XXV

Callignôtos jurait à Ionis qu'il n'aurait jamais un ami, ou une amie, plus chéri qu'elle. Il le jurait ; mais on dit

1 Le personnage auquel est consacrée cette épigramme, pleine, dans le texte grec, de mots et d'idées qui suggèrent de pittoresques visions, est inconnu par ailleurs. Il semble bien que cet Astacidès recouvre la personnalité d'un auteur bucolique, dont la mort est ainsi poétisée. M. Legrand a émis l'opinion qu'il s'agit de Léonidas dit de Tarente.

2. L'histoire du suicide de Cléombrotos se retrouve chez d'autres auteurs, par exemple Sextus Empiricus (*Contr. mathem.* I 48).

3. L'interprétation exacte de l'épigramme est due à M. Pierre Roussel (*Rev. des Et. Gr.*, 1921, pp. 266 sqq.). Il s'agit d'un bas-relief figurant un « dieu de la porte », Hérôs, représenté le plus souvent comme un cavalier à la lance avec, pour attribut, le serpent. Aiétion l'a « mis à pied », pour avoir gardé mauvais souvenir d'un cavalier de l'armée, réquisitionnaire chez lui. Mais cf. d'autre part Waltz, *Rev. Et. Gr.*, 1937, p. 208.

XXII

Ἀστακίδην τὸν Κρῆτα, τὸν αἰπόλον, ἥρπασε Νύμφη
ἐξ ὄρεος, καὶ νῦν ἱερὸς Ἀστακίδης.
Οὐκέτι Δικταίῃσιν ὑπὸ δρυσίν, οὐκέτι Δάφνιν,
ποιμένες, Ἀστακίδην δ' αἰὲν ἀεισόμεθα.

AP VII, 518. — **3** οὐκέτι Δικτ. Saumaise : ουκει P οἰκεῖ Pl.

XXIII

Εἴπας « Ἥλιε, χαῖρε » Κλεόμβροτος Ὡμβρακιώτης
ἥλατ' ἀφ' ὑψηλοῦ τείχεος εἰς Ἀίδην,
ἄξιον οὐδὲν ἰδὼν θανάτου κακόν, ἀλλὰ Πλάτωνος
ἓν τὸ περὶ ψυχῆς γράμμ' ἀναλεξάμενος.

AP VII, 471. (idem Sext. Empir. 48 p. 609 alii). — **1** εἴπας : εἶπας cum ων superscr. Pl. εἰπών alii — ὡμβρακιώτης : ἀμβρακιώτης Sext. alii || **2** Ἀίδην : Ἀίδαν P || **3** οὐδὲν ἰδὼν : οὔτι παθὼν alii — κακόν : τέλος Sext. — ἀλλὰ : ἢ τὸ P || **4** ἓν τὸ : ἐν τῷ P.

XXIV

Ἥρως Αἰετίωνος ἐπίσταθμος Ἀμφιπολίτεω
ἵδρυμαι μικρῷ μικρὸς ἐπὶ προθύρῳ,
λοξὸν ὄφιν καὶ μοῦνον ἔχων ξίφος· ἀνδρὶ † ιπειῳ
θυμωθεὶς πεζὸν κἀμὲ παρῳκίσατο.

AP IX, 336. — **1** Αἰετίωνος : Ἠετίωνος Pl. — ἐπίσταθμος : ἐπίσταθμον Pl. || **3** ιπειῳ : δὲ ἱππεῖ Plan. ; δὲ ποίῳ Waltz, interrogationis signum in fine ponens : alii alia tentauerunt.

XXV

Ὤμοσε Καλλίγνωτος Ἰωνίδι μήποτ' ἐκείνης
ἕξειν μήτε φίλον κρέσσονα μήτε φίλην.
Ὤμοσεν· ἀλλὰ λέγουσιν ἀληθέα τοὺς ἐν ἔρωτι

AP V, 6. — **2** κρέσσονα : κρείσσονα Pl.

bien vrai, que serments d'amour n'entrent pas dans l'oreille des Dieux [1]. Aujourd'hui c'est pour un garçon qu'il brûle ; et de la pauvre fille, comme des Mégariens, on ne tient discours ni compte.

XXVI

J'ai vécu, de mes faibles moyens, mon humble vie, sans jamais faire le mal, sans nuire à quiconque. Terre amie, si jamais Micyle approuva l'injustice, ah, ne lui sois pas légère, et légers ne lui soyez pas, vous tous, Dieux, qui me tenez !

XXVII

C'est la poésie, c'est la manière d'Hésiode ; non, le poète de Soles n'a pas suivi le moindre des Aèdes, et j'ose dire qu'il s'est modelé sur ce qu'il y a de plus charmant dans l'Epique. Salut, couplets subtils, fruit des veilles et des efforts d'Aratos [2].

XXVIII

Je hais le poème cyclique [3] ; je ne veux pas du chemin où se traînent les pas de la foule ; j'ai horreur de l'amant qui s'offre à tous ; je ne bois pas à la source commune ; tout ce qui est public me répugne. Lysanias, oui, beau, tu es beau. Mais avant que l'écho l'ait bien dit, quelqu'un réplique : « Beau pour un autre ! [4] ».

1. Proverbe. Le serment d'amour est ἀποίνιμος, ne « compte » pas pour les Dieux (Hésiode, fr. 187). — Des Mégariens un oracle disait qu'ils n'étaient « ni troisièmes, ni quatrièmes, ni douzièmes, ni en compte ni en chiffre. » (*Anth. Pal.*, XIV, 73).

2. Aratos de Soles en Cilicie, le poète des *Phénomènes*.

3. Cette expression désigne ici, semble-t-il, le poème banal des successeurs d'Homère, tel le Créôphylos de l'épigramme VI.

4. Le texte grec comporte un jeu de mots par ressemblance de sons, que le français ne peut guère rendre.

ὅρκους μὴ δύνειν οὔατ' ἐς ἀθανάτων.
Νῦν δ' ὃ μὲν ἀρσενικῷ θέρεται πυρί· τῆς δὲ ταλαίνης
νύμφης ὡς Μεγαρέων οὐ λόγος οὐδ' ἀριθμός.

4 δύνειν : βαίνειν Pl. || 5 ἀρσενικῷ : ἄλλης δὴ Pl.

XXVI

Εἶχον ἀπὸ σμικρῶν ὀλίγον βίον, οὔτε τι δεινόν
ῥέζων οὔτ' ἀδικῶν οὐδένα. Γαῖα φίλη,
Μικύλος εἴ τι πονηρὸν ἐπῄνεσα, μήτε σὺ κούφη
γίνεο μήτ' ἄλλοι δαίμονες, οἵ μ' ἔχετε.

AP VII, 460. — 4 γίνεο : γίγνεο Pl. — ἄλλοι pluribus suspectum : fortasse ἵλεῳ (Wil.).

XXVII

Ἡσιόδου τό τ' ἄεισμα καὶ ὁ τρόπος· οὐ τὸν ἀοιδῶν
ἔσχατον, ἀλλ' ὀκνέω μὴ τὸ μελιχρότατον
τῶν ἐπέων ὁ Σολεὺς ἀπεμάξατο· χαίρετε λεπταί
ῥήσιες, Ἀρήτου σύντονος ἀγρυπνίη.

AP IX, 507 (exstat in *Vita Arati*, p. 54 in Βιογράφοις Westermanni). — 1 ἀοιδῶν Scaliger : ἀοιδόν || 4 σύντονος ἀγρυπνίη : σύγγονος ἀγρυπνίης *Vit, Ar.* I (σύγγονοι *Vit.* III) σύμβολον ἀγρυπνίης Wil.

XXVIII

Ἐχθαίρω τὸ ποίημα τὸ κυκλικόν, οὐδὲ κελεύθῳ
χαίρω τίς πολλοὺς ὧδε καὶ ὧδε φέρει·
μισῶ καὶ περίφοιτον ἐρώμενον, οὐδ' ἀπὸ κρήνης
πίνω· σικχαίνω πάντα τὰ δημόσια.
Λυσανίη, σὺ δὲ ναιχὶ καλὸς καλὸς — ἀλλὰ πρὶν εἰπεῖν
τοῦτο σαφῶς ἠχώ, φησί τις· « Ἄλλος ἔχει. »

AP XII, 43. — 3 οὐδ' Meineke : οὔτ' || 4 σικχαίνω Pl. : σικχάνω || 6 interpunctionem ante ἠχώ posuerunt omnes, ego postposui (præeunte Schmid).

XXIX

Verse encore, et redis : « A Dioclès ! » Et Achélôos n'a rien à voir avec les coupes que nous vouons au bel enfant [1]. Oui, Achélôos, Dioclès est beau, bien beau. Et si on dit que non, eh bien ! que je sois donc tout seul à savoir ce qui est beau.

XXX

Cléonicos de Thessalie, pauvre que tu es ! Non, par le soleil qui brûle, je ne te reconnaissais pas. Malheur, où en es-tu ? Tu n'as plus qu'os et poil. Est-ce mon démon qui te possède ? As-tu buté contre même infortune [2] ? Oui, j'ai compris ; Euxithéos a ravi ton âme aussi ; et en entrant, pauvre cœur, tu le fixais, le beau garçon, de tous tes yeux !

XXXI

Le chasseur, Epicydès, sur la montagne, se plaît dans le gel et la neige, il cherche à la trace lièvres et chevreuils. Et qu'on lui dise : « Là, tiens, une bête de tuée ! » il ne la ramasse même pas. Ainsi va mon amour ; qui fuit, il court après ; qui est là, à sa prise, il passe à côté.

XXXII

Je le sais bien, que je n'ai pas d'or dans les mains. Ah ! Ménippe, au nom des Charites, ne me le redis pas, ce dont je rêve sans cesse. C'est ma peine éternelle d'entendre ce mot amer ; de tout ce qui me vient de toi, ami, c'est ce qui sent le moins l'amour.

1. La libation se fait avec du vin pur. Achélôos, nom d'un fleuve, désigne quelquefois « l'eau ». Et d'autre part le convive désigné sous ce nom est indifférent au charme de Dioclès.

2. Il faut entendre que Callimaque et Cléonicos sont tous deux épris d'Euxithéos.

XXIX

Ἔγχει καὶ πάλιν εἰπέ· « Διοκλέος »· οὐδ' Ἀχελῷος
κείνου τῶν ἱερῶν αἰσθάνεται κυάθων.
Καλὸς ὁ παῖς, Ἀχελῷε, λίην καλός· εἰ δέ τις οὐχί
φησίν, ἐπισταίμην μοῦνος ἐγὼ τὰ καλά.

AP XII, 51. — **1** Διοκλέος Schol. Theocr. II, 150 : Διοκλέες.

XXX

Θεσσαλικὲ Κλεόνικε τάλαν τάλαν, οὐ μὰ τὸν ὀξύν
ἥλιον, οὐκ ἔγνων· σχέτλιε, ποῦ γέγονας;
ὀστέα σοὶ καὶ μοῦνον ἔτι τρίχες· ἦ ῥά σε δαίμων
οὑμὸς ἔχει, χαλεπῇ δ' ἤντεο θευμορίῃ.
Ἔγνων· Εὐξίθεός σε συνήρπασε· καὶ σὺ γὰρ ἐλθών
τὸν καλόν, ὦ μοχθήρ', ἔβλεπες ἀμφοτέροις.

AP XII, 71. — **2** ἔγνων : ἔγνω P ‖ **5** σε Saumaise : με.

XXXI

Ὡγρευτής, Ἐπίκυδες, ἐν οὔρεσι πάντα λαγωόν
διφᾷ καὶ πάσης ἴχνια δορκαλίδος,
στείβῃ καὶ νιφετῷ κεχρημένος· ἦν δέ τις εἴπῃ·
« Τῆ, τόδε βέβληται θηρίον », οὐκ ἔλαβεν.
Χοὐμὸς ἔρως τοιόσδε· τὰ μὲν φεύγοντα διώκειν
οἶδε, τὰ δ' ἐν μέσσῳ κείμενα παρπέτεται.

AP XII, 102. — **3** κεχρημένος : κεχαρημένος Bentley ingeniose ‖ **6** παρπέτεται Nauck : παρπέταται.

XXXII

Οἶδ' ὅτι μου πλούτου κενεαὶ χέρες· ἀλλά, Μένιππε,
μὴ λέγε πρὸς Χαρίτων τοὐμὸν ὄνειρον ἐμοί.
Ἀλγέω τὴν διὰ παντὸς ἔπος τόδε πικρὸν ἀκούων·
ναί, φίλε, τῶν παρὰ σοῦ τοῦτ' ἀνεραστότατον.

AP XII, 148. — **3** τὴν multi correxerunt sine necessitate ‖ **4** τῶν apogr. : τόν.

XXXIII

Artémis, Philératis t'a élevé cette statue ; reçois son hommage, déesse, et sois sa gardienne.

XXXIV

A toi, dieu tueur de lions, tueur de sangliers [1], cette massue de chêne. — « Qui me la donne ? » — Archinos. — « Quel Archinos ? » — Le Crétois. — « J'accepte ».

XXXV

Du fils de Battos tu longes le tombeau ; habile en l'art des vers, habile à mêler sa verve à la gaieté du vin [2].

XXXVI

Erasixénos, le buveur au profond gosier ! une coupe de vin pur, vidée et vidée encore à la santé d'un ami, l'a emporté avec elle [3] !

XXXVII

Ménoitas de Lyctos a consacré cet arc [4] : « Tiens, Sarapis, je te donne l'arc et le carquois ; les flèches, les Hespéritains les ont. »

1. Dédicace à Héraclès.
2. Epitaphe fictive du poète lui-même.
3. L'épitaphe peut n'être qu'un simple jeu littéraire. Mais il y a des épitaphes *réelles* du même genre.
4. Lyctos est une ville de Crète : les archers crétois étaient renommés. Cf. l'« arc lyctien », H. II, v. 33.

XXXIII

Ἄρτεμι, τὶν τόδ' ἄγαλμα Φιληρατὶς εἵσατο τῇδε·
ἀλλὰ σὺ μὲν δέξαι, πότνια, τὴν δὲ σάω.

AP VI. 347, — **1** τὶν apogr. : τήν.

XXXIV

Τίν με, λεοντάγχ' ὦνα, συοκτόνε, φήγινον ὄζον
θῆκε — « Τίς; » — Ἀρχῖνος. — « Ποῖος; » — Ὁ Κρής·
— « Δέχομαι. »

AP VI, 351. — **1** λεοντάγχ' ὦνα Lobeck : λεονταγχωνε.

XXXV

Βαττιάδεω παρὰ σῆμα φέρεις πόδας, εὖ μὲν ἀοιδὴν
εἰδότος, εὖ δ' οἴνῳ καίρια συγγελάσαι.

AP VII, 415.

XXXVI

Τὸν βαθὺν οἰνοπότην Ἐρασίξενον ἡ δὶς ἐφεξῆς
ἀκρήτου προποθεῖσ' ᾤχετ' ἔχουσα κύλιξ.

AP VII, 454. Exstat ap. Athen. sine auctoris nomine (p. 436 e), a Callimacho abiudicat Wil. — **1** τὸν : οὐ Ath. || **2** προποθεῖσ' : φανερῶς Ath.

XXXVII

Ὁ Λύκτιος Μενοίτας
τὰ τόξα ταῦτ' ἐπειπών
ἔθηκε· « Τῆ, κέρας τοι
δίδωμι καὶ φαρέτρην,
Σάραπι· τοὺς δ' ὀιστούς
ἔχουσιν Ἑσπερῖται. »

AP XIII, 7.

XXXVIII

En hommage à Aphrodite, Simon la courtisane consacre son image, et la ceinture qui épousait sa poitrine, et la statuette de Pan, et les thyrses qu'elle agitait sur la colline [1].

XXXIX

A Déméter Pylaia, pour qui Acrisios le Pélasge a bâti ce temple [2], et à sa fille, la déesse infernale, Timodémos de Naucratis a consacré ces offrandes, dîme de ses bénéfices ; il en avait fait vœu.

XL

Jadis prêtresse de Déméter, puis des dieux Cabires, puis encore de la déesse du Dindymon [3], je suis ici, vieille femme qui n'est plus que poussière, moi...., qui présidais aux chœurs des jeunes femmes. Il m'est né deux enfants, deux garçons ; j'ai fermé les yeux dans leurs bras, au terme d'une vieillesse bonne. Va, et sois heureux.

XLI

Une moitié de mon âme, c'est ce qui d'elle vit encore ; l'autre moitié, je ne sais trop si Eros l'enleva, ou Hadès ;

1. Texte incomplet et tout à fait incertain.

2. Déméter « Pylaia » est la même que la Déméter « Amphictyonis » adorée dans la région Maliaque. Acrisios « le Pélasge », distingué ainsi du père de Danaé, est le fondateur d'une amphictyonie dont les membres, les « pylagores », honoraient Déméter. — La fille de Déméter est Coré-Perséphoné. — Naucratis est la grande ville commerçante du Delta.

3. Les Cabires sont de grands dieux préhelléniques, dont le culte était encore très répandu à l'époque classique ; ce sont les dieux de Samothrace. La déesse du Dindymon, montagne de Phrygie, est Cybèle. Le nom de la défunte a disparu.

XXXVIII

Τὰ δῶρα τἀφροδίτῃ
Σῖμον ἡ περίφοιτος εἰκόν' αὐτή
ἔθηκε, τήν τε μίτρην
ἥ μαστοὺς ἐφίλησε † τόν τε πᾶνα
† καὶ τοὺς αὐτοὺς δρῇ τάλαινα θάρσους.

AP XIII, 24. — **1** τἀφροδίτῃ Blomfield : τῇ ἀφροδίτῃ || **2** Σῖμον ἡ Wil. : σειμονη — αὐτή : αὐτῆς Saumaise, fortasse rectius || **4** ἥ μαστοὺς distinx. Dacier : ἡμᾶς τοὺς || **4-5** τόν τε πᾶνα...... θάρσους uerba misere corrupta; plane incertae sunt criticorum coniecturae.

XXXIX

Δήμητρι τῇ Πυλαίῃ
τῇ τοῦτον οὐκ Πελασγῶν
Ἀκρίσιος τὸν νηὸν ἐδείματο, ταῦθ' ὁ Ναυκρατίτης
καὶ τῇ κάτω θυγατρὶ
τὰ δῶρα Τιμόδημος
εἵσατο τῶν κερδέων δεκατεύματα· καὶ γὰρ εὔξαθ' οὕτως.

AP XIII. 25 (1-3 ap. Hephaest. 15). — **2** τῇ Heph. : om. P — οὐκ Πελασγῶν Heph.: ουκεπελασγων P.

XL

Ἱερέη Δήμητρος ἐγώ ποτε καὶ πάλιν Καβείρων,
ὦνερ, καὶ μετέπειτα Δινδυμήνης
ἡ γρῆυς γενόμην, ἡ νῦν κόνις, ἡ νο. . . .
πολλῶν προστασίη νέων γυναικῶν.
Καί μοι τέκν' ἐγένοντο δύ' ἄρσενα, κἠπέμυσ' ἐκείνων
εὐγήρως ἐνὶ χερσίν· ἕρπε χαίρων.

AP VII, 728.

XLI

Ἥμισύ μευ ψυχῆς ἔτι τὸ πνέον, ἥμισυ δ' οὐκ οἶδ'
εἴτ' Ἔρος, εἴτ' Ἀίδης ἥρπασε, πλὴν ἀφανές.

AP XII, 73 (u. 1-2 exstant ap. Chœrob. in Hephaest. 226 Consbr.). || **2** ἔρος Chœrob. : ἔρις P — πλὴν ἀφανές : ἐκ μετωπών (?) Chœrob.

mais elle a disparu. Où s'est-elle envolée ? près de quelque bel enfant sans doute. Je l'avais dit et redit : « Ne la recevez pas, jeunes gens, la fugitive ! » N'est-elle pas allée chez [1]..... Oui, je le sais, c'est par là qu'elle rôde, la misérable, la perdue d'amour !

XLII

Si c'est volontairement, Archinos, que j'ai, dans l'orgie, poussé jusque vers toi, alors accable-moi ! Si ce fut sans le vouloir, alors « congédie » la « précipitation ». Le vin et l'amour étaient mes maîtres ; l'un m'entraînait, l'autre ne me donnait pas « congé » de « congédier » la « précipitation ». Mais arrivé chez toi, je n'ai pas crié, je n'ai pas appelé « un tel ! » ou « fils d'un tel ! » ; j'ai baisé le seuil ; si c'est un crime, oui, je suis criminel [2].

XLIII

Notre hôte avait une blessure cachée. As-tu vu comme, de sa poitrine, montaient de cruels soupirs, quand il levait la coupe pour la troisième fois ? Et comme, s'effeuillant, les roses tombaient de sa couronne, à joncher la terre ? Oui, quelque flamme le consume ; par les dieux, je n'en parle pas au hasard : voleur, je connais la trace du voleur [3].

XLIV

Par le dieu Pan, il y a là une ardeur cachée ; il y a de ce côté, par Dionysos, un feu qui couve sous la cendre. Je

1. Le nom de l'éromène est marqué dans le manuscrit par des lettres qui ne forment pas un mot grec.

2. Cette épigramme, avec les beaux vers de la fin, était célèbre ; on en a trouvé un fragment, avec des variantes de texte, gravé sur une muraille de l'Esquilin, à Rome (Kaibel, *Epigr. gr.* 502). Il semble que le poète ait voulu plaisanter sur un mot du jargon philosophique, προπέτεια, la « précipitation », de même sur le mot ἐᾶν, « congédier », répété intentionnellement.

3. Proverbe : « Le voleur connaît le voleur et le loup le loup ».

Ἦ ῥά τιν' ἐς παίδων πάλιν ᾤχετο; καὶ μὲν ἀπεῖπον
πολλάκι· « Τὴν δρῆστιν μὴ ὑποδέχεσθε, νέοι. »
† ουκισυνιφησον· ἐκεῖσε γὰρ ἡ λιθόλευστος
κείνη καὶ δύσερως οἶδ' ὅτι που στρέφεται.

4 ὑποδέχεσθε Hecker : ὑπέχεσθε. || **5** ουκισ.. uerba misere corrupta, nondum sanata.

XLII

Εἰ μὲν ἑκών, Ἀρχῖν', ἐπεκώμασα, μυρία μέμφου·
εἰ δ' ἄκων ἥκω, τὴν προπέτειαν ἔα.
Ἄκρητος καὶ Ἔρως μ' ἠνάγκασαν, ὧν ὁ μὲν αὐτῶν
εἷλκεν, ὁ δ' οὐκ εἴα τὴν προπέτειαν ἐᾶν.
Ἐλθὼν δ' οὐκ ἐβόησα, τίς ἢ τίνος, ἀλλ' ἐφίλησα
τὴν φλιήν· εἰ τοῦτ' ἔστ' ἀδίκημ', ἀδικέω.

AP XII, 118 idem exstat ap. *Cram. Anecd. Paris.* IV, 384; idem mutilum in pariete quodam Esquilino (Kaibel, *Epigr. Gr.* p. 502). — **1** Ἀρχῖν' Bentley : ἀρχεῖν (ἀρχήν Cram.). || **2** ἔα paries : ὅρα P || **3** μ' ἠνάγκασαν Meineke (μ' ἠνάγκασεν Bentley) : με ἀνάγκασεν (με ἠνάγκασαν Cram.) || **4** προπέτειαν ἐᾶν ex ετηανεαν paries : σώφρονα θυμὸν ἔχειν (τὴν βίαν ὅσσην ὅρα Cram.) || **6** φλιήν Plut. *de cohib. ira* 5 : ἱαρήν (φιλίην Cram.) || ἀδικέω : ἀδικῶ paries.

XLIII

Ἕλκος ἔχων ὁ ξεῖνος ἐλάνθανεν· ὡς ἀνιηρόν
πνεῦμα διὰ στηθέων εἶδες ἀνηγάγετο,
τὸ τρίτον ἡνίκ' ἔπινε, τὰ δὲ ῥόδα φυλλοβολεῦντα
τὠνδρὸς ἀπὸ στεφάνων πάντ' ἐγένοντο χαμαί·
ὤπτηται μέγα δή τι· μὰ δαίμονας, οὐκ ἀπὸ ῥυσμοῦ
εἰκάζω, φωρὸς δ' ἴχνια φὼρ ἔμαθον.

AP XII, 134, — **3** ἡνίκ' ἔπινε Scaliger : ηγκεπινε || **4** στεφάνων Athen. p. 669 d : στομάτων || **5** ὤπτηται μέγα δή τι Bentley : ὤπτημαι μεγαλητι.

XLIV

Ἔστι τι, ναὶ τὸν Πᾶνα, κεκρυμμένον, ἔστι τι ταύτῃ,
ναὶ μὰ Διώνυσον, πῦρ ὑπὸ τῇ σποδιῇ·

AP XII, 139. — **2** Διώνυσον apogr. : διόνυσον.

me méfie ; ne m'entoure pas de tes bras. Souvent on voit une muraille sourdement minée par une eau tranquille. Tout ainsi j'ai peur, Ménéxénos, qu'un sournois[1], s'insinuant en mon cœur, ne me jette aux rets de l'amour.

XLV

« Tu seras pris, tu peux fuir[2], Ménécratès. » Ainsi dit, le vingt du mois Panémos ; et le mois Lôos, quel jour ? — le dix[3], le bœuf est venu de lui-même à la charrue[4]. Bonne aventure, Hermès, bonne aventure ! Je n'irai pas chicaner pour vingt jours.

XLVI

Quel charme excellent Polyphème a trouvé contre l'amour ! Par la Terre, c'est un habile homme que le Cyclope ! Les Muses, Philippos, font dépérir l'amour ; oui, l'Art est le remède à tous maux. Mais, je crois, la faim elle aussi a son bon effet, le seul qu'elle ait, contre les cruautés de la vie ; elle tranche du coup le mal d'aimer les beaux enfants.

Nous avons nous aussi de quoi dire à chaque coup à l'insatiable Amour : « Coupe tes ailes, enfant ; tu nous fais peur tout juste comme une mie de pain ! » Car nous les avons chez nous, tous les deux, les charmes contre la cuisante blessure !

XLVII

La salière, nef sur laquelle monté Eudémos a pu, croquant un peu de sel, braver les tempêtes — de dettes, il

1. Mot incertain : les lettres du manuscrit ne forment pas un mot grec.
2. Texte et sens incertains.
3. Panémos et Lôos sont deux mois qui se suivent dans le calendrier macédono-alexandrin (à peu près juillet-août).
4. Expression proverbiale.

οὐ θαρσέω· μὴ δή με περίπλεκε· πολλάκι λήθει
τοῖχον ὑποτρώγων ἡσύχιος ποταμός·
τῷ καὶ νῦν δείδοικα, Μενέξενε, μή με παρεισδύς
οὗτος † οσειγαρνις εἰς τὸν ἔρωτα βάλῃ.

6 οσειγαρνις uerba corrupta : ὁ σιγέρπης Bentley, a plerisque in uerborum ordinem receptum.

XLV

« Ληφθήσει † περὶ φεῦγε, Μενέκρατες· », εἶπα Πανήμου
εἰκάδι· καὶ Λῴου τῇ — τίνι; τῇ δεκάτῃ —
ἦλθεν ὁ βοῦς ὑπ' ἄροτρον ἑκούσιος· εὖ γ' ἐμὸς Ἑρμῆς,
εὖ γ' ἐμός· οὐ παρὰ τὰς εἴκοσι μεμφόμεθα.

AP XII, 149. — **1** περὶ φεῦγε uix sanum : fortasse περίφευγε (Wil.) πυρί, φεῦγε Brunck. || **3** Ἑρμῆς Wil. : Ἑρμᾶς.

XLVI

Ὡς ἀγαθὰν Πολύφαμος ἀνεύρατο τὰν ἐπαοιδάν
τὠραμένῳ· ναὶ Γᾶν, οὐκ ἀμαθὴς ὁ Κύκλωψ.
Αἱ Μοῦσαι τὸν ἔρωτα κατισχναίνοντι, Φίλιππε·
ἦ πανακὲς πάντων φάρμακον ἁ σοφία.
Τοῦτο, δοκέω, χὰ λιμὸς ἔχει μόνον ἐς τὰ πονηρά
τὠγαθόν· ἐκκόπτει τὰν φιλόπαιδα νόσον.
Ἔσθ' ἁμὶν † χάκαστὰς ἀφειδέα ποττὸν Ἔρωτα
τοῦτ' εἶπαι· « Κείρευ τὰ πτερά, παιδάριον,
οὐδ' ὅσον ἀττάραγόν τυ δεδοίκαμες »· αἱ γὰρ ἐπῳδαί
οἴκοι τῶ χαλεπῶ τραύματος ἀμφότεραι.

AP XII, 150. — **2** τὠραμένῳ· ναὶ Γᾶν distinx. Eldik et Hecker : τωρραμενων αιγαν — οὐκ ἀμαθὴς Eldik : οὐ καθ' ἡμᾶς || **4** πανακές Bentley ex Clem. Alex. *Strom.* V 684 : πανές || **5** τοῦτο Bentley (praeeunte Saumaise) : τοῦ || **7** χάκαστάς uerba corrupta : placet χὠκάστοτ' (Wil.) || ποττὸν Brunck : πρὸς τὸν || **8** τοῦτ' εἶπαι Wil. : τουτιπαι || **9** τυ Bentley : τι || **10** οἴκοι Ernesti : οἴκω.

XLVII

Τὴν ἁλίην Εὔδημος, ἐφ' ἧς ἅλα λιτὸν ἐπέσθων
χειμῶνας μεγάλους ἐξέφυγεν δανέων,

AP VI, 301. — **1** ἐφ' ἧς : ἀφ' ἧς aut ὑφ' ἧς plerique editores

l'offre aux dieux de Samothrace ; il dit que, selon le vœu qu'il en fit, bonnes gens, sauvé — de l'eau salée, il consacre ici son offrande [1].

XLVIII

Sêmos, le fils de Miccos, me consacrant aux Muses, leur demandait le don des bonnes études ; elles, tel Glaucos, lui donnent grand bienfait pour petite offrande [2]. Et moi, Dionysos de tragédie, je suis là bouche bée deux fois comme celui de Samos ! [3] Je suis là, à écouter litanies d'écoliers : ils récitent « Chevelure sacrée ! » Grand bien me fait !

XLIX

Etranger, dis que je suis ici placé comme témoin vraiment « comique » de la victoire d'Agoranax de Rhodes — moi, un Pamphile, tout brûlé, mais non des feux de l'amour, et tout pareil à une figue à moitié cuite, à une lampe d'Isis [4].

L

La Phrygienne Aischra, sa bonne nourrice, Miccos, tant qu'elle vécut, l'entoura de ses soins; morte, il a mis ici son image, pour témoigner devant la postérité que la vieille femme a, pour le lait de ses seins, reçu juste récompense.

1. Toute l'épigramme n'est qu'une pointe sur la salière, ἁλίῃ, qui a permis au sobre Eudémos de vivre, et le sel, ἅλς, qui est en même temps la *mer*. Les dieux de Samothrace sont les Cabires, protecteurs de la navigation; on leur offre l'esquif même qui brava la tempête.

2. Dédicace aux Muses, dans la salle d'école, d'un masque de Dionysos. Pour Glaucos, cf. *Iliade*, VI, 234 sqq.

3. D'autres textes parlent de cette statue de Dionysos « bouche bée » dans un temple de Samos. — Plus loin, « Chevelure sacrée » est un passage d'Euripide dans les *Bacchantes*, v. 494.

4. L'acteur Agoranax a dédié un masque comique, un « Pamphile », un « jeune premier ». Mais l'objet est de rebut, l'argile mal cuite et mal finie (Wilamowitz).

θῆκε θεοῖς Σαμόθρᾳξι, λέγων ὅτι τῆνδε κατ' εὐχήν,
ὦ λαοί, σωθεὶς ἐξ ἁλὸς ὧδ' ἔθετο.

4 ὦ λαοί : ὦ μεγάλοι Wil. ingeniose. ὦ ἅλιοι Waltz.

XLVIII

Εὐμαθίην ᾐτεῖτο διδοὺς ἐμὲ Σῆμος ὁ Μίκκου
ταῖς Μούσαις· αἱ δὲ Γλαῦκος ὅκως ἔδοσαν
ἀντ' ὀλίγου μέγα δῶρον· ἐγὼ δ' ἀνὰ τῇδε κεχηνώς
κεῖμαι, τοῦ Σαμίου διπλόον ὁ τραγικὸς
παιδαρίων Διόνυσος ἐπήκοος· οἱ δὲ λέγουσιν
« Ἱερὸς ὁ πλόκαμος »· τοὐμὸν ὄνειαρ ἐμοί.

AP VI, 310. — 1 διδούς Apoll. Dysc. *de Synt.*, IV, 12, p. 341 Bekk. : δίδου — Σῆμος : Σῖμος P Pl. || 2 Γλαῦκος Bentley : γλεῦκος || 3 τῇδε Bergk : τῆνδε.

XLIX

Τῆς Ἀγοράνακτός με λέγε, ξένε, κωμικὸν ὄντως
ἀγκεῖσθαι νίκης μάρτυρα τοῦ Ῥοδίου
Πάμφιλον, † οὐκ ἐν ἔρωτι δεδαγμένον, ἥμισυ δ' ὀπτῇ
ἰσχάδι καὶ λύχνοις Ἴσιδος εἰδόμενον.

AP VI, 311. — 3 uerba corrupta nondum sanata : placet οὐ μὲν Wil. placet δεδαυμένον Bentley — ὀπτῇ Meineke : ὄπται.

L

Τὴν Φρυγίην Αἴσχρην, ἀγαθὸν γάλα, πᾶσιν ἐν ἐσθλοῖς
Μίκκος καὶ ζωὴν οὖσαν ἐγηροκόμει,
καὶ φθιμένην ἀνέθηκεν, ἐπεσσομένοισιν ὁρᾶσθαι
ἡ γρῆυς μαστῶν ὡς ἀπέχει χάριτας.

AP VII, 458. — 1 πᾶσιν Bentley : παισὶν || 4 μαστῶν : in P ὡς superscr.

LI

Elles sont quatre, les Charites. Car, aux trois qu'elles étaient, une autre vient s'adjoindre, toute humide encore de parfums : c'est l'heureuse Bérénice, c'est la merveille sans qui les Charites ne sont pas les Charites [1].

LII

Ce Théocrite aux beaux cheveux noirs [2], s'il me hait, puisses-tu le haïr, ô Zeus, et quatre fois ; mais aime-le, s'il m'aime. Oui, par Ganymède à la belle chevelure, oui, dieu du ciel ! Toi-même tu aimas ; je n'en dis pas plus long.

LIII

Viens encore une fois, Ilithye, à l'appel de Lycainis, viens, propice à ses couches, alléger ses douleurs. L'offrande est pour une fille ; que pour un garçon une autre, quelque jour, soit déposée en ton temple parfumé.

LIV

Que tu es payé, Asclépios, de la dette d'Akésôn, qu'il avait envers toi de par son vœu pour sa femme Démodiké, c'est chose entendue [3]. Si donc tu l'oublies et réclames une autre fois ton salaire [4], ce tableau déclare qu'il fournira témoignage.

1. Dédicace d'une statue de Bérénice, femme de Ptolémée Evergète. On faisait des onctions aux statues. Et la passion de Bérénice était connue pour les parfums d'Orient (Catulle, LXVI, v. 77-78). Sur le propos de cette épigramme, cf. un article de P. Jouguet, *Reine et poète*, dans le *Bulletin de l'Institut d'Egypte*, t. XX, pp. 131 et suiv.

2. Rien ne prouve qu'il s'agisse ici du poète des *Idylles*.

3. Dédicace d'un tableau déposé en ex-voto dans le temple d'Asclépios, et qui représentait sans doute la guérison de Démodiké.

4. Le texte est ici corrompu, et la restitution incertaine. Dans ce genre de dédicaces, il est souvent question, comme ici, de « dette », de « salaire », de « paiement », en termes de droit.

LI

Τέσσαρες αἱ Χάριτες, ποτὶ γὰρ μία ταῖς τρισὶ κείναις
 ἄρτι ποτεπλάσθη κἤτι μύροισι νοτεῖ,
εὐαίων ἐν πᾶσιν ἀρίζαλος Βερενίκα,
 ἇς ἄτερ οὐδ' αὐταὶ ταὶ Χάριτες Χάριτες.

AP V, 146. — **1** κείναις ; τήναις Wil. fortasse rectius || **3** ἀρίζαλος Brunck : ἀρίζηλος.

LII

Τὸν τὸ καλὸν μελανεῦντα Θεόκριτον, εἰ μὲν ἔμ' ἔχθει,
 τετράκι μισοίης· εἰ δὲ φιλεῖ, φιλέοις·
ναιχὶ πρὸς εὐχαίτεω Γανυμήδεος, οὐράνιε Ζεῦ·
 καὶ σύ ποτ' ἠράσθης — οὐκέτι μακρὰ λέγω.

AP XII, 230. — **1** ἔχθει Bentley (id. apogr.) : ὄχθεῖ || **4** σύ ποτ' Bentley : ἁ ποθ'.

LIII

Καὶ πάλιν, Εἰλήθυια, Λυκαινίδος ἐλθὲ καλεύσης
 εὔλοχος ὠδίνων ὧδε σὺν εὐτοκίῃ·
ὡς τόδε νῦν μέν, ἄνασσα, κόρης ὕπερ, ἀντὶ δὲ παιδός
 ὕστερον εὐώδης ἄλλο τι νηὸς ἔχοι.

AP VI, 146 (repetitur post 274). — **2** εὐτοκίῃ : εὐτυχίῃ post 274 || **3** ὡς τόδε post 274 : ὡς τοι.

LIV

Τὸ χρέος ὡς ἀπέχεις, Ἀσκληπιέ, τὸ πρὸ γυναικός
 Δημοδίκης Ἀκέσων ὤφελεν εὐξάμενος,
γινώσκειν· ἢν δ' ἆρα λάθῃ καὶ † μιν ἀπαιτῇς,
 φησὶ παρέξεσθαι μαρτυρίην ὁ πίναξ.

AP VI, 147. — **3** γινώσκειν Wil. : γιγνώσκειν — † μιν : μισθὸν Porson rectum uidetur. δίς μιν Waltz.

LV

Callistion, la fille de Critias, m'a consacrée au dieu de Canope [1], lampe somptueuse, à vingt mèches, ex-voto pour son fils Apellis. A voir les feux que je lance, « Etoile du soir, dira-t-on, est-ce que tu es tombée du ciel ? »

LVI

Euainétos, qui m'a mis ici, déclare — moi je n'en sais rien — m'y avoir placé, coq de bronze, en offrande aux Tyndarides [2], pour sa propre victoire. J'en crois le fils de Phaidros, fils de Philoxénos !

LVII

C'est, dans le temple d'Isis Inachia [3], l'image d'Aischylis, la fille de Thalès : ex-voto de sa mère Eiréné.

LVIII

Qui te donna l'hospitalité, naufragé? Léontichos a trouvé ton corps ici, sur la grève, et t'a bâti cette tombe, en pleurant sur sa vie hasardeuse. Car il n'a pas de repos, lui non plus : et, comme la mouette, il vogue sur les mers.

LIX

Heureux le vieil Oreste qui, fou pour tout le reste, n'a pas eu au moins, Leucaros, ma folie à moi ; il n'a pas

1. Canope, ville du Delta, à l'est d'Alexandrie, avec un temple de Sérapis.
2. Castor et Pollux. — Il s'agit d'un combat de boxe.
3. Isis assimilée à la vache Io, la fille d'Inachos.

LV

Τῷ με Κανωπίτᾳ Καλλίστιον εἴκοσι μύξαις
  πλούσιον ἁ Κριτίου λύχνον ἔθηκε θεῷ,
εὐξαμένα περὶ παιδὸς Ἀπελλίδος· ἐς δ' ἐμὰ φέγγη
  ἀθρήσας φήσεις· « Ἕσπερε, πῶς ἔπεσες; »

AP VI, 148. — **2** ἁ Meineke : ἡ ‖ **4** φήσεις : φάσεις Wil.

LVI

Φησὶν ὅ με στήσας Εὐαίνετος — οὐ γὰρ ἔγωγε
  γινώσκω — νίκης ἀντί με τῆς ἰδίης
ἀγκεῖσθαι χάλκειον ἀλέκτορα Τυνδαρίδῃσι·
  πιστεύω Φαίδρου παιδὶ Φιλοξενίδεω.

AP VI, 149.

LVII

Ἰναχίης ἕστηκεν ἐν Ἴσιδος ἡ Θάλεω παῖς
  Αἰσχυλὶς Εἰρήνης μητρὸς ὑποσχεσίῃ.

AP VI, 150.

LVIII

Τίς ξένος, ὦ ναυηγέ; Λεόντιχος ἐνθάδε νεκρὸν
  εὗρεν ἐπ' αἰγιαλοῦ, χῶσε δὲ τῷδε τάφῳ
δακρύσας ἐπίκηρον ἑὸν βίον· οὐδὲ γὰρ αὐτὸς
  ἥσυχος, αἰθυίῃ δ' ἶσα θαλασσοπορεῖ.

AP VII, 277. — **2** αἰγιαλοῦ Hecker : αἰγιαλούς ‖ **4** ἥσυχος Reiske : ἥσυχον.

LIX

Εὐδαίμων ὅτι τἆλλα μανεὶς ὡρχαῖος Ὀρέστας,
  Λεύκαρε, τὰν ἁμὰν οὐκ ἐμάνη μανίαν·
οὐδ' ἔλαβ' ἐξέτασιν τῶ Φωκέος ἅτις ἐλέγχει

AP XI, 362. — **2** Λεύκαρε τὰν ἁμὰν Schneider : λευκαρε ταν μαν ‖ μανίαν Ernesti : μανίην

recherché chez son ami de Phocide la preuve dernière de l'amitié.... bien vite il eût perdu son ami. Et moi, tous mes Pylades, je ne les ai plus.

LX

Vous qui longez le tombeau de Kimôn l'Eléen, sachez que vous passez auprès du fils d'Hippaios.

LXI

Eh ! Ménécrate d'Ainos, toi non plus, tu n'as pas été longtemps de ce monde ; qu'est-ce donc, ô le meilleur des hôtes, qui t'a enlevé ? Cela même, sans doute, qui perdit le Centaure ? — « Non, l'heure du repos était venue pour moi, et c'est le malheureux vin qu'on charge de la faute. »

LXII

Rassurez-vous, bêtes du Cynthe [1] : Echemmas le Crétois consacre à Artémis, dans Ortygie, l'arc qui de gibier vidait toute la montagne ; le chasseur est au repos, chèvres, c'est la trêve d'Artémis.

LXIII

Ah ! que ton sommeil, Cônôpion [2], vaille celui que tu m'imposes, près de ce portique glacé ; ah ! que tu dormes, méchante, comme tu fais dormir ton amant, et que tu ne trouves de pitié pas même en songe. Les voisins ont compassion ; toi pas, même en songe. Va, les cheveux blancs te feront bientôt ressouvenir de toutes ces rigueurs.

1. Le Cynthe est la montagne d'Ortygie, ancien nom de Délos.
2. Cônôpion, « Moustique ». Le thème est commun, de l'amoureux qui se lamente à la porte de son amie, et de la vieillesse qui le vengera un jour.

τὸν φίλον † ἀλλαιχ' ἓν δρᾶμ' ἐδίδαξε μόνον·
ἢ τάχα κα τὸν ἑταῖρον ἀπώλεσε τοῦτο ποήσας,
κἠγὼ τοὺς πολλοὺς οὐκέτ' ἔχω Πυλάδας.

4 ἀλλαιχ... uerba grauiter corrupta, nondum sanata ; ἀλλ' αἰ χῆν δ. ε. μ., ἢ τάχα κ. τ. λ. Davies, *Class. Rev.* 27, p. 90 || 5 κα Meineke : καὶ || 6 κἠγὼ Meineke : κἀγὼ — τοὺς πολλοὺς : τὼς πολλὼς Wil. fortasse rectius.

LX

Οἵτινες Ἀλείοιο παρέρπετε σῆμα Κίμωνος,
ἴστε τὸν Ἱππαίου παῖδα παρερχόμενοι.

AP VII, 523. — 1 Ἀλείοιο Saumaise : Ἀλίοιο.

LXI

Αἴνιε, καὶ σὺ γὰρ ὧδε, Μενέκρατες, οὐκ ἐπὶ πουλύ
ἦσθα· τί σε, ξείνων λῷστε, κατειργάσατο;
ἦ ῥα τὸ καὶ Κένταυρον; « Ὅ μοι πεπρωμένος ὕπνος
ἦλθεν, ὁ δὲ τλήμων οἶνος ἔχει πρόφασιν. »

AP VII, 725. — 1 οὐκ ἐπὶ πουλύ Zedel : οὐκέτι πουλύς || 2 λῷστε Zedel : ὥστε.

LXII

Κυνθιάδες θαρσεῖτε· τὰ γὰρ τοῦ Κρητὸς Ἐχέμμα
κεῖται ἐν Ὀρτυγίῃ τόξα παρ' Ἀρτέμιδι
οἷς ὑμέων ἐκένωσεν ὄρος μέγα· νῦν δὲ πέπαυται,
αἶγες, ἐπεὶ σπονδὰς ἡ θεὸς εἰργάσατο.

AP VI, 121. — 1 Κυνθιάδες Suid. s. u. : Κυνθίδες || 3 πέπαυται Pl. : πεπαυται P cum ν superscr.

LXIII

Οὕτως ὑπνώσαις, Κωνώπιον, ὡς ἐμὲ ποιεῖς
κοιμᾶσθαι ψυχροῖς τοῖσδε παρὰ προθύροις.
Οὕτως ὑπνώσαις, ἀδικωτάτη, ὡς τὸν ἐραστὴν
κοιμίζεις, ἐλέου δ' οὐδ' ὄναρ ἠντίασας.
Γείτονες οἰκτείρουσι, σὺ δ' οὐδ' ὄναρ. Ἡ πολιὴ δέ
αὐτίκ' ἀναμνήσει ταῦτά σε πάντα κόμη.

AP V, 23. — 2 ψυχροῖς : ψυχρῶς Schneider, ingeniose || 4 ἠντίασας : placet ἀντιάσαις Waltz (praeeunte Hecker).

FRAGMENTS D'ÉPIGRAMMES

I

Critique même écrivait sur tous les murs : « Oui, Cronos est un docte. » Et voici les corbeaux eux-mêmes qui du haut des toits croassent quelles cohérences il y a, et comment nous revivrons encore [1].

II

On n'a pas respecté la pierre qui disait mon nom, à moi le fils de Léôprépès [2]... On n'a pas craint votre colère à vous, Castor et Pollux, qui m'avez fait sortir, seul des convives, de la salle qui allait s'effondrer, le jour que la maison de Crannôn s'abattit sur les riches Scopades.

III

Le fiel âpre du chien, le perçant aiguillon de la guêpe, il (Archiloque) se les appropria, et l'un et l'autre font le venin de sa bouche [3].

1. Diodôros, surnommé Cronos, était un philosophe de l'école mégarienne. Il poussait jusqu'à son extrême limite la dialectique de Zénon d'Elée, et il arrivait à nier par raisonnement verbal — διαλεκτικώτατος — la réalité du mouvement, de la mort, etc.

2. Il s'agit de Simonide de Céos et de son tombeau de Syracuse, qu'un général agrigentin avait détruit. On connaît d'autre part la fable de *Simonide préservé par les dieux* (Phèdre, IV, 24; La Fontaine, I, 14).

3. Ce distique est cité comme faisant partie du Γραφεῖον. V. p. 103.

EPIGRAMMATUM FRAGMENTA

I

Αὐτὸς ὁ Μῶμος
ἔγραφεν ἐν τοίχοις· « Ὁ Κρόνος ἐστὶ σοφός ».
Ἠνίδε καὶ κόρακες τεγέων ἔπι κοῖα συνῆπται
κρώζουσιν, καὶ κῶς αὖθι γενησόμεθα.

V. 1-2 citat Diog. Laert. II, 10, 7; 3-4 Sext. Empir. *contra Mathem.* I, 309, p. 672 Bekk.; utrumque fragmentum coniunxit Bentley (fr. 70 Schneider).

II

οὐδὲ τὸ γράμμα
ᾐδέσθη τὸ λέγον μ' υἷα Λεωπρέπεος
....
οὐδ' ὑμέας, Πολύδευκες, ὑπέτρεσεν, οἵ με μελάθρου
μέλλοντος πίπτειν ἐκτὸς ἔθεσθέ ποτε
δαιτυμόνων ἄπο μοῦνον, ὅτε Κραννώνιος, αἰαῖ,
ὤλισθεν μεγάλους οἶκος ἐπὶ Σκοπάδας.

Fragmentum (ex Suida s. u. Σιμωνίδης) reponimus ut apud Schneider exstat (fr. 71).

III

Εἵλκυσε δὲ δριμύν τε χόλον κυνὸς ὀξύ τε κέντρον
σφηκός· ἀπ' ἀμφοτέρων ἰὸν ἔχει στόματος.

Fragmentum reponimus ut apud Schneider exstat (fr. 37 a), ex grammatico quodam ap. Keil, *Anal. grammat.*, p. 5, et aliis, qui omnes Callimachum citant ἐν τῷ γραφείῳ.

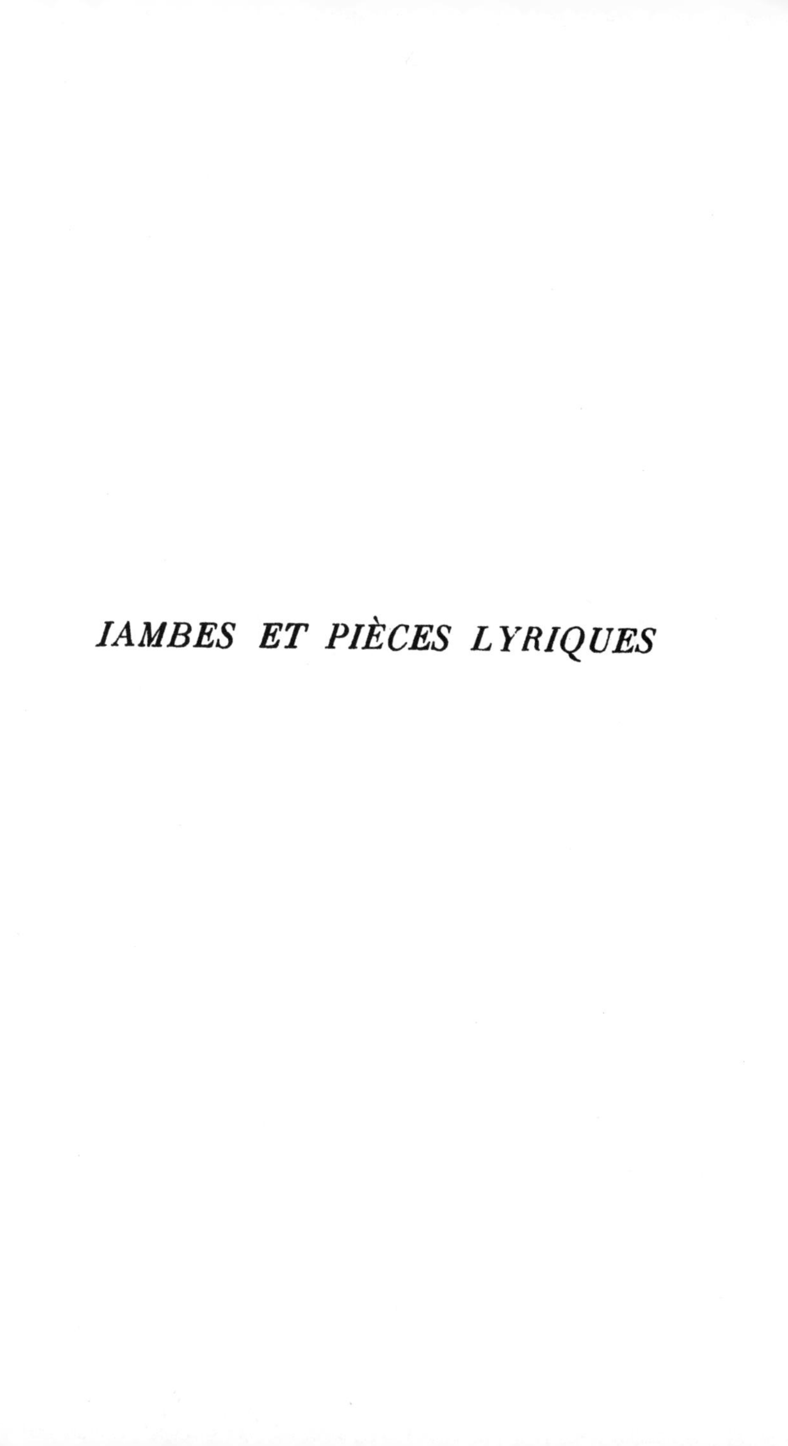

IAMBES ET PIÈCES LYRIQUES

IAMBES ET PIÈCES LYRIQUES

Le nom des Ἴαμβοι ne figure pas dans les sommaires ou tables de l'œuvre de Callimaque. Et les citations n'en sont pas nombreuses. C'est dire que les *Iambes* sont au second plan dans la production du poète. Cependant le recueil a son importance et sa signification. Qu'il soit par quelque côté une « curiosité » littéraire, que Callimaque ait trouvé piquant de ressusciter pour un public raffiné et blasé le vieux poète Hipponax et son mètre un peu rude, il est possible. Mais les *Iambes* pourtant sont autre chose qu'un divertissement d'érudit. Ils sont bien dans le sens de l'art de Callimaque. Ils associent une forme ancienne, le scazon d'Hipponax, à une matière nouvelle : récits variés, apologues, débats sur des sujets littéraires ou moraux : l'*Hipponax redivivus,* qui prend la parole au début du livre, marquait tout d'abord qu'il ne s'agissait plus, pour son « iambe », des âpres combats d'autrefois contre Boupalos. Et d'autre part les *Iambes* n'abandonnent pas la tradition des *Aitia.* Il y était beaucoup parlé encore, sans aucun doute, de vieilles histoires. Mais, au lieu des récits des dieux et des héros, c'étaient des traditions profanes, du « folklore » ; à cette veine plus populaire convenait bien, au lieu de l' ἐλεγεῖον encore majestueux, l'iambe, plus près du langage commun, alourdi seulement et comme vulgarisé par la brisure finale. Autant et plus que dans les *Aitia,* la fantaisie du poète liait l'un à l'autre les morceaux du recueil par des transitions pittoresques, par des interventions de personnages divers ou du poète lui-même. Et, à ce qu'il semble, les discussions morales ou littéraires, sous forme vive, alternaient avec les récits curieux. Pour une part, c'est encore la manière des *Aitia* ; mais ailleurs c'en est aussi une toute différente, plus libre, qui prend à partie le public et le lecteur, et associe la narration à la dissertation morale. Tout cela bien entendu, dans l'état de mutilation où nous sont parvenus les *Iambes*, se laisse à peine deviner. Mais c'est assez pour entrevoir toute l'importance de ce qui s'annonce dans l'iambe callimachéen, et se montrait sans doute plus nettement dans l'œuvre d'un poète contemporain, Phoinix de Colophon ; c'est une première forme métrique de la *diatribe*, qui trouvera sa réalisation poétique parfaite à Rome, dans la *satura* lucilienne et horatienne.

Avant la publication des fragments d'Oxyrhynchus, on ne connaissait les *Iambes* de Callimaque que par quelques citations. On savait déjà que le livre était écrit, au moins pour la plus grande part, en « choliambes » ou iambes *scazons*, mètre employé par le vieux poète Hipponax d'Ephèse. Le papyrus d'Oxyrhynchus n° 1011 nous avait rendu le début des *Iambes*, très mutilé d'ailleurs, et une des « histoires » du recueil. Le reste était en si mauvais état qu'il n'était pas possible seulement de déterminer avec précision les sujets traités. Mais les découvertes postérieures, celle surtout des Διηγήσεις de Tebtynis, en même temps qu'elles nous apprenaient beaucoup sur les *Aitia*, jetèrent enfin quelque lumière assez vive sur le caractère de tout l'ensemble du recueil des Ἴαμβοι.

Nous constatons qu'il était de contexture bigarrée et qu'il se divisait — nous suivrons ici cette division — en plusieurs « sections » différenciées par le mètre. — La *première* section contenait, en y comprenant un *prologue*, *cinq* pièces en trimètres *scazons*. La *deuxième* section comprenait *six* pièces en trimètres *purs*, une pièce *trochaïque*, et une pièce de critique littéraire en *scazons* qui clôturait tout l'ensemble qui précédait, fermant par des choliambes la série de pièces que le même mètre avait ouverte. — Une *troisième* section terminait le recueil ; c'étaient quatre pièces écrites en *mètres lyriques* qui, sans être nullement des « iambes », se rangeaient, de par une pratique d'édition et comme de librairie, à côté des précédentes sous le titre « passe-partout » de Ἴαμβοι.

Voici le détail des trois « sections ».

Section I (iambes scazons). Le recueil des *Iambes* débutait, comme première pièce, par un *prologue* qui comportait une mise en scène pittoresque. Le vieux poète Hipponax, l'inventeur même du mètre « boiteux », revenait des Enfers prendre la parole dans le sanctuaire « hors les murs (sans doute le Sérapéion connu par d'autres textes) devant les lettrés, les φιλολόγοι alexandrins. Il est au moins vraisemblable qu'un fragment d'Oxyrhynchus[1] sur Evhémère faisait partie de cette entrée en matière. « Allons, rassemblement au sanctuaire devant les murs, là où le vieillard fanfaron, l'inventeur du Zeus de l'île de Panchaia, écrivaille ses méchants livres[2]. » Hipponax profitait de son voyage dans le monde d'en haut pour reprocher aux érudits d'Alexandrie leur esprit de jalousie et de querelle ; il leur opposait, pour ce faire, la conduite modeste des philosophes d'autrefois et leur esprit d'estime mutuelle, et c'était, pour les faire ressortir, l'histoire de la *Coupe de Bathyclès,* destinée « au plus sage », mise aux mains de Thalès d'abord, passant ensuite à chacun des Sept Sages, pour revenir encore à Thalès, qui la consacre au dieu de Didymes. Cf. ci-après, I.

Les quatre pièces suivantes, toutes en hipponactéens, se rapportent encore à l'ἔρις philologique. On trouvera plus loin, section I, 2, 3, 4, etc., d'après le papyrus de Tebtynis, les *lemmes* de ces pièces, suivis de l'indication très résumée de leur sujet. L'avant-dernière de ces pièces contenait, après une allusion à un certain Charitadès, sans doute un grammairien qui avait cru devoir s'entremettre dans quelque débat entre savants, le récit du *Débat des Arbustes* entre l'*olivier* et le *laurier*. Ces débats, σύγκρίσεις, entre animaux ou végétaux sont un sujet commun des his-

1. Ox. Pap., XI, p. 90, n° 1363.
2. Ἐς τὸ πρὸ τείχευς ἱρὸν ἀλεές δεῦτε,
οὗ τὸν πάλαι Παγχαῖον ὁ πλάσας Ζᾶνα
γέρων ἀλαζὼν ἄδικα βιβλία ψήχει...

toires ésopiques, du temps ὅτε φωνήεντα ἦν τὰ ζῷα ; mais celui des deux arbustes ne se retrouve pas dans les collections que nous en possédons. Il est pourtant probable que le poète n'a fait là que versifier un récit en prose. L'idée d'admettre, par une fantaisie qui rappelle le bavardage des oiseaux dans l'*Hécalé,* les habitants mêmes du feuillage comme juges du camp, doit appartenir à Callimaque. Cf. ci-après, II.

Section II (iambes « purs »). La deuxième section comprenait d'abord six pièces en *trimètres réguliers* plus, suivant une pratique fréquente dans les recueils iambiques, une pièce *trochaïque*. Cf. ci-après — section II, 1, 2,3, etc. — les lemmes et le résumé très bref des sujets. La pièce sur l'Hermès d'Ainos, n. 2, connue déjà par un papyrus d'Oxyrhynchus, mérite, en raison du pittoresque du récit, une mention spéciale. Cf. ci-après, III.

Venait ensuite, pour clôturer la deuxième section, une pièce écrite en scazons. Il n'y a pas de doute que cette pièce, qui est de critique littéraire, ne fût identique à un morceau déjà connu par le papyrus d'Oxyrhynchus n. 1011[1]. Elle était du plus grand intérêt, constituant, comme la réponse aux « Telchines », une défense par l'auteur de son système poétique. Le poète répondait à ceux qui lui reprochaient la variété excessive de son œuvre, s'entendant de la forme plus que de la matière. Il y défendait sa πολυειδεία, en s'appuyant sur l'exemple de Ion de Chios. « L'architecte n'est pas blâmable, qui met en œuvre dans sa bâtisse des matériaux variés. » Il s'agit des différents mètres, des différents dialectes, et, plus précisément, de l'obligation qu'on voudrait imposer à tel ou tel de ne point sortir d'un domaine rythmique bien fixé, pentamètres, vers héroïques, vers tragiques. Le texte est malheureusement tout entier dans un tel état de mutilation et de délabrement qu'il défie tout essai d'explication un peu complète, plus encore tout essai

1. Fol. VI. Cf. les *fragmenta* de Pfeiffer, 9, 303-368.

de traduction : on a dû y renoncer. Cette pièce clôturait, en scazons, tout l'ensemble ouvert, en scazons, par l'*Hipponax redivivus*, 'Ακούσαθ' Ἱππώνακτος.....

Section III (mètres divers). La troisième section se compose de quatre pièces *lyriques*. Est-ce à dire qu'elles ne pouvaient plus faire partie, *matériellement*, du recueil intitulé Ἴαμβοι ? Des μέλη pour terminer un livre d'« iambes », n'est-ce pas là hors de raison ? Mais nous sommes ici sur le terrain particulier de l'« édition », on pourrait dire de la « librairie ». Dans la pratique moderne, il arrive que tel recueil de proses ou de vers reçoive son nom du premier récit ou de la première pièce ; d'autres s'y ajoutent qui ne peuvent plus se ranger légitimement sous le même titre : on en citerait bien des exemples. La même pratique peut et doit s'être appliquée au recueil de Callimaque. Il était essentiellement un recueil d'Iambes. Mais, sans que le titre fût pour cela changé, le poète l'avait complété par quelques poésies qui n'étaient ni des ἐλεγεῖα, ni des Ἴαμβοι. Rien qui soit plus admissible. Car un recueil proprement dit *Poèmes lyriques*, Μέλη, sans doute faut-il renoncer à l'idée qu'il y en eût un, bien qu'il soit porté sur la liste de Suidas. Aucune citation de Callimaque ne porte son indication ; et le nombre des pièces qui auraient pu y figurer, à en juger par les renseignements anciens et nouveaux, paraît si restreint que l'existence même d'un tel recueil devient bien peu vraisemblable. L'édition des « œuvres poétiques » de Callimaque contenait, après les pièces en ἐλεγεῖα — où nous voyons de reste le Πλόκαμος figurer sans aucune rubrique spéciale après les *Aitia* — et avant les pièces en ἡρῷα les pièces iambiques, où les trochées, d'après la tradition, tenaient leur place, et où se rattachaient quelques poèmes en « mètres divers ».

Marquons ici l'intérêt de ces morceaux lyriques. Callimaque est d'abord le poète qui a ranimé les anciennes formes, narrative et didactique, de l'ancienne poésie grecque, épos, élégie, iambe, et leur a rendu la vie en les associant à des matières nouvelles. Mais il n'a pas rejeté le lyrisme ; seulement il en a usé, et ses contemporains avec lui, suivant un mode tout original. La scission était faite depuis longtemps entre le lyrisme littéraire et l'exécution musicale. Celle-ci, suivant son chemin propre, se contentait d'un texte banal : les hymnes musicaux de Delphes sont un assez bon exemple de ces « cantates » conventionnelles, où le poète n'est que le serviteur du musicien. Mais le lyrisme ne disparut pas, parce que, même à part de toute musique, il représente une tendance naturelle de l'esprit humain, dans l'expression des sentiments et des idées. Il devint, comme tous les genres, purement livresque, n'étant plus fait que pour la lecture ou la récitation sans apparat, au moins sans accompagnement musical. Le rôle de Callimaque semble avoir été important dans cette transformation. Il insère d'abord le sentiment et l'expression lyriques dans la composition épique elle-même ; et ce sont les *Hymnes*. Et il pratique aussi la « poésie lyrique » au sens tout moderne déjà du mot : ce sont les pièces lyriques du recueil des *Iambes*. A ce lyrisme récité il faut des mètres nouveaux, qui seront employés κατὰ στίχον ; ce sont tous les mètres inventés par l'école callimachéenne, et que les métriciens antiques désignaient par le nom de leurs auteurs. Nous ne voyons pas qu'en fait ce lyrisme nouveau ait produit de grandes œuvres ; il n'y en avait pas moins là une tentative originale, déjà moderne d'esprit : avec les souvenirs d'Alcée et de Sapphô, c'est elle qui commande le lyrisme d'un Horace, et par le sien celui même de nos classiques.

Il faut regretter que cette partie de l'œuvre de Callimaque nous soit si peu connue. Ce qui en subsiste est presque insignifiant, même après les récentes découvertes. Cependant nous pouvons entrevoir, à côté de la variété des mètres, celle des sujets ; la pièce politique ou religieuse y avoisinait la chanson à boire ou la pièce érotique : ce sont déjà les thèmes du recueil horatien. Mais nous n'avons guère que des lueurs. On trouvera ci-après (section III, 1, 2, etc.), constituant la troisième section du recueil des Ἴαμβοι, les lemmes et les très courts résumés des quatre pièces qui le terminaient. Quelques autres bribes survivent, connues par des citations antiques. Une pièce en *pentamètres trochaïques* versifiait un thème habituel de la poésie symposiaque : « Elle vient de la vineuse Chios, après avoir traversé les flots de l'Egée, la vaste amphore portant dans ses flancs le nectar exquis de la vigne lesbienne[1]. » — Lieu commun érotique : le vaisseau qui porte l'objet aimé (*asclépiades majeurs*) : « Vaisseau qui as ravi la seule et douce lumière de ma vie, je te supplie au nom de Zeus gardien des ports[2].. » — Couplet érotique en *phérécratiens* : « La fille, la fille bien gardée qui, ses parents le disent, déteste comme la mort les propos d'amour[3].. » Parmi les quatre pièces des Διηγήσεις, deux méritent une particulière mention. D'abord la Παννυχίς, la *Nuitée,* écrite en vers *iambotrochaïques asynartètes,* dont les deux vers du début sont connus par une citation d'Héphestion, les trois derniers étant restitués d'après un papyrus de Berlin et le texte d'Athénée. La pièce est une élégante description d'une *Orgie.* Cf. ci-après, IV. Mais l'intérêt est autrement grand encore de l'*Arsinoé,* dont un fragment, retrouvé sur un papyrus de Berlin, a été publié par Wilamowitz. La pièce, dont trois vers étaient déjà connus par Héphestion, sans qu'on eût pu faire aucune identification convenable, est écrite dans le mètre dit ἀρχεβούλειον[1], du nom du poète Archéboulos de Thèbes, qui semble avoir été le maître d'Euphorion. Elle doit avoir été composée en 270, sous l'impression même de la mort d'Arsinoé Philadelphe. Elle est extrêmement mutilée et incomplète, telle que nous l'a rendue le

1. Ἔρχεται πολὺς μὲν Αἰγαῖον διατμήξας ἀπ' οἰνηρῆς Χίου
ἀμφορεύς, πολὺς δὲ Λεσβίης ἄωτον νέκταρ οἰνάνθης ἄγων...
(Fr. 115 Schn.).

2. Ἀ ναῦς, ἃ τὸ μόνον φέγγος ἐμὶν τὸ γλυκὺ τᾶς ζοᾶς
ἅρπαξας, ποτί τε Ζηνὸς ἱκνεῦμαι λιμενοσκόπω. (Fr. 114 Schn.).

3. ἡ παῖς ἡ κατάκλειστος
τὴν οἵ φασι τεκόντες
εὐναίους δαρισμούς
ἔχθειν ἶσον ὀλέθρῳ. (Fr. 118 Schn.).

papyrus de Berlin. On peut, comme l'a fait le premier éditeur, en résumer la première partie ainsi qu'il suit. Après une courte invocation à la divinité et à la princesse défunte, quelques vers disaient les lamentations de la foule, puis, semble-t-il, le coup ressenti par l'époux d'Arsinoé. C'étaient ensuite, apparemment, quelques vers mis dans la bouche de Ptolémée lui-même. Enfin, par une transition qu'on ne peut saisir, le lecteur était transporté près de la sœur défunte de Philadelphe, Philôtera, vivant après sa mort dans la société des dieux, et particulièrement de Déméter. On aborde ainsi le seul passage à peu près conservé, qui montre Philôtera apprenant, de l'île de Lemnos, la mort de la reine, par la fumée qui vient de son bûcher funèbre, et dont Charis, montée sur la cime de l'Athos, lui révèle l'origine. La fin manque. — La mise en scène est pittoresque ; le sentiment de tristesse dont est saisie la ville d'Alexandrie à la funeste nouvelle est vigoureusement rendu. Mais surtout l'association familière de Philôtera défunte aux divinités de l'Olympe est un trait des plus curieux que Wilamowitz a bien justement fait ressortir. Les princes sont mêlés aux dieux sans perdre leur nature terrestre ; l'Olympe, intéressé aux circonstances du jour, sert à exalter les grands de la terre[1]. C'est le point de départ de toute l'allégorie mythologique qui, dans la littérature et dans l'art de toutes les époques qui suivent, jouera un si grand rôle, jusqu'à en devenir fastidieuse. A l'origine de cette « espèce » artistique, il y a la *Boucle de Bérénice* et l'*Arsinoé*.

Après deux des vers cités par Héphestion nous donnons ci-après la partie lisible de la pièce. Nous transcrivons les vers avec les ingénieux compléments de Wilamowitz mis entre crochets. (Cf. ci-après, V).

1. En voici le type :

IAMBES ET PIECES LYRIQUES

Section I (trimètres scazons)
Lemmes et sommaires.

1.

Ἀκούσαθ' Ἱππώνακτος · οὐ γὰρ ἀλλ' ἥκω..

Ecoutez Hipponax ; aussi bien j'arrive..

Cf. plus loin, I

2.

Ἦν κεῖνος οὐνιαυτός, ᾧ τό τε πτηνόν..

C'était là le temps où et les oiseaux...

Autrefois les bêtes parlaient ; mais le renard ayant eu l'audace de se plaindre de la tyrannie de Zeus, la parole leur fut retirée et leur part en fut donnée aux hommes (traits satiriques).

3.

Εἴθ' ἦν, ἄναξ ὤπολλον, ἡνίκ' οὐκ ἦα....

J'aurais dû vivre, prince Apollon, au temps où il n'y avait pas....

Le « temps où les bêtes parlaient » était aussi celui où la vertu était plus estimée que la richesse. Traits de satire à l'égard par exemple d'un certain Euthydémos, personnage peu scrupuleux.

4.

Εἷς οὐ γὰρ ἡμέων, παῖ Χαριτάδεω, καὶ σύ..

Tu n'es pas, toi, des nôtres, fils de Charitadès...

Sur le comportement d'un certain Simos, qui avait voulu s'entremettre dans une dispute littéraire entre Callimaque et un de ses rivaux. Pour le débat du *Laurier et de l'Olivier*, cf. plus loin, II.

5.

Ὦ ξεῖνε — συμβουλὴ [γὰ]ρ ἕν τι τῶν ἱρῶν...

O étranger — puisque le conseil est chose sacrée [1]..

Attaque violente contre un grammairien, Apollônios ou Cléôn, et ses mœurs honteuses [2].

1. Cf. Platon, *Théagès*, 122 b — λέγεται συμβουλὴ ἱερὸν χρῆμα εἶναι — et *Lettre* V, 321 c.

2. A cet « iambe » se rattache, suivant la plus forte vraisemblance, un texte retrouvé sur un papyrus de Florence, publié par Vitelli-Norsa (*Atene e Roma*, ser. III, vol. I, 1933, p. 1 et suiv.). Nous renonçons pour le moment à faire figurer dans ce volume ce texte obscur et presque intraduisible. On en trouvera la partie lisible dans notre article de la *Rev. Et. Gr.*, 1935, pp. 305-306.

I

PROLOGUE — LA COUPE DE BATHYCLES

Ecoutez Hipponax [1] ; aussi bien j'arrive de là-bas, où l'on a un bœuf pour une obole, et j'apporte mon Iambe, mais pas mon Iambe de guerre, du combat contre Boupalos....

Lacune et vers mutilés

Par Apollon ! comme les mouches dans la cabane du berger..... ou les guêpes..... (ou les convives) au banquet delphien [2]... (les gens se rassemblent).... par Hécate, quelle foule...... L'homme à la tempe chauve y va perdre souffle et respiration, à faire qu'on ne le mette tout nu ! Allons ! Silence, et passez par écrit mon discours. Bathyclès, un homme d'Arcadie [3] — mon élan sera court; point de moquerie, mon très cher; je n'ai pas beaucoup de temps à tourner par ici, loin de l'Achéron (?) — Bathyclès donc, c'était un heureux parmi ceux d'autrefois, et qui avait tout ce par quoi hommes et dieux connaissent les jours éclatants......

Lacune

1. Hipponax d'Ephèse, le iambographe de la 2e moitié du VIe siècle avant J. C., est censé ici arriver des enfers, où un bœuf vaut une obole (Ep. XIII, 6). Il avait poursuivi de ses railleries le sculpteur Boupalos.

2. Expression proverbiale pour désigner le fait de ne pas profiter de ses propres dépenses ; la foule était si grande à Delphes que le sacrifiant n'avait pas lui-même sa part de la victime.

3. L'histoire de la coupe offerte « au plus sage » est racontée, entre autres, par Diogène Laërce (I, 28 et suiv.), qui en donne trois versions différentes : Callimaque suit ici un historien local, Maiandrios de Milet.

I

(*The Oxyr. Pap.* VII, n° 1011 ; vv. 92 sqq.)

Ἀκούσαθ' Ἱππώνακτος· οὐ γὰρ ἀλλ' ἥκω
ἐκ τῶν ὄκου βοῦν κολλύβου πιπρήσκουσιν
φέρων ἴαμβον οὐ μάχην ἀείδοντα
τὴν Βουπάλειον....

ursus desunt circa uiginti..

ὤπολλον.......... ς παρ' αἰπόλῳ μυῖαι....
....σ]φεῖκες............ πὸ θύματος Δελφοῦ
....αιμιν............. ὦ. 'κάτη πλήθευς..
ὁ ψιλοκόρσης τὴν πνοὴν ἀναλώσει
φυσέων ὄκως μὴ τὸν τρίβωνα γυμνώσῃ.
Σωπὴ γενέσθω καὶ γράφεσθε τὴν ῥῆσιν.
Ἀνὴρ Βαθυκλῆς Ἀρκάς — οὐ μακρὴν ἄξω·
ὦ λῷστε, μὴ σίλλαινε· καὶ γὰρ οὐδ' αὐτός
μέγα σχολάζ[ων ε]ἰμὶ.....ρ μέσον δινεῖν
[ἐκ το]ῦ Ἀχέρ[οντο]ς, τῶν πάλαι τις [εὐδαίμων]
ἐγένετο, πάντα δ' εἶχ' ἐν οἷσιν ἄνθρωποι
θεοί τε λευκὰς ἡμέρας ἐπίστανται....

Circa triginta versus... aut valde mutili sunt, aut omnino desunt..

(Le fils de Bathyclès) fit voile vers Milet, car le prix revenait à Thalès, savant en toutes choses, et de qui on disait qu'il sut déterminer la figure étoilée du Chariot, qui guide le marin de Phénicie. Sous bon auspice [1], l'Arcadien le trouva dans le temple de Didymes [2], à râcler le sol de sa férule, y gravant la figure trouvée par Euphorbos le Phrygien [3], qui le premier dessina triangles et scalènes, et le cercle des sept planètes, et qui enseigna à s'abstenir de chair vivante ; on le suivit — non pas tous, mais ceux que tenait le mauvais démon. Le fils de Bathyclès ainsi lui parla : « Reçois de moi cette coupe d'or massif ; mon père, près de la mort, m'a chargé de la donner au meilleur de vous, les Sept Sages, et je te la donne, comme prix. » Thalès, frappant le sol de son bâton, et prenant sa barbe dans sa main, répliqua : « Ce présent, je ne l'emporterai pas ; mais toi, si tu veux respecter les paroles de ton père,. . . . . Bias. . . . .

. . . .*Lacune*. . . .

(La coupe vint) à Solon, et Solon l'envoya à Chilon [4]...

. . . .*Lacune*. . . .

...Et le présent revint aux mains de Thalès..

. . . .*Lacune*. . . .

...Thalès me consacre au dieu qui veille sur le peuple de Nélée, après m'avoir deux fois reçue comme prix....

1. Le grec dit « avec un oiseau — le pivert, σίττη — favorable », et « l'homme prélunaire, προσέληνος. Les Arcadiens passaient pour le plus ancien peuple de l'Hellade.

2. Didymes, près de Milet, avec un temple et un oracle d'Apollon.

3. C'est-à-dire Pythagore, qui prétendait avoir été, de par la métempsychose, Euphorbos, fils de Panthos, un des personnages de l'*Iliade*. Il est plusieurs fois désigné comme tel, sans autre explication (p. ex. Lucien, *Dial. mort.* XX). Horace le désigne (*Odes*, I, 28, 10) par le nom de *Panthoides*.

4. Ces vers sont empruntés à diverses sources. Après avoir fait le tour des Sept Sages, la coupe revient à Thalès, qui la consacre dans le temple d'Apollon Didyméen.

Ἔπλευσεν ἐς Μίλητον· ἦν γὰρ ἡ νίκη
Θάλητος, ὅς τ' ἦν τἄλλα δεξιὸς γνώμῃ
καὶ τῆς ἁμάξης ἐλέγετο σταθμήσασθαι
τοὺς ἀστερίσκους, ᾗ πλέουσι Φοίνικες.
Εὗρεν δ' ὁ προυσέληνος αἰσίῳ σίττῃ
ἐν τοῦ Διδυμέος τὸν γέροντα κωνείῳ
ξύοντα τὴν γῆν καὶ γράφοντα τὸ σχῆμα
τοὐξεῦρ' ὁ Φρὺξ Εὔφορβος, ὅστις ἀνθρώπων
τρ[ίγ]ωνα καὶ σκ[αληνὰ] πρῶτος ἔγραψε
καὶ κύκλον ἑπ[ταμήκε' ἠδὲ νηστεύειν]
τῶν ἐμπνε[όν]των ε[ἶπεν· οἱ δ' ὑπήκουσαν]
οὐ πάντες, ἀλλ' οὓς εἶχεν [οὕτερος δαίμων].
Πρὸς δή[μι]ν ὧδ' ἔφησε [παῖς Βαθύκλῃος·]
« ἐκεῖνο τοὐλόχρυσον ἐξ [ἐμοῦ δέξαι·]
οὑμὸς πατὴρ ἐφεῖτο τοῦ [χρεὼν ἄγχι]
δοῦ[ναι] τίς ὑμέων τῶν σοφ[ῶν ὀνήιστος]
τῶν ἑπτά· κἠγὼ σοὶ δίδωμ' [ἀριστῆον. »]
Θαλῆς δὲ τῷ] σκίπωνι τοὔδα[φος πλήξας]
[καὶ τ]ὴν ὑπήνην τῃτέρῃ [λαβὼν χειρὶ]
ἐξεῖπε· « τὴν δόσιν μὲν [οὐκ ἔγωγ' ἄξω],
συδ' ε[ἰ τοκ]εῶνος μὴ λό[γους ἀτιμάζεις]
Βίης. . . . .

Quae sequebantur desunt. Enotuerunt haec. :

ex Cramer *Anecd. Ox.* II, 297 (fr. 89 Schn.).

Σόλων· ἐκεῖνος δ' ὡς Χίλων' ἀπέστειλε...

ex Etym. Magn. 442,10 (fr. 96 Schn.).

πάλιν τὸ δῶρον ἐς Θάλητ' ἀνώλισθεν.

ex Diog. Laert. I, 29 (fr. 95 Schn.).

Θαλῆς με τῷ μεδεῦντι Νειλέω δήμου
δίδωσι, τοῦτο δὶς λαβὼν ἀριστῆον.

22 κωνείῳ Hunt : κωνηῳ || **24-27** suppl. H. ex Diod. X, 6 = fr. 83 a Schn. || **28** Suppl. Hunt. ex Schol. Pind. Pyth. III, 62 = fr. 91 Schn. || **29** Suppl. Diels || **30** Suppl. Diels || **31** Suppl. Diels || **32** Suppl. Hu. ex Diog. Laert. I, 28 || **33** Suppl. Hu. ex Call. fr. 95 || **34** Suppl. Wil. || **35** Suppl. Hu. || **36** Suppl. Diels || **37** Suppl. Diels

II

LE DEBAT DU LAURIER ET DE L'OLIVIER

Ecoute l'apologue [1] : jadis, sur le Tmôlos, disent les antiques Lydiens, le laurier eut querelle avec l'olivier ; c'était un bel arbre, aux larges rameaux.

.....*Lacune*.....

... Du côté gauche blanc comme un ventre de serpent, de l'autre côté, souvent à nu, brûlé par le soleil [2]. Y a-t-il une maison où je ne sois sur le seuil ? Y a-t-il un devin, un sacrificateur qui ne cueille mon rameau ? Sur le laurier la Pythie est assise ; le laurier accompagne ses chants, le laurier fait sa couche. Olivier, fol que tu es, n'est-ce pas en les flagellant de laurier que Branchos, répétant deux et trois fois sa formule obscure, sauva les fils des Ioniens de la colère de Phoibos [3] ? C'est moi qu'on voit dans les festins et les danses de Pythô. Je suis aussi le prix des jeux, et c'est moi que les Doriens cueillent sur le haut des collines de Tempé, pour me porter à Delphes au jour de la fête d'Apollon [4]. Olivier, arbre fol,

1. Le nom de l'apologue, αἶνος, met en relief sa valeur d'enseignement moral. Ce n'est guère ici qu'une « histoire », encore que ces débats entre animaux ou végétaux opposent communément la sagesse à l'*hybris*. Les contes de ce genre étaient attribués aux peuples de l'Orient ou de l'Afrique ; il y avait des récits, λόγοι, libyens, ciliciens, cariens, cypriens, lydiens. Le Tmôlos est un mont de Lydie.

2. Le côté gauche, abrité, est l'ouest, le côté droit est l'est, exposé au soleil. Allusion à la différence de couleur des deux faces des feuilles de l'olivier, qui les retourne après le solstice d'été. (Theophrast. *Hist. Plant.*, I, 10).

3. Le fait est raconté par un historien cité par Clément d'Alexandrie. La formule est composée de mots grecs et d'autres mots sans aucun sens.

4. Les vainqueurs aux jeux pythiques recevaient pour récompense une couronne de laurier. La fête d'Apollon est la *daphnéphorie*,

II

(*The Oxyrhynchus Papyri*, VII, n° 1011, v. 211 sqq.)

Ἄκουε δὴ τὸν αἶνον· ἔ[ν κοτε Τμώλῳ]
δάφνην ἐλαίῃ νεῖ[κος οἱ πάλαι Λυδοί]
λέγουσι θέσθαι, καὶ γάρ. . . .
καλόν τε δένδρον . . . . . .

...*Tres uersus plane mutili. Circa quindecim desunt.*

....

ὡριστερὸς μὲν λευκὸς ὡς ὕδρου γαστήρ,
ὁ δ' ἡλιοπλὴξ ὃς τὰ πολλὰ γυμνοῦται.
Τίς δ' οἶκος οὗπερ οὐκ ἐγὼ παρὰ φλιῇ;
Τίς δ' οὔ με μάντις ἢ τίς οὐ θυτὴρ ἕλκει;
Καὶ Πυθίη γὰρ ἐν δάφνῃ μὲν ἵδρυται,
δάφνῃ δ' ἀείδει καὶ δάφνην ὑπέστρωται.
Ὦφρων ἐλαίη, τοὺς δὲ παῖδας οὐ Βράγχος
τοὺς τῶν Ἰώνων, οἷς ὁ Φοῖβος ὠ. . . . .
δάφνῃ τε κρούων κῆπος οὐ τορόν. . . . .
δὶς ἢ τρὶς εἰπὼν ἀρτεμέας ἐποίησε;
Κἠγὼ μὲν ἢ 'πὶ δαῖτας ἢ 'ς χορὸν φοιτέω
τὸν Πυθαϊστήν, γίνομαι δὲ κἄεθλον·
οἱ Δωριῆς δὲ Τεμπόθεν με τέμνουσιν
ὀρέων ἀπ' ἀκρῶν καὶ φέρουσιν ἐς Δελφούς,
ἐπὴν τὰ τὠπόλλωνος ἱρὰ γίνηται.
Ὦφρων ἐλαίη, πῆμα δ' οὐχὶ γινώσκω,

1-2 supplementa ex Ammonio *De different. uocab.* p. 8 Valcken. petita sunt (fr. 93 a Schneid.) || **3** ἢ τανύπτορθον Hunt et Wil. post γάρ || **12** ω... : ὠργίσθη Hunt || **13** οὐ το... placet τόρον Arnim Wil. || **15** φοιτέω Hunt : φ. ιτέω

je reste à l'écart de tout mal, je ne connais pas la route que prend le porteur de civière ; car je suis pur. Nul ne me foule aux pieds ; car je suis saint. Toi, quand il faut brûler un cadavre ou le mettre au tombeau, c'est toi dont on tresse des couronnes et dont on fait une couche, une couche pour toujours, sous les flancs du mort[1]. » Ainsi parle l'orgueilleux ; mais, sans s'émouvoir, l'arbre qui donne l'huile répondit à l'attaque : « Laurier, infertile en tout ce que je produis, c'est à la fin de ton discours, tel le cygne Apollinien, que tu as relevé ce qui me fait le plus d'honneur (?)[2]... Oui, les guerriers morts dans les champs d'Arès, je les escorte, oui, on me place sous la tête des chefs qui ont succombé dans la gloire ; oui, quand les enfants portent au tombeau l'aïeule aux cheveux blancs ou le vieillard chargé d'ans[3], je les accompagne et je jonche leur route. Je... plus que toi-même à ceux qui vont te chercher dans Tempé. Et pour cela même que tu as rappelé, comme prix des jeux, ne suis-je pas supérieur à toi ? Qui l'emporte, le concours d'Olympie[4], ou celui de Delphes ? Mieux vaut se taire. Aussi bien ce n'est pas moi qui dis bien ou mal de toi ; ce sont ces oiseaux qui, merveille, sont là, dans ton feuillage, à babiller.

qui se célébrait chaque neuvième année à Delphes. En souvenir du voyage qu'Apollon fit à Tempé pour se purifier du meurtre de Python, une théorie d'enfants s'y rendait, coupait des rameaux, du laurier sacré, et revenait à Delphes en grande pompe.

1. Nous voyons qu'on déposait dans les tombeaux des couronnes de feuilles d'ache ou d'olivier. D'après Ross, Fauvel aurait trouvé un lit de branches d'olivier dans un sarcophage en marbre de l'Attique (V. Dict. des Antiq. Saglio-Pottier, s. v. *Funus*).

2. Le texte est tout conjectural. On remarquera l'habile procédé de rhétorique par où l'olivier, plus avisé que l'orgueilleux laurier, s'empare de l'argument de l'adversaire pour le tourner à son profit.

3. Le texte dit « un vieux Tithônos », comme nous dirions « un Mathusalem ». Tithônos, doué de l'immortalité par Zeus, était arrivé au comble de la décrépitude.

4. La couronne des Olympioniques était faite de l'olivier sauvage, κότινος, qui croissait dans l'Altis.

οὐδ᾽ οἶδ᾽ ὁ....ν οὐλαφηφόρος κάμπτει,
ἁγνὴ γάρ εἰμι, κοὐ πατεῦσί μ᾽ ἄνθρωποι,
ἱρὴ γάρ εἰμι· σοὶ δὲ χὠπόταν νεκρόν
μέλλωσι καίειν ἢ [τά]φ[ῳ] περιστέλλειν,
αὐτοί τ᾽ ἀνεστέψ[αντο χ]ὐπὸ τὰ πλευρά
τοῦ μὴ πνέοντ..... ιταξ ὑπ..τ.... »
῟Η μὲν τάδ᾽ αὐχεῦσ· ἀλλὰ τὴν ἀπήμ[υνε]
μάλ᾽ ἀτρεμαίως ἡ τεκοῦσα τὸ χρῖμα·
« ῏Ω πάντ᾽ ακ... τῶν ἐμῶν τὸ κ. . . . . .
ἐν τῇ τελευτῇ κύκνος, ...
ἤεισας ου . . . ηκα μοι μ. . . . . . .
᾿Εγὼ μὲν ἄνδρας οὓς ῎Αρης. . . . . . .
σὺν ἔκ τε πέμπω χυ. . . . .
. . . τῶν ἀριστέων οἳ κα . . . .
[᾿Εγὼ δ]ὲ λευκὴν ἡνίκ᾽ ἐς τάφον τήθην
φέρου[σι] παῖδες, ἢ γέροντα Τιθωνόν,
αὐτο[ῖς δ]μαρτέω κἠπὶ τὴν ὁδὸν κεῖμαι.
. . . πλεῖον ἢ σὺ τοῖς ἁγινεῦσιν
ἐκ τῶν σε Τεμπέων· ἀλλ᾽ ὅτευ γὰρ ἐμνήσθης
καὶ τοῦτο κῶς ἄεθλον οὐκ ἐγὼ κρέσσων
σεῦ, καὶ γὰρ ὡγὼν ἢ ᾽ν ᾿Ολυμπίῃ μέζων
ἢ ᾽ν τοῖσι Δελφοῖς; ἀλλ᾽ ἄριστον ἡ σωπή.
᾿Εγὼ μὲν οὔτε χρηστὸν οὔτε σε γρύζω
ἀπηνὲς οὐδέν, ἀλλ᾽ ἄηθες ὄρνιθες

21 ο... ν : ὁκοίην Hunt ‖ οὐλαφηφόρος Hunt : οὐ in ω correct. ‖ **22** ἁγνή Hunt : α..η ‖ **24** τάφῳ Hunt ‖ **25** αντο χ desunt in charta : restit. Hunt ‖ **26** πνέοντος ἤ ᾽πίταξ Ellis κἠπίταξ Hunt, Wil. suadente; fortasse ἐπιπαξ aut εἰσάπαξ ‖ ὑπ..τ... : ὑπέστρωσαν Hunt **27** αὐχεῦσ᾽ Hunt (Wil. suad.) : υαυχευ. ‖ ἀπήμυνε Hunt (Wil. suad.) : ἀπημ... ‖ **29** ακ etc. : ἄκυθε τ. ε. τόκων δάφνη Hunt placet ἄκαιρε, τῶν ἐμῶν τὸ κάλλιστον Arnim ‖ **30** κύκνος ὡς ᾿Απόλλωνος Pfeiffer; alii alia ‖ **31** locus multis modis et valde dubiis restitutus ‖ **32** ῎Αρης..... : ῎Αρης ἀπόλλυσε Hunt ‖ **33** χὐπὸ τῷ κάρῃ κεῖμαι Murray ‖ **34** τῷ τ. α. οἳ καλῶς τεθνήκασιν Arnim ; alii alia ‖ **35-37** suppl. Hu. ἐγὼ δέ Hunt ‖ **38** locus plane incertus ‖ **39** ἀλλ᾽ ὅτευ lectio ualde incerta ‖ **41** καὶ : κοὐ Hunt ‖ ὡγὼν Hunt : ουγων ‖ **44** ἄηθες : ἀηθεις (ι deleto)

Qui inventa le laurier [1] ? Eh, la terre... tout comme l'yeuse, ou le chêne, ou le cyprès, comme tout arbre. Mais l'olivier ! c'est Pallas qui le créa, quand elle disputa avec le dieu qui habite chez les algues, et que, au vieux temps, l'homme au bas-corps de serpent jugeait le procès de la terre attique [2] — Et d'un : c'est le laurier qui perd — Des immortels, qui est l'ami de l'olivier, et qui du laurier ? — Du laurier c'est Apollon; Pallas tient pour l'autre, sa création — Allons ! égalité là-dessus ; je ne vais pas donner des rangs aux dieux. Le fruit du laurier, à quoi est-il bon ? à rien, ni pour manger, ni pour boire, ni comme onguent. Mais celui de l'olivier, il plaît de bien des façons, comme fruit de bouche [ou à faire nager dans l'huile, comme Thésée même en a mangé [3] — Et de deux ; le laurier perd encore — Le feuillage des suppliants, quel est-il ? L'olivier — Et de trois ; encore le laurier battu. — Mais sont-ils bavards ! comme ils jacassent. Corneille, effrontée, si ton bec ne te fait pas mal ! — Et quel est l'arbre dont les Déliens gardent et honorent la souche ? L'olivier, qui fit accoucher Lêtô... [4].

1. L'olivier feint de répéter simplement, à partir de ce moment, ce que disent les oiseaux du feuillage. Un peu plus loin la parenthèse « mais sont-ils bavards.... » maintient la fiction.

2. Allusion à la lutte de Poseidon et d'Athéna pour la possession de l'Attique, devant les dieux et l'homme-serpent Cécrops. Cf. *Hécalé*, col. II. L'oiseau est censé « marquer les points », comme fait Dionysos, dans l'*agôn* des *Grenouilles* d'Aristophane, entre Eschyle et Euripide.

3. Le texte est tout à fait conjectural. Il y aurait encore ici,, avec le nom de Thésée, une reprise d'un détail de l'*Hécalé* (v. p. 189, n. 6).

4. Dans la légende délienne, l'olivier est, pour la délivrance de Lêtô, en concurrence avec le palmier, celui-ci étant le trait le plus classique (Homère, Théognis). L'olivier apparaît dans son rôle à partir du temps de la suprématie athénienne à Délos (Cf. Vallois, *Bull. de Corr. Hell.* 1924, pp. 435 et suiv.). On le trouve par exemple dans le péan delphique de Liménios (χερσὶ γλαυκῆς ἐλαίας, v. 6) ; de même dans *Iphigénie en Tauride*, v. 1099.

ἐν τοῖσι φύλλοις ταῦτα τινθυρίζουσαι
πάλαι κάθηνται κωτιλ.... σ.... εῦσαι.
Τίς δ' εὗρε δάφνην; γαῖα. . . . . . .
ὡς πρῖνον, ὡς δρῦν, ὡς κύπειρον, ὡς ὕλην.
Τίς δ' εὗρ' ἐλαίην; Παλλάς, ἦμος [ἤρι]ζ[ε
τῷ φυκιοίκῳ κἠδίκαζ' ἐν ἀρχαίοις
ἀνὴρ ὄφις τὰ νέρθεν ἀμφὶ τῆς 'Ακτῆς·
ἓν ἡ δάφνη πέπτωκε. Τῶν δ' ἀειζώων
τίς τὴν ἐλαίην, τίς δὲ τὴν δάφνην τιμᾷ;
δάφνην 'Απόλλων, ἡ δὲ Παλλὰς ἣν εὗρεν·
ξυνόν τόδ' αὐταῖς, θεοὺς γὰρ οὐ διακρίνω.
Τ[ίς] τῆς δάφνης ὁ καρπός; ἐς τί χρήσωμαι;
μήτ' ἔσθε μήτε πῖνε μήτ' ἐπιχρίσῃς.
῾Ο τῆς δ' ἐλαίης ἕαδε πόλλ[αχῇ] μάσταξ
ὡς ἐ. . . ν καλεῦσιν, ἂν δὲ τὸ χρῖμα
ἐν. . . υμβα.. ην ἐπα. . . χὠ Θησεύς·
[τὸ δ]εύ[τερ]ον τίθημι τῇ δάφνῃ πτῶμα.
Τεῦ γὰρ [τὸ] φύλλον οἱ ἱκέται προτείνουσι;
τὸ τῆς ἐλαίης· τὰ τρί' ἡ δάφνη κεῖται.
— Φεῦ τῶν ἀτρύτων, οἷα κωτιλίζουσι·
λαιδρὴ κορώνη, κῶς τὸ χεῖλος οὐκ ἀλγεῖς; —
[Τεῦ γ]ὰρ τὸ πρέμνον Δήλιοι φυλάσσουσι;
τὸ τῆς ἐλαίης, ἣ λόχευσε τὴν Λητώ..

....

uersus mutili

....

ἅπαντα πίπτειν ταὐτά φημι τὴν δάφνην. »

45 τινθυρίζουσαι fortasse corruptum pro τονθορύζουσαι || **46** placet κωτίλαι σ' ἐνεδρεῦσαι Pfeiffer || **48** ὕλην · πεύκην in marg. || **49** ἤριζε Hunt (Wil. suad.) || **50** κἠδίκαζ'ἐν ἀρχαίοις recte dist. Diels || **56** τίς Hunt : τ.. || **58** ἕαδε πόλλαχῇ lectio incerta. ιτ super ἔσω scriptum || **59** ε..ν : ἔνθεσιν Mair; alii alia || **60** ἐν.. : ἐνῇ, κολυμβάδ' Pfeiffer || ἐπα : ἐπάσατο Arnim ; lectiones incertae usque ad χὠ θ. || **61** τὸ δεύτερον Hunt || **62** τὸ Hunt || **66** τεῦ γὰρ Hunt || **67** καθεῖσε Hunt (Wil. suad.) λόχευσε Platt

.....Lacune[1]*.....*

« Je déclare en tout cela le laurier battu. »

Ainsi dit l'olivier ; et de ce discours le laurier eut le cœur gros, et il souffrit de plus grande peine qu'avant...

.....Lacune.....

[Lors un arbrisseau][2], qui n'était pas loin d'eux, prit la parole : « Pauvres que nous sommes, n'allons-nous pas — de peur de nous faire trop ennemis, n'allons-nous pas nous taire ? ne nous décrions pas ainsi les unes les autres[3].... Mais le laurier, le regardant de l'air du taureau en furie : « Ho, s'écria-t-il, fléau que tu es, ho toi, est-ce que tu es des nôtres ? Ne me commande pas la patience ; ton voisinage donne la nausée......

La fin manque.

1. Le passage, qui est entièrement mutilé, marquait encore un ou deux « points pour l'olivier — « Victóire au feuillage de l'olivier. Il se termine par la proclamation de la défaite du laurier — ἅπαντα πίπτειν ταῦτά φη μι τὴν δάφνην.

2. Selon Arnim, ce pourrait être, d'après une fable ésopique, la *ronce*, βάτος. Le plaisant est qu'une pauvre plante, se permettant de se mêler des affaires des plantes nobles, s'attire la réplique méprisante du suffisant laurier.

3. Texte et sens incertains.

ὣς εἶπε, τῇ δ' ὁ θυμὸς ἀμφὶ τῇ ῥήσει
ᾤδησε· μέζον δ' ἢ τὸ πρόσθεν ἤλγησεν
. . . . *duo uersus mutili* . . . .
ἔλεξεν, ἦν γάρ οὐκ ἄπωθε τῶν δένδρων·
« Οὐκ, ὦ τάλαιναι, παυσόμεσθα ; μὴ λίην
γενώμεθ' ἐχθραί, μὴ λέγωμεν ἀλλήλας
ἄνολβα· ναι. . . . ἀλλὰ ταῦτ' ὁ...μ..να. »
Τὴν δ' ἄγριος φανεῖσα ταῦρος ἡ δάφνη
ἔβλεψε καὶ τάδ' εἶπεν· « Ὦ κακὴ λώβη,
ὡς δὴ μί' ἡμέων καὶ σύ ; μή με ποιῆσαι
εὔστεκτον, ἣ γὰρ γειτονεῦσ' ἀποπνίγεις.

....

. . . . *duo uersus mutili* . . . .

Cetera desunt.

70 ᾤδησε Hunt (Wil. suad.) : ἤλγησε ex correct. || η......εν : ἤλγησεν Hunt || **71** ἄπωθε Hunt : ἄπωθεν || **72** λίην Hunt : λείην lectio ualde incerta || **73** ἐχθραί Hunt : ἐχθραις || μὴ λέγωμεν lectio ualde incerta || **74** lectio plane incerta || **75** ἄγριος φ. τ. lect. incert. || **78** εὔστεκτον lectio incertissima

(Section II)

Trimètres purs (6 pièces), trochées (1 pièce), scazons (1 pièce).
Lemmes et sommaires.

1.

Ἀλειὸς ὁ Ζεύς, ἁ τέχνα δὲ Φειδία

C'est le Zeus d'Elis, c'est l'art de Phidias.

Description du Zeus de Phidias, adressée à un ami partant pour Olympie : προπεμπτικόν. Cf. Strab. VIII, p. 354 = fr. 75 A Schn.

2.

Ἑρμᾶς ὁ Περφεραῖος Αἰνείων θεός.

Hermès, le Très grand, dieu d'Ainos.

Histoire du *xoanon* d'Hermès, d'Epéios, échouant sur le rivage d'Ainos, rejeté à la mer par des pêcheurs, revenant dans leurs filets et honoré d'un culte par les gens de la ville. L'ex-voto narre son aventure. Cf. ci-après, III.

3.

Ἀργώ κοτ' ἐμπνέοντος ἤκαλον νότου.

Argo, un jour que le notos soufflait en bonace.

Epinikion pour un Eginète vainqueur au diaule dit ἀμφορίτης, concours fondé par les Argonautes débarqués à Egine.

4.

Ἑρμᾶ, τί τοι τὸ νεῦρον, ὦ γένει' ὅλα

Hermès, qu'est donc ce membre, ô dieu tout barbu...

L'éraste d'un jeune enfant s'étonne de l'impudeur d'un Hermès, qui en donne une explication « mystique ».

5.

Τὰς Ἀφροδίτας · ἡ θεὸς γὰρ οὐ μία.

Les Aphrodites ; la déesse n'est pas une.

Sur le culte de l'Aphrodite Castnia d'Aspendos et la nature du sacrifice — une truie — offert à la déesse par les Pamphyliens. Cf. Strab. IX, p. 438 = fr. 82 b Schn.

6.

Ἀλλουτονυ(ν)ανος τὸ σᾶμά μευ.

Lemme mutilé et inintelligible.

Histoire d'un certain Connidas, Sélinontien enrichi par le commerce des femmes, qui avait promis de laisser ses richesses au peuple. Se fondant sur l'intitulé du testament ἁρπαγὰ τὰ Κοννίδα, la pillerie de Connidas — le peuple se saisit des biens de Connidas (Cf. Timée, fr. 57 a).

7.

Ἄρτεμι, Κρηταῖον Ἀμνισοῦ πέδον....

Artémis, la plaine crétoire de l'Amnisos....

Γενεθλιακόν pour la cérémonie du septième jour à l'occasion de la naissance d'une fille du grammairien Léôn, ami du poète. Trimètres trochaïques catalectiques.

8.

Μοῦσαι καλαὶ κἄπολλον, οἷς ἐγὼ σπένδω.

Belles Muses et toi, Apollon, vous à qui je fais ma libation..

Le poète répondait à ceux qui lui reprochaient la variété excessive de son œuvre. Il y défendait sa πολυειδεία, en s'appuyant sur l'exemple d'Ion de Chios : « L'architecte n'est pas blâmable, qui met en œuvre dans sa bâtisse des matériaux variés. » Trimètres scazons [1].

1. Sur ce texte, qu'on trouvera dans les *Fragmenta* de Pfeiffer, n. 9, vv. 303-368, cf. plus haut, p. 151.

III

L'HERMES D'AINOS

La pièce est conservée en partie sur un papyrus d'Oxyrhynchos — n. 661 — du 2e siècle ap. J. C. Le texte occupe les parties inférieures de deux colonnes, la première reproduisant quinze fins de lignes, la seconde treize débuts de lignes ; manquent complètement, au début, 10 à 15 vers, entre les deux colonnes 12 à 17 vers. Il ne reste donc de la pièce que des bribes ; nous les traduisons ci-dessous. Nous donnons d'abord, en raison de l'intérêt de la pièce, la traduction complète de la « diégèse ».

Hermès Perphéraios est honoré à Ainos de Thrace en raison de ce qui suit. Epéios, avant le cheval de bois, avait exécuté un Hermès, que la crue du Scamandre emporta ; de là il fut porté jusqu'au rivage d'Ainos, où des pêcheurs le tirèrent sur la grève. Quand ils l'eurent vu, ils se plaignirent de leur mauvais coup de filet et entreprirent de fendre l'image pour s'en faire du feu et se chauffer ; mais ils ne parvinrent qu'à lui faire à l'épaule une espèce de blessure, sans réussir leur dessein ; ils essayèrent de brûler la statue tout entière, mais le feu ne fit que se répandre autour d'elle. Ils renoncèrent donc et rejetèrent l'image à la mer. Elle revint dans leurs filets ; — l'ayant alors reconnue comme divine ou en rapport avec un dieu, ils lui élevèrent un sanctuaire sur le rivage, et lui offrirent tous à l'envi une part de leurs prises. Puis, sur l'ordre d'Apollon, ils le reçurent dans la cité et l'honorèrent comme les autres dieux.

III

῾Ερμᾶς ὁ Περφεραῖος Αἰνέων θεός
ἔμμι τῶ φυγαίχμα

Je suis Hermès le « Très haut[1] », le dieu d'Ainos, [œuvre d'Epéiôs] qui fuit le combat[2].

Col. I

Σκάμανδ]ρος ἀγριωμένος	Le Scamandre en crue violente..
κατὰ ρβόον[3]	suivant le courant marin..
῾με δικτύοις..	dans leurs filets..
ον ὦ Παλαίμονες[4]	ô Palémons !
τὸ θηρίον..	ce monstre..
ον ὦ Παλαίμονες	ô Palémons
ἄπωθε τὸν φθόρον[5]....	loin d'ici ce fléau...

Col. II

ποτ' ἀστέρας βλ[εψ	ayant regardé vers les astres[6].
καὶ τύχ' ἀμπυρίξ[ας	et le feu s'alluma....
ἔληγ' ὁ μῦθος· καὶ	il finit de parler, et.....

1. Rapprocher un Ζεὺς Φερφερέτας en Thessalie, un Ζεὺς ῾Υπερφερέτας en Macédoine.

2. Epéios, l'auteur du cheval de Troie, apparaît déjà chez Homère comme un médiocre guerrier, et ailleurs comme un type de lâche. L'épithète de φυγαίχμας se rattache à cette tradition.

3. C'est le courant qui porte l'Hermès des bouches du Scamandre au rivage d'Ainos.

4. Mélikertès et Palaimon, les dieux marins, fils d'Athamas et d'Ino : cri de reconnaissance pour la bonne prise.

5. Exclamation de désappointement, à constater le manque de valeur de la prise.

6. De qui s'agit-il ? Le texte est ici peu intelligible.

πυρδάνω ἐπὶ λεπ[τῶ..
κἠγὼ ἔπ' ἐκείναν[
ταῖς ἐμαῖς ἐπῳδαῖς·
οἱ δ'εἶπαν....
μή τύ γ' αὖτις ἔνθῃς...
ἦ καὶ με πόντον[
ἦνθε σαυνιάστας..
ἔρριψαν αὖθι δ'ἐξ ἁλός
Π ρβαλον(?) καταγρ[
ἐκ τῆς θαλάσσας.... [2]

sur un lit de menu bois..
Et moi, sur ce bûcher, par
mes paroles magiques [1]...
Et ils dirent :
Que tu ne viennes plus ici...
Ils dirent, et pour me jeter
à la mer vint un harponneur.
Ils me jetèrent, et là même
encore ils me firent de la mer
sortir comme prise..

1. Le dieu, par sa parole magique, charme le feu et le rend impuissant.

2. La fin manque, où étaient rapportées les paroles d'Apollon, et les honneurs décernés au dieu par les pêcheurs d'Ainos.

(Section III)

Pièces lyriques. Lemmes et sommaires.

1.

Ἡ Λῆμνος τὸ παλαιὸν εἴ τις ἄλλη...

Lemnos, dans l'ancien temps, entre toutes les îles.....

Malheur de l'île de Lemnos, à la suite de l'attaque des Lemniennes contre ceux du sexe mâle, et avis aux jeunes, les ὡραῖοι.

2.

..Ἔνεστ' Ἀπόλλων τῷ χόρῳ....

...Apollon est ici, dans son chœur...

La Pannychis. Tableau d'une « Nuitée » ; invitation à l'orgie nocturne. Cf. ci-après, IV.

3.

Ἀγέτω θεός, οὐ γὰρ ἐγὼ δίχα τῶδ' ἀείδειν...

Que le dieu me guide ; sans lui je ne puis chanter..

Apothéose d'Arsinoé Philadelphe, enlevée par les Dioscures, et fondation d'un autel et d'un sanctuaire à elle dédiés. Cf. ci-après, V.

4.

Δαίμονες εὐυμνότατοι, Φοῖβέ τε καὶ Ζεῦ
Διδύμων γενάρχα....

Branchos. Dieux très célébrés, Phoibos et Zeus, pères de Didymes......

Arrivée d'Apollon de Délos au lieu du pays de Milet dit « le bois sacré », résidence du prêtre Branchos.

IV

LA NUITEE

Apollon est ici dans son chœur; j'entends le chant de la lyre ; j'aperçois les Amours, et Aphrodite aussi est là... Venez ici, pour la nuit d'orgie, de plein cœur.....

Qui fera la veille continue, jusqu'à l'heure extrême, il touchera le gâteau de sésame et le prix du cottabe ; et qui des filles lui plaira, il embrassera — et celui qu'il voudra.

IV

ΠΑΝΝΥΧΙΣ

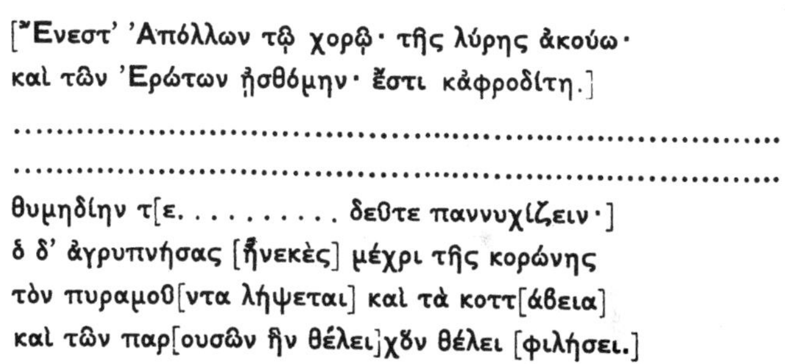

[Ἔνεστ' Ἀπόλλων τῷ χορῷ· τῆς λύρης ἀκούω·
καὶ τῶν Ἐρώτων ᾐσθόμην· ἔστι κἀφροδίτη.]

....

....

θυμηδίην τ[ε. . . . . δεῦτε παννυχίζειν·]
ὁ δ' ἀγρυπνήσας [ἥνεκὲς] μέχρι τῆς κορώνης
τὸν πυραμοῦ[ντα λήψεται] καὶ τὰ κοττ[άβεια]
καὶ τῶν παρ[ουσῶν ἣν θέλει]χὤν θέλει [φιλήσει.]

Edid. Wilamowitz, *Neues von Kallimachos*. Sitz. Ber. Preuss. Akad. d. W. 1912, I, pp. 537-539. Cf. Pfeiffer, Fragm. n. 2 et Pap. Berol. n. 13417 B.

Supplem. sunt Wilamowitzii ex Hephæst. p. 53, 10 Consbr. et Athen. XV, 668 c.

V

SUR LA MORT D'ARSINOE

Que la divinité me guide ; sans elle je ne puis chanter...

Lacune.

Jeune reine, déjà au ciel, près du Chariot.....

Lacune.

....

A elle la première en parvint la sûre nouvelle. La fumée qui décelait le bûcher et que les vents chassaient en fort tourbillon devant eux... et tout au travers de la mer de Thrace, Philôtera l'aperçut. Elle venait de quitter la Sicile et Enna — loin de Déô — et ses pieds foulaient les collines de Lemnos[1]. Ignorant ton sort, ô reine enlevée par les dieux, elle dit..... « Monte, Charis[2], sur la cime dernière de l'Athos, et regarde si tu vois les feux qui viennent de la plaine[3] ;

1. Enna, en Sicile, était un des séjours préférés de Déméter (v. *Hymne à Dém.* v. 30). Philôtéra, qui n'est plus près de Déméter dont elle est la suivante, en profite pour faire des « visites ». L'île de Lemnos, dans la mer de Thrace, était par excellence l'île d'Héphaistos.

2. Charis est déjà l'épouse d'Héphaistos dans un passage de l'*Iliade* (XVIII, 383) ; dans la tradition commune c'est Aphrodite qui tient cette place. Lucien, dans un de ses *Dialogues des dieux* (XV), admet plaisamment que si les deux femmes ne se jalousent pas, c'est que l'une a son ménage à Lemnos, et l'autre dans l'Olympe.

3. Texte et sens incertains.

V

SUR LA MORT D'ARSINOE

Berliner Sitzungsberichte, 1912, pp. 528 sqq.

Ἀγέτω θεός, οὐ γὰρ ἐγὼ δίχα τῶδ' ἀείδειν

....

tres uersus mutili

....

Νύμφα, σὺ μὲν ἀστερίαν ὑπ' ἅμαξαν ἤδη

....

...*Circa triginta uersus aut sunt ualde mutili aut plane desunt.*

....

Πρωτῇ μὲν ὧδ' ἔτυμοι κατάγο[ντο φᾶμαι.
Σαμάντριαν ἃ δὲ πυρᾶς ἐνόησ' ἰ[ωάν,
ἃν οὖλα κυλινδομέναν ἐδίωκ[ον αὖραι

....

ἦδ' ἀμ μέσα Θρηικίου κατὰ νῶτα [πόντου,
Φιλωτέρα· ἄρτι γὰρ οἱ Σικελὰ μὲν Ἔννα
κατελείπετο, Λαμνιακοὶ δ' ἐπατεῦ[ντο βουνοί,]
Δηοῦς ἀπονεισομένᾳ· σέο δ' ἦν ἄ[πυστος]
ὢ δαίμοσιν ἁρπαγίμα, φάτο δ' ἡμιδ. . .
« Ἔζευ, Χάρι, τὰν ὑπάταν ἐπ'·Ἄθω κολώ[ναν,]
ἀπὸ δ' αὔγασαι, ἐκ πεδίου τὰ πύρ' αἱ σαπ.....

1 In charta tantum α τῶδ' ἀείδειν, reliqua ex Heph. 8 (fr. 146 Schn.) || **2** In charta tantum π'ἅμαξαν ἤδη, reliqua ex eod. auct. || **3** sqq. supplementa Wil. adposuit || **10** ημιδ dubium, sine sensu || **12** αἱ σαπ.. uix sanum ; αἵ κ 'ἀπ[οπτά aut αἱ σαφανῆ coni. Wil.

qui donc est mort, quelle est la ville qui périt et qui brûle toute. J'ai peur ; va, vole ; le côté du vent te fera tout voir, avec le temps clair ; je crains du malheur pour ma Libye. » Elle dit ; et Charis s'envola sur son lieu de guette, sur la cime neigeuse qu'on dit la plus proche de l'Ourse[1] ; elle regarda vers la rive illustre du Phare ; le cœur lui manqua ; elle s'écria : « Malheur, c'est un grand malheur que ces fumées venant de votre ville amènent avec elles.....

Vers mutilés.

....

Et Charis, alors[2] : « Non, ce n'est pas pour une terre qu'il te faut pleurer, ce n'est pas ta ville qui brûle... non... une clameur sinistre vient à mes oreilles ; votre ville est toute en pleurs ; ce n'est pas pour quelqu'un de commun que le pays s'afflige ; non, c'est quelqu'un de grand que la Parque a dompté ; c'est ta propre sœur qui est morte et qu'on pleure ; où tu peux voir, les cités ont pris le noir du deuil ; le pouvoir de nos princes.....

.....*La fin manque*.....

1. L'Athos n'est pas une montagne très élevée, mais elle en impose par sa masse et l'ombre qu'elle projette. V. la description d'Apollonios, *Argon.* I, vv. 601 sqq.

2. Les vers qui suivent sont presque tous à moitié incomplets sur le papyrus ; nous traduisons *largement* le texte de Wilamowitz, qui aussi bien n'est qu'une savante hypothèse faite pour mettre en valeur les mots conservés.

τίς ἀπώλετο, τίς πολίων ὁλόκαυτος α[ἴθει.
Ἔνι μοι φόβος· ἀλλὰ ποτεῦ, νότος αὐ[τὰ δείξει,
νότος αἴθριος· ἦρά τί μοι Λιβύα κα[κοῦται; »]
Τάδ' ἔφα θεός· ἀλλ' ὁπότε σκοπιὰν ἐπ[έπτα]
χιονώδεα, τὰν ἀπέχειν ἐλάχιστ[ον ἄρκτου
ἥκει λόγος, ἐς δὲ Φάρου περίσαμο[ν ἀκτὰν
ἐσκέψατο, θυμολιπὴς ἐβόα[σε τῆνα·
« Ναὶ ναὶ μέγα δή τ[ι κακὸν. . . .
ἁ λίγνυς ἀφ' ὑμετ[έρας πόλιος φορεῖται. »

. . . .

. . . *Octo uersus mutili, sensus parum dilucidi* . . .

. . . .

οὐκ ᾖδεε· τᾷ δὲ Χάρ[ις βαρὺν εἶπε μῦθον
« Μή μοι χθονός — οὐχὶ [τεὰ Φάρος αἰθάλωται
περικλαίεο· μηδέ τι. . . .
Ἄλλα μέ τις οὐκ ἀγαθ[ὰ φάτις οὖαθ' ἥκει·]
θρῆνοι πόλιν ὑμετέρ[αν κατέχοντι πᾶσαν·]
οὐχ ὥς ἐπὶ δαμοτ[έρων δ' ὀλέθρῳ κέκοπται
χθών· ἀλλά τι τῶν μεγάλων ἐ[δάμασσε μοῖρα.]
Τάν τοι μίαν οἰχομ[ένα]ν ὁμόδελφυν [αὐτὰν
κλαίοντι· τὰ δ' ᾇ [κεν ἴ]δῃς μέλαν [ἀμφίεσται
χθονὸς ἄστεα, ν[ωιτ]έρων τὸ κράτος. . . .

. . . .

Cetera desunt.

17 ἄρκτου Wil. ἄστρων Pf.

HÉCALÉ

HÉCALÉ

On a déjà marqué d'un mot la place de l'*Hécalé* dans la carrière et dans l'œuvre de Callimaque. Le scholion au v. 106 de l'*Hymne* à *Apollon* fait de l'œuvre une réponse aux adversaires du poète. Il ne peut s'agir d'Apollonios et de ses partisans ; l'*Hécalé* est bien antérieure à la querelle des *Argonautiques*. Sous cette réserve, le dire du scholiaste peut être accepté. Mais en même temps, et beaucoup plus qu'une pièce de polémique, l'*Hécalé* est, avec les *Aitia*, le manifeste le plus éclatant de la nouvelle école littéraire. Vers antiques et pensers nouveaux, l'*Hécalé* est, à côté des *Hymnes*, un ingénieux essai d'accommodation de l'*épos* à une tournure d'esprit moderne, où, sans affectation d'une impossible naïveté, l'antique est vu du dehors, par un esprit curieux d'érudition, et qui y réintègre les sentiments communs, la vie simple et le pittoresque familier. C'est comme une transposition délicate, dans la matière et dans le ton. C'est la légende épique encore ; mais, au lieu d'une grande histoire panhellénique, un court récit, de sujet rare et peu connu, et qui tient de tout près au terroir attique, à ses traditions locales, à ses fêtes ; au lieu des héros de l'épopée et de leur humanité un peu vague, Thésée, jeune et charmant, le chasseur de fauves, au milieu des bonnes gens du pays qui l'entourent de leur chœur reconnaissant, et la douce vieille

1. Les fragments de l'*Hécalé*, anciens et nouveaux, sont rassemblés commodément, avec de nouveaux groupements, dans la dissertation d'Ida Kapp (*Callimachi Hecalae fragmenta*, Berlin, 1915). Nous donnons encore, pour les fragments anciens, les numéros de Schneider.

Hécalé, avec son hospitalité rustique et sa tendresse presque maternelle ; une antiquité amenuisée, affinée, mise à la mesure du temps ; un épique modernisé et sincère en somme, à côté de l'inutile plagiat de l'ancienne poésie que devait être la *Thébaïs* d'un Antimaque. Par-dessus tout une fantaisie peut-être un peu forcée, et dont nous discernons mal la nature et le degré de hardiesse, dans la scène de la « corneille » que nous a rendue la tablette de Vienne. L'ensemble devait être d'un charme singulier et d'une saisissante nouveauté. L'antiquité l'avait bien vu. Si les *Aitia* étaient l'œuvre maîtresse du poète, l'*Hécalé* était celle où se montrait au mieux le raffinement de la poésie callimachéenne. C'est ce que dit une épigramme de Crinagoras : « C'est de Callimaque l'*épos* raffiné, et pour qui le poète à sa Muse a lâché toutes les voiles [1]. »

Nous connaissons l'histoire de Thésée et d'Hécalé, en dehors de Callimaque et de ses imitateurs, par le seul Plutarque, qui l'a empruntée à l'historien Philochore [2]. « Theseus, qui ne voulait pas demeurer sans rien faire, et quant et quant désirait de gratifier au peuple, se partit pour aller combattre le taureau de Marathon, lequel faisait beaucoup de maux aux habitants de la contrée de Tétrapolis : et l'ayant pris vif le passa à travers la ville afin qu'il fût vu de tous les habitants, puis le sacrifia à Apollo Delphinien. Or quant à Hécalé, et à ce qu'on conte qu'elle le logea, et du bon traitement qu'elle lui fit, cela n'est pas du tout hors de vérité : car anciennement les bourgs et les villages de là autour s'assemblaient et faisaient un commun sacrifice, qu'ils appelaient Hécalésion, en l'honneur de Jupiter Hécalien, là où ils honoraient cette vieille, en l'appelant par un nom diminutif Hécaléné, pour autant que quand elle reçut en son logis Theseus, qui était encore fort jeune, elle le salua et caressa ainsi par noms diminutifs, comme les vieilles gens ont accoutumé de faire fête aux jeunes enfants : et pour ce qu'elle

1. *Anth. Pal.*, IX, 545.
2. Plut. *Thésée,* 14. Nous donnons la traduction d'Amyot.

avait voué à Jupiter de lui faire un sacrifice solennel, si Theseus retournait sain et sauf de l'affaire où il allait, et qu'elle était morte avant son retour, elle eut, en récompense de la bonne chère qu'elle lui avait faite, l'honneur que nous avons dit, par le commandement de Theseus, ainsi comme l'a écrit Philochorus. »

C'est la forme de la légende qu'a traitée Callimaque[1] ; un des fragments de Vienne montre en effet que Thésée était connu par Egée comme son fils avant même de partir pour combattre le taureau[2] ; dans une autre version Thésée, connu de la seule Médée, était envoyé à son instigation contre le monstre, dans l'espoir d'un accident fatal[3]. Il semble d'ailleurs que l'histoire de Médée et de sa tentative pour empoisonner le jeune Thésée était au moins mentionnée dans le poème[4], mais tout l'intérêt se portait sur les gestes du jeune héros et de sa vieille hôtesse.

Quelle était la marche du récit? Avec l'aide des fragments alors connus et le secours de leur imagination, Naeke et Schneider ont essayé de la reconstituer. Ils divisent le poème en dix « chapitres », faisant entrer de gré ou de force dans chacun d'eux quelques-uns des courts fragments[5]. Cette division est raisonnable ; mais le principe lui-même est faux, de cette composition à l'ancienne mode épique, procédant par développements qui s'enchaînent et vont, d'une marche régulière, de la présentation des héros, Thésée et Hécalé, aux funérailles de la bonne vieille, au travers d'une espèce de « Théséide » abrégée. La composition chez Callimaque

1. Ce qui ne veut pas dire qu'il ait puisé dans Philochore, qui paraît être exactement son contemporain ; leur source commune devait être un atthidographe antérieur.

2. V. ci-après, col. I, v. 5.

3. Apollod. *Epit.* I, 5.

4. La chose paraît assez évidente par la rédaction du début de la « diégèse » d'Hécalé sur le papyrus de Tebtynis : Θησεὺς φυγὼν τὴν ἐκ Μηδείας ἐπιβουλήν

5. Voici les titres des dix « chapitres » de Naeke : *procemium, taurus, Theseus, Hecale, hospitium, episodium, fletus, pugna, sacrum, funus.*

est plus fantaisiste et moins sage ; ce que nous en surprenons nous montre le poète procédant par tableaux successifs, passant ici très vite et là s'attardant, suivant son caprice, d'après l'intérêt ou la nouveauté que ces tableaux présentent, non d'après leur exact rapport à un ensemble honnêtement et scolairement disposé. Un tel système de composition rend vain tout essai de reconstitution, s'il entend régler le détail. Les fragments de Vienne l'ont bien montré, donnant une place importante à un développement singulier, dont on ne se serait jamais avisé qu'il pût figurer dans l'épyllion.

En dehors de ce que nous apportent les nouveaux fragments, tout ce que nous pouvons dire de certain sur la composition de l'Hécalé tient dans les indications données dans l'épigramme de Crinagoras[1] et dans le sommaire de l'œuvre callimachéenne, en trimètres iambiques[2], qu'on a lu plus haut. Trois tableaux, à tout le moins, remplissaient le poème : la *Nuit chez Hécalé* — la *Chasse* — la *Mort d'Hécalé*. Le premier devait tenir la place la plus importante dans tout l'ensemble ; là se montrait au mieux le caractère familier et pittoresque du poème[3]. Thésée était sans doute amené dans la cabane d'Hécalé par quelque intempérie ; plusieurs fragments font allusion au ciel changeant de la plaine attique. « Tant que ce fut le jour, et que la plaine s'échauffait, le ciel brilla plus clair que verre[4]. » « (La nuée) se fixa au sommet de l'Aigaléos, amenant une pluie forte[5]. » « L'assaut violent du Borée de Thrace[6]. » Il semble que Thésée entrait alors dans la hutte de la bonne Hécalé, que

1. ἀείδει δ'Ἑκάλης τε φιλοξείνοιο καλιήν
 καὶ Θησεῖ Μαραθὼν οὓς ἐπέθηκε πόνους (*Anth. Pal.* IX, 546).

2. V. p. 21, n. 2.

3. Imité par Ovide dans l'histoire de Philémon et Baucis, *Met.* VIII, v. 611 et suiv.

4. ὄφρα μὲν οὖν ἔνδιος ἔην ἔτι, θέρμετο δὲ χθών,
 τόφρα δ'ἔην ὑάλοιο φαάντερος οὐρανὸς ἤνοψ. (Fr. an. 24 Schn.).

5. ἐπιπρὸ δὲ μᾶσσον ἐπ' ἄκρου
 Αἰγαλέω θυμόεντος ἄγων μέγαν ὑετὸν ἔστη. (Fr. an. 46 Schn.).

6. ἡ δ'ἀπὸ Μηρισοῖο θοὴ βορέαο καταῖξ. (Fr. an. 32 Schn.).

« tous les passants honoraient pour son hospitalité ; son toit n'était jamais clos [1]. » Il y « secouait ses vêtements trempés [2]. » Hécalé le « faisait asseoir sur son grabat [3] », « enlevait le bois mort et les souillures du foyer [4]. » Puis c'était la préparation du repas, une bête grasse peut-être, une *polenta*, « nature, non épurée par la main de l'esclave [5] », des olives de toutes espèces, « celle qui mûrit sur l'arbre, et celle qu'on abat, et celle d'automne, qu'on met tremper dans la saumure [6] », des verdures ; enfin « elle prend dans la huche de ces pains que les femmes y déposent pour les bouviers, quand ils demandent le repas du soir, au retour du travail [7]. »

Une autre partie du tableau de la *Nuit chez Hécalé* était remplie par les conversations du jeune homme et de son hôtesse. Le fait est assuré maintenant par quelques mots d'un papyrus très mutilé, publié par la Société Italienne de papyrologie : « Je vais à Marathon... (tu sais maintenant) ce que tu m'as demandé... et toi, bonne mère, (dis-moi aussi) ce qu'il est de mon désir d'entendre de toi, (comment) tu habites en ce lieu désert..., quelle est ta race [8]. » La vieille Hécalé disait à son interlocuteur quelque chose de sa vie et des circonstances qui l'avaient amenée dans ce coin de la campagne attique : « Je ne suis point pauvre de naissance,

1. τῖον δέ ἑ πάντες ὁδῖται
ἦρα φιλοξενίης · ἔχε γὰρ τέγος ἀκλήιστον. (Fr. 41 Schn.).
2. διερὴν δ'ἀπεσείσατο λαίφην. (Fr. 245 Schn.).
3. τὸν μὲν ἐπ' ἀσκάντην κάθισεν. (Fr. 237 Schn.).
4. σὺν δ'ἄμυδις φορυτόν τε καὶ ἴπνια λύματ'ἄειρεν. (Fr. 216 Schn.).
5. εἰκαίην, τῆς οὐδὲν ἀπεὔρασε φαῦλον ἀλετρίς. (Fr. 232 Schn.).
6. γεργέριμον πίτυρίν τε καὶ ἣν ἀπεθήκατο λευκὴν
εἰν ἁλὶ νήχεσθαι φθινοπωρίδα. (Fr. 50 Schn.).
7. ἐκ δ'ἄρτους σιπύηθεν ἅλις κατέθηκεν ἑλοῦσα,
οἵους βωνίτῃσιν ἐνικρύπτουσι γυναῖκες
δείελον αἰτίζουσιν, ἄγουσι δὲ χεῖρας ἀπ' ἔργου. (Fr. 454, 157, 190 Schn.).
8. Nous *résumons* ainsi le fragment publié dans les *Papiri della Societa Italiana*, II, 133, avec les compléments de Vitelli.

je ne tiens pas de mes aïeux la misère [1]. » Mais les fragments qui subsistent de son discours sont peu nombreux et peu clairs. De même quant à Thésée ; il est au moins douteux que les quelques vers conservés qui font allusion soit à l'histoire d'Egée cachant sous un rocher le glaive et les sandales qui lui permettront de reconnaître un jour son fils [2], soit aux exploits de Thésée [3], aient été mis par le poète dans la bouche du jeune héros ; on dirait plutôt d'une narration indépendante, à laquelle peut se rapporter aussi le fragment de quatre mots, « arrête, mon enfant, ne bois pas [4]... », qui semble avoir trait à la tentative d'empoisonnement sur le fils d'Egée. — Thésée passait la nuit dans la hutte d'Hécalé, qui sans doute lui cédait sa propre couche : « Je coucherai au fond de la cabane ; j'ai là un lit préparé [5]. » Il partait le lendemain pour le lieu du combat.

La *Nuit chez Hécalé* devait être le morceau le plus célèbre de l'épyllion ; un grand nombre de citations de grammairiens et de lexicographes s'y rapportent. Du tableau de la *Chasse de Thésée* on n'avait, par la même source, que deux ou trois fragments de vers, qui nous montrent par exemple la bête « frappant vainement les airs de ses cornes [6]. » Thésée les saisissait et domptait le taureau ; il « le traînait, et l'animal récalcitrant suivait [7]. » Ici se placent les fragments gravés sur une tablette de bois trouvée en Egypte, et publiés par Gomperz dans une collection viennoise [8]. Les fragments

1. οὐ γάρ μοι πενίη πατρώιος, οὐδ' ἀπὸ πάππων
εἰμὶ λιπερνῆτις.... (Fr. 66 Schn.).
2. Fr. 51 a, 313, an. 331 Schn.
3. Fr. 378, 143, an. 20 Schn.
4. ἴσχε τέκος, μὴ πῖθι. (Fr. 510 Schn.).
5. λέξομαι ἐν μυχάτῳ· κλισίη δέ μοί ἐστιν ἑτοίμη.
(Fr. an. 35 Schn.).
6. πολλὰ μάτην κεράεσσιν ἐς ἠέρα θυμήναντα.
(Fr. an. 389 Schn.).
7. ὃ μὲν εἷλκεν, ὃ δ' εἵπετο νωθρὸς ὁδίτης. (Fr. 275 Schn.).
8. Gomperz, *Aus der Hekale des Kallimachos*, dans les *Mittheilungen* de la collection des papyrus Rainer, VI, 1897 (reproduit dans *Hellenika*, II, pp. 273 et suiv.) = fr. 34 Pf.

sont disposés sur quatre colonnes, dont la partie supérieure, une quinzaine de vers au maximum, est seule conservée ; la partie inférieure, non subsistante, contenait une vingtaine de vers. On admet que les quatre colonnes se succèdent bien dans l'ordre même du récit. Certains tiennent pourtant que la première constituerait au contraire, avec le récit du combat, la fin de l'*épyllion*.

C'est d'abord la description du retour triomphal de Thésée, salué par les acclamations des paysans, et envoyant à la ville un messager pour rassurer son père Egée : col. I. Puis la fantaisie du poète se donnait carrière libre et soudaine. Avec la colonne 2 nous sommes en plein dans un long discours tenu *par une corneille,* discours qui va jusqu'au vers 7 de la colonne 4, et dont l'ensemble ne tenait ainsi pas beaucoup moins de 100 vers. Dans les colonnes 2 et 3 — celle-ci très mutilée — c'est l'histoire de la corneille encourant l'ire d'Athéna pour avoir révélé à la déesse la désobéissance des filles de Cécrops ; dans la colonne 4, celle, racontée par la corneille elle-même, du corbeau puni par Apollon pour lui avoir appris l'infidélité de Coronis. Comment s'enchaînait ce tableau fantaisiste à celui du triomphe de Thésée ? On ne saurait le dire. Sommes-nous, par lui, ramenés auprès d'Hécalé ? Le v. 8 de la colonne 4 parle, à côté de la corneille loquace, de celle qui l'entend, τὴν δ'ἀίουσαν. Ce peut être Hécalé, dont la corneille aurait été l'oiseau familier ; mais on a été jusqu'à penser que l'interlocutrice de la corneille serait un oiseau aussi, et oiseau encore le στιβήεις ἄγγ̣ουρ̣ος qui vient réveiller les dormeuses et fait une description piquante de la ville qui s'éveille [1]. C'est peut-être exagérer la fantaisie.

La pièce finissait par le tableau de la *Mort d'Hécalé,* retrouvée par Thésée sur son bûcher funèbre. « Quelle est cette tombe, où vous vous tenez [2] » ? Un fragment nous a con-

1. C'est l'interprétation de Wilamowitz (*Nachrichten* de Göttingue, 1893, p. 735).
2. παραὶ τίνος ἠρίον ἔστατε τοῦτο ; (Fr. 251 Sch.).

servé le dernier mot d'adieu. « Va, femme douce entre les femmes ; va ton chemin, par où ne passent plus les soucis accablants. Bien des fois, bonne mère, nous nous rappellerons ta hutte hospitalière ; c'était l'abri ouvert à tous [1]. »

Quelques fragments restent sans place déterminée dans le poème. Les uns font allusion à des fêtes ou à des traditions religieuses : ainsi à une immunité singulière des habitants de la ville d'Hermioné en Arcadie : « Dans cette seule ville les morts ne paient pas le prix de leur passage, la monnaie qu'il est d'usage de placer dans la bouche des morts pour la traversée sur la nef de l'Achéron [2]. » D'autres sont des pensées générales. « La Divinité n'a pas accordé aux tristes mortels de jamais rire sans pleurer [3]. » D'autres enfin semblent être des vers de polémique religieuse ou littéraire. Ici le poète parle, de façon assez énigmatique, de « ceux qui distinguent Apollon du puissant Hélios, et l'agile fille de Déméter d'Artémis [4]. » Là de ceux qui « aiment le même astre et le haïssent ; ils l'aiment comme astre du couchant ; ils le détestent comme astre du levant [5]. » Faut-il voir dans ces deux derniers vers une allusion aux polémiques soutenues par Callimaque et à l'instabilité des amitiés ou des inimitiés littéraires [6] ? C'est douteux. Naeke et Schneider suppo-

1. ἴθι, πρηεῖα γυναικῶν,
τὴν ὁδόν, ἣν ἀνίαι θυμαλγέες οὐ περόωσιν·
πολλάκι σῆς, ὦ μαῖα, φιλοξείνοιο καλιῆς
μνησόμεθα· ξυνὸν γὰρ ἐπαύλιον ἔσκεν ἅπασιν.
(Fr. 131 Schn.).

2. τοὔνεκα καὶ νέκυες πορθμήιον οὔτι φέρονται
μούνῃ ἐνὶ πτολίων, ὅ τε τέθμιον οἰσέμεν ἄλλους
ἐν στομάτεσσι νεὼς Ἀχερουσιάδος ἐπίβαθρον
ἀνθρώπους δανάκην. (Fr. 110 Schn.).

3. ἐπεὶ θεὸς οὐδὲ γελάσσαι
ἀκλαυτὶ μερόπεσσιν ὀιζυροῖσιν ἔδωκε. (Fr. 418 Schn.).

4. Οἳ νυ καὶ Ἀπόλλωνα παναρκέος Ἠελίοιο
χῶρι διατμήγουσι καὶ εὔποδα Δηωίνην
Ἀρτέμιδος... (Fr. 48 Schn.).

5. αὐτοὶ μὲν φιλέουσ', αὐτοὶ δέ τε πεφρίκασιν·
ἑσπέριον φιλέουσιν, ἀτὰρ στυγέουσιν ἑῷον. (Fr. 52 Schn.).

6. Cf. sur ce point Legrand, *Rev. des Et. Grecques*, 1894, p. 281.

saient que l'épyllion débutait par un prologue polémique où ces vers, et d'autres fragments, auraient eu leur place. L'hypothèse est aussi fragile pour l'*Hécalé* que pour les *Aitia*[1].

Nous donnons ici les fragments de Vienne, sans reproduire toute la troisième colonne, extrêmement mutilée. Nous suivons d'ailleurs la même règle que pour la transcription des papyrus (v. plus haut, p. 53).

1. Notons enfin que le papyrus des Διηγήσεις de Tebtynis nous fait connaître le *premier* vers de l'Hécalé : « Une femme d'Attique habitait autrefois sur le sol d'Erechthée... »
Ἀκταίη τις ἔναιεν Ἐρεχθέος ἔν ποτε γουνῷ...

HECALE

Fragment de Vienne sur tablette de bois ; le texte est écrit sur quatre colonnes.

Col. I

... Il avait fixé [à l'arbre] une autre [corde] et son épée [1]. Ils l'aperçurent, et tous eurent frayeur, et tous reculèrent, à voir en face l'homme à la haute stature et la bête énorme. Mais Thésée, de loin, leur clama ces mots : « Restez, soyez sans crainte : que l'un de vous coure à la ville, messager rapide ; qu'il aille dire à mon père Egée — remède à son dur souci — « Thésée n'est pas loin — oui, Thésée que vous voyez [2] — il amène le taureau vivant de la plaine humide de Marathon. » Il dit, et à l'ouïr tous crièrent Ié Paian, et ils restaient là. Non, le Notos n'épand pas une telle jonchée de feuilles, ni le Borée, ni le mois même qui effeuille les arbres, comme faisaient les campagnards aux pieds de Thésée ; ils l'entouraient de leur chœur, les femmes... le couronnaient de leurs ceintures....

1. Les compléments sont incertains ; mais sur les vases peints qui représentent la scène on aperçoit presque toujours l'arbre qui fait le fond du tableau (p. ex. S. Reinach, *Répertoire* de vases, I, pp. 339, 531, 532) ; on y voit aussi la corde (*ibid.*, pp. 529, 531) et l'épée (*ibid.*, p. 529), ou même enfin corde et épée sont suspendues à l'arbre (*ibid.*, II, p. 83, 3).

2. Ces mots s'adressent aux paysans, qui ne connaissent pas encore Thésée comme tel.

ΕΚΑΛΗ

Fragmentum Vindobonense, in tabula lignea quatuor columnarum.

Col. I

... ἑτέρην περίαπτε καὶ εἰν ἄορ ἧκεν·
ὡς ἴδον, [ὥς] ἅμα πάντες ὑπ[έτρ]εσαν ἠδ' [ἐλίασ]θεν
ἄνδρα μέγαν καὶ θῆρα πελώριον ἄντα ἰδέσθαι,
μέσφ' ὅτε δὴ Θησεύς φιν ἀπόπροθι μακρὸν ἄυσε·
« Μίμνετε θαρσήεντες, ἐμῷ δέ τις Αἰγέϊ πατρί
νεύμενος ὅς τ' ὤκιστος ἐς ἄστυρον ἀγγελιώτης
ὧς ἐνέποι — πολέων κεν ἀναψύξειε μεριμνέων —
« Θησεὺς οὐχ ἑκὰς οὗτος, ἀπ' εὐύδρου Μαραθῶνος
ζωὸν ἄγων τὸν ταῦρον. » Ὣς μὲν φάτο, τοὶ δ' ἀίοντες
πάντες ἰὴ παιῆον ἀνέκλαγον, αὖθι δὲ μίμνον.
Οὐχὶ νότος τόσσην γε χύσιν κατεχεύατο φύλλων,
οὐ βορέης οὐδ' αὐτὸς ὅτ' ἔπλετο φυλλοχόος μείς,
ὅσσα τότ' ἀγρῶσται περί τ' ἀμφί τε Θησέϊ βάλλον,
[οἵ μιν ἐκυκλώσα]ντο περισταδόν, αἱ δὲ γυναῖκες
[.....στόρνῃσιν ἀνέστεφον....]

2 ὡς ἅμα a compluribus propositum : in tabula ὡς deest ; οἵ δ' Gomperz || ὑπέτρεσαν et ἐλίασθεν Gomperz : in tabula nihil nisi θεν || **5** τις Gomperz : δις || **6** ὅς τ' Gomperz ex Suida s. u. ἄστυρον (= fr. 288 Schneider) : ωστ' || **8** οὐχ ἑκὰς οὗτος Sudhaus : ουχουτος cum εκτας superscripto || **14** οἵ μ. ἐ. Gomperz : in tabula nihil nisi ντο || περισταδόν Gomperz : περιστατον || **15** στόρν. ἀνέστ. Gomperz ex fr. anon. 59 Schneider : in tabula desunt.

Col. II

... Pallas dans la ciste l'avait déposé, l'antique rejeton d'Héphaistos, en mystère, en secret[1], jusqu'au jour qu'elle plaça en terre attique le rocher qui devait défendre les fils de Cécrops[2] ; de par mon âge je n'ai pu le voir ni le connaître ; mais on disait ainsi, chez les oiseaux du vieux temps, que Gaia l'avait engendré par les œuvres d'Héphaistos. Lors donc, pour faire un rempart à sa terre, à la terre que venait de lui donner le suffrage de Zeus et des douze dieux, et le témoignage de l'homme-serpent[3], lors elle s'en vint à Pellène d'Achaïe ; et les filles gardiennes de la ciste conçurent mauvais dessein...... et d'en défaire les liens.

Col. III

Texte très mutilé et intraduisible, sauf les derniers mots.

... Lourde est l'ire d'Athéna. Moi j'étais bien jeune alors — maintenant je suis la huitième génération, mes parents sont la dixième[4].

Col. IV

Ce sera soir, ou nuit, jour ou matin, que le corbeau, dont le teint aujourd'hui défie les cygnes, ou l'éclat du

1. Une *corneille* raconte l'histoire d'Erichthonios, ici le fils de la Terre et d'Héphaistos. Notre traduction commence au v. 2 du fragment, ἀλλά ἑ Παλλάς...

2. La légende racontait qu'Athéna était allée chercher un rocher pour le mettre devant l'Acropole, et qu'apprenant à son retour la désobéissance des filles de Cécrops, elle laissa, de dépit, tomber son fardeau où elle se trouvait ; ce fut le Lycabette.

3. Cécrops, représenté moitié homme et moitié serpent (S. Reinach, *Rép.* I, p. 113). Allusion à la querelle d'Athéna et de Poseidon pour la possession de l'Attique.

4. Dans la partie mutilée, la corneille racontait comment Athéna avait puni ses aïeules, mauvaises messagères de la faute des Cécropides. Egée est précisément, depuis Cécrops, le huitième roi mythique d'Athènes.

Col. II

. . .καί ῥ' ὅτ' ἐπόφθη. . . . . ἐφ' δν ἄν τιν' ἕκαστοι
Οὐρανίδαι ἐπάγοιεν ἐμῷ πτερῷ, ἀλλά ἑ Παλλάς
τῆς μὲν ἔσω δηναιὸν † ἀφῆ δρόσον Ἡφαίστοιο,
μέσφ' ὅτε Κεκροπίδῃσιν ἐπ' Ἀκτῇ θήκατο λᾶαν,
λάθριον ἄρρητον, γενεῇ δ' ὅθεν οὔτε νιν ἔγνων
οὔτ' ἐδάην, φήμη δὲ κατ' ὠγυγίους † εφαναυται
οἰωνούς, ὡς δῆθεν ὑφ' Ἡφαίστῳ τέκεν Αἶα.
Τουτάκι δ' ἡ μὲν ἑῆς ἔρυμα χθονὸς ὄφρα βάλοιτο,
τήν ῥα νέον ψήφῳ τε Διὸς δυοκαίδεκα τ' ἄλλων
ἀθανάτων ὄφιός τε κατέλλαβε μαρτυρίῃσιν,
Πελλήνην ἐφίκανεν Ἀχαιίδα· τόφρα δὲ κοῦραι
αἱ φυλακοὶ κακὸν ἔργον ἐπεφράσσαντο τελέσσαι,
κίστης . . . . δεσμά τ' ἀνεῖσαι. . .

1-3 locus valde corruptus, sensus incertus ; post ἐπόφθη et ἐφ' in textu? posuit Gomperz ; ἀφῆ obscurum || **4** δηναιὸν Gomperz : δηναιων || **5** οὔτε Wilamowitz : οὐδέ || **6** ὠγυγίους Gomperz : ωγαγιους || in fine uersus fortasse φῆμαι... ἔφαν αὐταί. πεφάτισται Wilamowitz || **8** τουτάκι Gomperz : ταυτακι || **9** τε Gomperz : δε

Col. III

In hac columna omnia lectu difficillima, mutila atque incerta. In fine haec ferme sunt, a Gomperz et Wessely restituta.

. . . βαρὺς χόλος αἰὲν Ἀθήνης·
αὐτὰρ ἐγὼ τυτθὸς παρέην γόνος· ὀγδοάτη γάρ
ἤδη μοι γενεὴ πέλεται, δεκάτη δὲ τοκεῦσι. . .

Col. IV

....

δείελος ἀλλ' ἢ νὺξ ἢ ἔνδιος ἢ ἔσετ' ἠώς,
εὖτε κόραξ, ὅς νῦν γε καὶ ἂν κύκνοισιν ἐρίζοι

1 δείελος Gomperz : ...ελος.

lait, ou la pure blancheur de la vague, verra ses ailes lugubrement couvertes d'un noir de poix [1]. Ce sera le salaire payé par Phoibos au messager de malheur, quand il tiendra de lui le crime néfaste de Coronis, la fille de Phlégyas, et qu'elle a suivi Ischys, le dompteur de chevaux. » Ainsi, l'une parlant, l'autre écoutant, le sommeil les prit. Mais ce ne fut pour longtemps ; car bien vite survint le voisin, poudré de givre [2]. « Allons, les mains du filou ne sont plus en chasse ; déjà la lampe du matin s'éclaire ; le porteur d'eau chante son refrain ; qui a sa maison sur la rue s'éveille au grincement de l'essieu sous le chariot ; et les gars de la forge, pour le supplice des gens, à coups pressés, assourdissent les oreilles... »

1. La même histoire est racontée par Ovide, Met. II. vv. 531 sqq.
2. Suit une piquante description — par un *oiseau*, à ce que croit Wilamowitz — au milieu de la campagne attique, du réveil matinal de la ville, Athènes.... ou Alexandrie.

καὶ γάλακι χροιὴν καὶ κύματος ἄκρῳ ἀώτῳ,
κυάνεον φὴ πίσσαν ἐπὶ πτερὸν οὐλοὸν ἕξει,
ἀγγελίης ἐπίχειρα τά οἵ ποτε Φοῖβος ὀπάσσει,
ὁππότε κεν Φλεγύαο Κορωνίδος ἀμφὶ θυγατρὸς
Ἴσχυι πληξίππῳ σπομένης μιερόν τι πύθηται. »
Τὴν μὲν ἄρ' ὣς φαμένην ὕπνος λάβε, τὴν δ' ἀίουσαν·
καδδραθέτην δ' οὐ πολλὸν ἐπὶ χρόνον, αἶψα γὰρ ἦλθεν
στιβήεις ἄγχουρος· « Ἴτ', οὐκέτι χεῖρες ἔπαγροι
φιλητέων· ἤδη γὰρ ἑωθινὰ λύχνα φαείνει·
ἀείδει καί πού τις ἀνὴρ ὑδατηγὸς ἱμαῖον·
ἔγρει καί τιν' ἔχοντα παρὰ πλόον οἴκιον ἄξων
τετριγὼς ὑπ' ἄμαξαν, ἀνιάζουσι δὲ πυκνοὶ
[δμῶ]οι χαλκῆες, κωφώμενοι ἔν[δον] ἀκουήν...

7 μιερόν : fortasse μιαρόν || **15** δμῶοι Gomperz || ἔνδον Gomperz

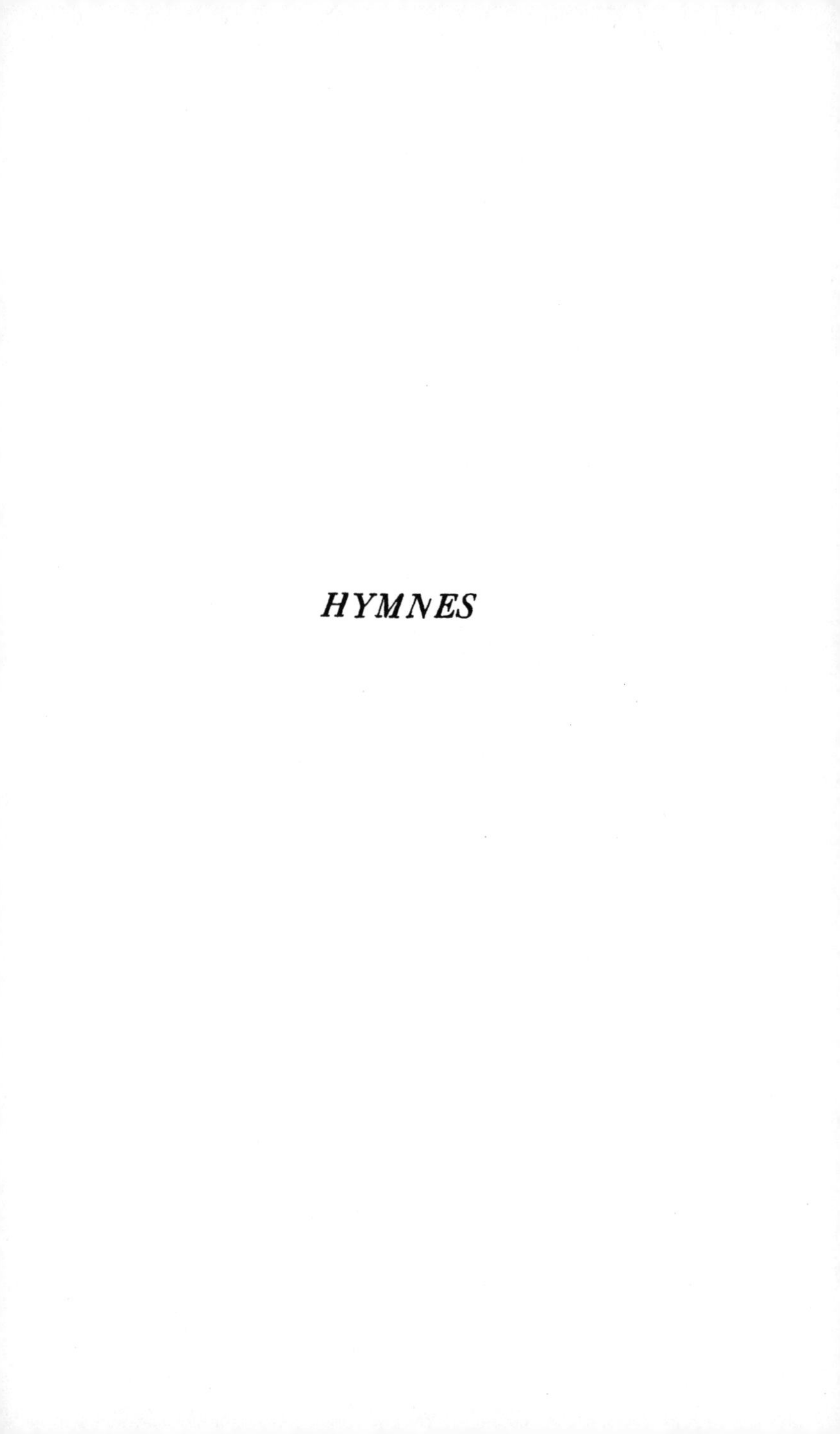

HYMNES

INDEX SIGLORVM

A = Cod. Vaticanus 1691, s. XV.
B = Cod. Vaticanus 36, s. XV.
C = Cod. Marcianus 480, s. XV.
E = Cod. Parisinus 2763, s. XV.
Π = Cod. Parisinus, Suppl. Gr. 1095, s. XV.
Q = Cod. Estensis E 11, s. XV.
F = Cod. Ambrosianus B 98, s. XV.
Ath. = Cod. Athous Laurae 587, s. XIV (?).
S = Cod. Matritensis N 24, s. XV.
Lasc. = ed. princeps a Lascari parata, anno 1494, descripta e cod. Laurentiano XXXII, 45, s. XV.
Taurin. = Cod. Taurinensis B. V, 26, s. XVI, e Lasc. descriptus.
recc. = Codd. recentiores, s. XV et XVI.
Wil. = Wilamowitz-Moellendorff, *Callimachi Hymni et Epigrammata*, Berlin (1882, 1896), 1907.

HYMNES

Le recueil des *Hymnes* de Callimaque comprend les six hymnes *à Zeus, à Apollon, à Artémis, à Délos, pour le bain de Pallas, à Déméter*. Les quatre premiers et le dernier sont en hexamètres ; le cinquième, les *Loutra Pallados,* en vers élégiaques. D'autre part les hymnes I-IV sont écrits en dialecte épico-ionien ; les hymnes V et VI en un dorien littéraire, assez analogue à celui de Théocrite. Ces différences extérieures mises à part, les six pièces ne sont pas d'un type identique ni même très analogue. Conception du sujet, composition, ton général, circonstances possibles de la récitation, tout varie de l'une à l'autre. On trouvera donc, en tête de chaque pièce, quelques renseignements utiles. Mais ce n'est pas à dire que quelques remarques d'ensemble ne puissent s'appliquer à tous ces morceaux poétiques : elles sont surtout d'ordre littéraire.

Il faut, certes, regretter que le hasard des survivances ait favorisé les *Hymnes* aux dépens des *Aitia* ou de l'*Hécalé,* œuvres maîtresses, sans conteste, du poète cyrénéen. Cependant les *Hymnes* sont des pièces intéressantes, qui découvrent beaucoup du talent de Callimaque. Leur mérite le plus évident est la nouveauté, l'originalité de leur conception. Ces *Hymnes* sont une œuvre unique dans la poésie grecque ; rien ne leur ressemble ; c'est, à tout le moins, un *essai* ingénieux et hardi. Le dessin le plus extérieur, avec, le plus souvent, le mètre et le dialecte, est celui des hymnes homériques ; mais la matière et le sentiment sont tout différents, et viennent d'ailleurs. L'hymne homérique est ou un simple prélude à une récitation épique plus étendue, ou un récit épique des légendes divines. Ecrit peut-être à l'occasion des fêtes religieuses et pour leur public, il est sans rapports avec la religion et le cérémonial. La matière et la composition y sont *épiques,* comme le mètre et la langue. Chez Callimaque elles sont *lyriques*. Le développement peut bien comporter des parties narratives ; mais, progressant le plus souvent par tableaux successifs, où le poète s'attarde ou se hâte, non par la simple et régulière démarche épique, il sert à l'expression de sentiments religieux ou patriotiques, et se tient souvent très près du rituel et de la cérémonie religieuse elle-même. Le contenu de l'hymne callimachéen — l'hymne *à Zeus* est à part dans la collection — est analogue, plutôt qu'à celui de l'hymne homérique, à celui même des cantates exécutées réellement dans les cérémonies, et qui étaient devenues matière à compositions banales : il est seulement beaucoup plus riche. L'idée de Callimaque [1] a été de créer à côté de ce lyrisme *chanté,* trop commun et usé, sans rapport avec l'esprit littéraire du temps, un lyrisme *récité,* d'un enthousiasme plus ordonné et moins factice, d'un sentiment extérieurement moins exalté, et intimement plus original et plus sincère : lyrisme destiné, sinon à s'insérer effectivement dans le rituel, du moins à se développer à côté de lui et sous sa directe influence en libre ἐπίδειξις. L'hymne de Callimaque n'est pas un simple divertissement littéraire. Si aucune de ces pièces ne paraît avoir été récitée *au cours* d'une cérémonie religieuse [2], chacune d'elles aussi — l'hymne I toujours mis à part — s'applique et s'adapte à quelque fête, ou à un certain rituel,

1. Du moins nous ne la trouvons entièrement réalisée que chez lui, de façon indépendante et dans sa pleine forme littéraire. Mais l'hymne à Adonis, dans les *Syracusaines* de Théocrite, est d'inspiration analogue.

2. Sur ce point, et d'une manière générale sur la destination des *Hymnes* de Callimaque, voir l'article de Legrand, *Rev. des Et. anc.* 1901, pp. 281 et suiv.

et ne se comprend pas à part d'eux. Il fallait trouver la forme convenable à ce lyrisme nouveau. Le poète semble avoir une fois essayé l'élégiaque, dans les *Loutra* ; mais l'ἐλεγεῖον était un moyen d'expression trop grêle et menu pour le développement lyrico-religieux. Le vers épique lui donnait plus de largeur et le soutenait mieux ; il l'y adapta. Il eut quelquefois une autre hardiesse ; il fit que le développement lyrique suivît la marche même du rituel, que la récitation marquât les temps de la cérémonie ou d'une partie de la cérémonie qui s'était déroulée ou allait se dérouler au jour sacré ; ainsi un élément dramatique, et comme de mise en scène, se joignait à l'épique et au lyrique. C'est ce qu'on voit dans les hymnes V et VI, et encore dans le bel hymne *à Apollon,* où les trois thèmes, religieux, patriotique et rituel, se mêlent sans désordre, dans un ensemble hardiment combiné. Ce rapprochement de la forme épique, de la matière lyrique, et quelquefois d'une ordonnance dramatique, fait l'hymne callimachéen.

D'une pièce à l'autre la combinaison varie ; ni les éléments ne sont toujours les mêmes, ni la même toujours leur relative importance. La disposition dramatique n'apparaît que dans les hymnes à *Apollon* et à *Déméter,* et dans les *Loutra.* Et telle pièce est plus épique, telle autre plus lyrique. Mais notons encore ici les traits communs. C'est l'érudition d'abord : la science mythologique du poète et son goût pour la recherche étiologique se retrouvent à chaque pas. Cette érudition d'ailleurs ne surcharge pas le texte au point d'en exclure la poésie. Il y a beaucoup de « faits » mythologiques dans ces pièces ; ils sont loin de les remplir ; il y a autour d'eux du pittoresque et de l'invention. Ils ne sont jamais d'ailleurs d'une science absconse et qui tourne au rébus et à l'énigme ; l'interprétation des *Hymnes* ne pose guère de questions insolubles ; il y a, tout à l'avantage du poète, un abîme entre lui et un Lycophron. Et d'ailleurs l'érudition elle-même concourt au pittoresque. Le sentiment que ce qui est ancien, primitif, est prenant pour l'imagination, que les noms anciens eux-mêmes, par delà les nouveaux, la mettent en branle et lui donnent la *sensation* de l'antique, est une nouveauté de l'art callimachéen, point tant éloigné, à ce point de vue, de celui de nos romantiques ou de nos parnassiens. Trait commun encore à toutes ces pièces : un sentiment religieux complexe et bien particulier. Il n'a plus rien de la gravité et de la simplicité de l'âge classique. C'est de la religiosité plutôt que de la religion. C'est d'abord, à l'égard des mythes et des histoires divines, une attitude de curiosité et d'humour. Mais c'est aussi un certain sentiment du religieux et du divin, et particulièrement de l'état mystique d'enthousiasme et de crainte que provoque chez les fidèles d'Apollon, d'Athéna ou de Déméter, l'ἐπιδημία de la divinité, l'attente de sa présence à la fois salutaire et redoutable. A tous ces éléments d'intérêt d'un art très nouveau joignons-en d'autres : les interventions personnelles du poète, une forme variée où les tableaux pittoresques — Artémis chez les Cyclopes — alternent avec les plaisants — Artémis et le glouton Héraclès — les tableaux puissants — les erreurs de Létô — avec les gracieux — le sommeil d'Iris sous le trône d'Héra ; une histoire comme celle d'Erysichthon, d'une ironie familière et cruelle, avec une histoire tragique, comme celle de Tirésias. Joignons-y enfin un élément dernier : une langue très composite, où tout le passé poétique de l'Hellade, épique, lyrique, tragique, reparaît en une bigarrure compliquée ; nous aurons quelque idée d'une œuvre qui est une tentative originale, qui peut ne pas satisfaire à toutes les exigences du goût, mais qui est bien faite pour exciter l'attention et l'intérêt. Elle est en tout cas à l'opposé de ce qu'il semble que, par un certain préjugé, on ait quelquefois voulu voir en elle : une poésie froide ou terne.

I

HYMNE A ZEUS

L'Hymne *à Zeus* est assez différent de toutes les autres pièces du recueil. C'est de tous le moins *religieux* ; à part l'insignifiante indication παρὰ σπονδῇσιν, il n'est fait aucune allusion à un détail de rituel ; nous sommes très loin du culte. Une discussion érudite sur la naissance et la jeunesse de Zeus, et un éloge de Ptolémée, favori du maître des dieux, qui est en même temps celui des princes de la terre, c'est là tout l'hymne ; on passe d'un développement à l'autre par l'idée de la *sagesse et de la force précoces* de Zeus, qui lui ont valu sa royauté. Le thème essentiel, et vers qui se dirige tout le développement, est le second ; il s'agit en somme moins du dieu que du roi. Ce n'est pas que, comme on l'a quelquefois prétendu, Zeus soit ici comme une figuration symbolique de Ptolémée ; cette exégèse, d'après laquelle les divinités des *Hymnes* représenteraient les princes ou princesses de la famille royale, charge inutilement ces textes, sous le couvert de la subtilité alexandrine, de complications imaginaires. Au contraire le poète marque bien, dans toute la deuxième partie de l'hymne, la subordination des souverains de la terre au souverain du ciel. Subordination fort honorable d'ailleurs ; l'hymne *à Zeus* est comme une ébauche poétique d'une théorie du droit divin des rois. Mais enfin il n'est pas douteux que l'éloge de Ptolémée ait été au point de départ de la conception du poète, et que ce soit pour lui qu'il a écrit son hymne. Seulement, au lieu de présenter cet éloge sous forme directe et comme brutale, il s'est plu à l'amener habilement comme une conclusion naturelle à un développement de mythologie érudite. En somme il n'y a rien là qui s'accorde à une fête religieuse ; tout, au contraire, convient à un banquet ou à quelque réunion de savants alexandrins ; pour eux la discussion, d'une science pittoresque, sur la naissance de Zeus et son enfance crétoise, avec le tableau curieux de l'Arcadie « préhistorique » — Callimaque avait écrit sur l'Arcadie — pour eux l'éloge du souverain protecteur des lettrés, auxquels il pourra faire quelque part de l'ἄφενος que Zeus lui assure. La pièce est d'ailleurs intéressante, d'une brièveté élégante, d'une sobriété et quelquefois d'une fermeté de style qu'on ne retrouve pas au même degré dans les autres hymnes. La composition en est habile, et la disparate des deux parties ingénieusement dissimulée par des indications qui, de loin, font transition de l'une à l'autre. Et enfin érudition et flatterie courtisanesque y sont nuancées d'une teinte d'humour, qui donne le ton général.

On a beaucoup discuté sur la date de l'hymne [1]. Il est évident qu'il est de Callimaque jeune, avant son accession définitive à la cour, et s'adresse à un Ptolémée *jeune* aussi, comme *jeune* est le dieu dont on célèbre la valeur précoce ; les mots ἔτι παιδνὸς ἐὼν ἐφράσσαο πάντα τέλεια sont la clé de toute la pièce. Elle est donc des premières années de Philadelphe. On a beaucoup écrit sur le v. 59, qu'on rapporte aux querelles de Philadelphe et de ses frères, et à

1. La question de la *date* a donné lieu, pour chacun des *Hymnes*, à de longues discussions. Il n'y a guère d'autre élément pour la fixer que le texte lui-même. Chacun tire à son opinion des indications souvent insignifiantes, et la divergence des opinions, émanant toutes d'érudits consciencieux, est faite pour inspirer quelque scepticisme. Nous indiquons les dates qui nous paraissent vraisemblables. Nous ne pouvons, ici au moins, entrer dans le détail de la discussion ; nous renvoyons, une fois pour toutes, au livre de Couat sur la *Poésie alexandrine*, et, entre autres études particulières, à celle de B. Ehrlich, *De Callim. hymnis quaest. chronol.* (*Breslauer Philol. Abhandl.* VII, 3).

la rébellion de ceux-ci contre l'autorité de leur cadet. Les arguments sont bons pour penser qu'il a dû être écrit *avant* ces événements ; autrement l'allusion eût été de trop mauvais goût ; mais ils le sont aussi pour démontrer qu'il a été écrit *après* eux ; autrement cette espèce de fausse prédiction se fût trouvée ridicule, et Callimaque aurait modifié son texte ; il y a là comme une satire cruelle à l'égard des rebelles vaincus. Il faut se contenter de la vraisemblance, qui approche de la certitude, que l'hymne *à Zeus* est de la première partie de la carrière alexandrine de Callimaque, vers les années 280.

V. 1-3. Annonce du sujet : Zeus en tant que chef et roi. V. 4-41. Zeus Crétois ou Zeus Arcadien. Naissance du Dieu en Arcadie ; l'Arcadie la plus ancienne et les fleuves arcadiens. Le v. 34 annonce le développement qui suit et permet ainsi le passage brusque de l'Arcadie à la Crète. V. 42-54. Enfance de Zeus dans l'antre crétois. V. 55-69. Jeunesse du dieu ; sa précocité lui donne droit à l'empire céleste ; la 2e partie de l'hymne s'annonce ainsi de loin. V. 70-84. Zeus maître des souverains, et, v. 85-90, de Philadelphe qu'il a comblé de ses dons. V. 91-96. Salut à Zeus ; appel à sa générosité.

A ZEUS

Zeus ! quand c'est l'instant des libations, que chanter d'autre, que chanter plutôt que lui-même, le dieu toujours grand, le dieu toujours Roi, le vainqueur des Fils de la Terre, maître et juge des Ouraniens ?

Mais sous quel nom le chanter ? Dieu du Dicté, Dieu du Lycée ? Mon âme est en suspens ; de sa naissance on fait dispute. Zeus, on le dit, tu naquis sur le mont Ida ; on le dit, ô Zeus, tu vis le jour en Arcadie, ; qui donc, ô père, en a menti ? Les Crétois, «les Crétois, toujours menteurs [1]». Ils ont bien été jusqu'à te bâtir une tombe, ô Roi ! Mais non, tu ne mourus jamais, tu Es pour l'éternité. Dans la Parrhasie [2], au lieu le plus touffu des fourrés de la montagne, Rhéia t'enfanta ; lieu maintenant sacré, où ne pénètre nulle créature, nulle femme, à l'heure des affres d'Ilithye ; c'est pour les Apidanéens [3] l'antique « Couche de Rhéia ».

Et là ta mère, une fois déposé le fardeau de ses entrailles, cherchait quelque eau courante, pour y laver les souillures de ses couches, pour y baigner ton corps. Mais il ne coulait pas encore, le Ladon au large cours, ni l'Erymanthe, le plus limpide de tous les fleuves ; l'Arcadie était toute sèche encore, qu'on devait dire un jour la terre aux belles eaux. Alors,

1. Ce début d'hexamètre devenu proverbe était attribué à Epiménide le Crétois. — Plusieurs textes anciens font allusion au « tombeau » de Zeus en Crète.

2. Région de l'Arcadie, dans la haute vallée de l'Alphée.

3. Nom ancien des Péloponnésiens, particulièrement des Arcadiens.

ΕΙΣ ΔΙΑ

Ζηνὸς ἔοι τί κεν ἄλλο παρὰ σπονδῇσιν ἀείδειν
λῷον ἢ θεὸν αὐτόν, ἀεὶ μέγαν, αἰὲν ἄνακτα,
Πηλογόνων ἐλατῆρα, δικασπόλον Οὐρανίδῃσι;
Πῶς καί μιν, Δικταῖον ἀείσομεν ἠὲ Λυκαῖον;
Ἐν δοιῇ μάλα θυμός, ἐπεὶ γένος ἀμφήριστον.
Ζεῦ, σὲ μὲν Ἰδαίοισιν ἐν οὔρεσί φασι γενέσθαι,
Ζεῦ, σὲ δ' ἐν Ἀρκαδίῃ· πότεροι, πάτερ, ἐψεύσαντο;
Κρῆτες ἀεὶ ψεῦσται· καὶ γὰρ τάφον, ὦ ἄνα, σεῖο
Κρῆτες ἐτεκτήναντο· σὺ δ' οὐ θάνες, ἐσσὶ γὰρ αἰεί.
Ἐν δέ σε Παρρασίῃ Ῥείη τέκεν, ἧχι μάλιστα
ἔσκεν ὄρος θάμνοισι περισκεπές· ἔνθεν ὁ χῶρος
ἱερός, οὐδέ τί μιν κεχρημένον Εἰλειθυίης
ἑρπετὸν οὐδὲ γυνὴ ἐπιμίσγεται, ἀλλά ἑ Ῥείης
ὠγύγιον καλέουσι λεχώϊον Ἀπιδανῆες.
Ἔνθα σ' ἐπεὶ μήτηρ μεγάλων ἀπεθήκατο κόλπων,
αὐτίκα δίζητο ῥόον ὕδατος, ᾧ κε τόκοιο
λύματα χυτλώσαιτο, τεὸν δ' ἐνὶ χρῶτα λοέσσαι.
Λάδων ἀλλ' οὔπω μέγας ἔρρεεν οὐδ' Ἐρύμανθος
λευκότατος ποταμῶν, ἔτι δ' ἄβροχος ἦεν ἅπασα
Ἀρκαδίη· μέλλεν δὲ μάλ' εὔυδρος καλέεσθαι

3 Πηλογόνων : πηλαγόνων *Etym. Magn.* p. 669, 51 Herodian. ad Φ 141 omnes fere edd. (auct. Bentley) || **4** μιν Wil. : νιν || **10** Παρρασίῃ CE Lasc. παρνασίῃ || **12** μιν accusatiuus uix rectus uidetur : φιν Meineke οἱ Schneider.

quand Rhéia y dénoua sa ceinture, alors, par-dessus les eaux de l'Iaôn, s'élevaient les grands chênes ; sur le Mélas couraient les chars ; au-dessus du lit même du Cariôn, les bêtes avaient leurs tanières ; les gens passaient à pied, et à sec, le Crathis et la pierreuse Métôpé ; au-dessous d'eux s'épandaient les grandes eaux [1]. Lors, dans sa détresse, Rhéia s'écria, la Vénérable : « Terre amie, à toi d'enfanter ; à toi les douleurs en sont légères. » Elle dit, puis, élevant, tendu, son bras vigoureux, elle frappa le roc de son sceptre ; il s'ouvrit largement, un flot puissant jaillit ; lors elle y lava ton corps, ô Roi, le mit dans les langes et te confia à Néda pour te porter à l'antre de Crète, lieu de tes secrètes enfances ; à Néda, la plus vénérable des Nymphes qui l'accouchèrent en ce jour, de toutes les Nymphes l'aînée, après Styx et Philyra. Et la déesse, ne lui en déniant pas la juste récompense, donna aux eaux jaillies le nom de Néda, à ces eaux abondantes qui près de la ville des Caucônes — on l'appelle Lépréion — se mêlent aux flots de Nérée [2] ; c'est l'onde la plus antique que boivent les enfants de l'Ourse, fille de Lycaon.

Au sortir de Thenai, sur la route de Cnosse — Thenai est proche de Cnosse — la Nymphe te portait, Zeus, ô père, quand de ton corps le nombril tomba : d'où plus tard les hommes de Kydôn [3] firent le nom de la Plaine Omphalienne. O Zeus, les Nymphes compagnes des Corybantes, les Mélien-

1. L'Arcadie et ses légendes tiennent chez Callimaque une assez grande place ; le titre 'Αρκαδία figure dans la liste de Suidas des ouvrages de Callimaque ; d'autre part il avait écrit un περὶ ποταμῶν. Le Ladon et l'Erymanthe sont les grandes rivières de l'Arcadie, affluents de l'Alphée ; le Cariôn ou Carniôn en est un sous-affluent ; la source Métôpé est dans la région de Stymphale ; le Crathis, venant de l'Arcadie du Nord, coule ensuite en Achaïe ; l'identification de l'Iaôn et du Mélas n'est pas assurée.

2. Le Néda est le fleuve de Triphylie. — L'« Ourse » est la nymphe arcadienne Callistô.

3. Les Crétois.

αὖτις· ἐπεὶ τημόσδε, Ῥέη ὅτ᾽ ἐλύσατο μίτρην,
ἦ πολλὰς ἐφύπερθε σαρωνίδας ὑγρὸς Ἰάων
ἤειρεν, πολλὰς δὲ Μέλας ὤκχησεν ἁμάξας,
πολλὰ δὲ Καρίωνος ἄνω διεροῦ περ ἐόντος
ἰλυοὺς ἐβάλοντο κινώπετα, νίσσετο δ᾽ ἀνὴρ
πεζὸς ὑπὲρ Κρᾶθίν τε πολύστιόν τε Μετώπην
διψαλέος· τὸ δὲ πολλὸν ὕδωρ ὑπὸ ποσσὶν ἔκειτο.
Καί ῥ᾽ ὑπ᾽ ἀμηχανίης σχομένη φάτο πότνια Ῥείη·
« Γαῖα φίλη, τέκε καὶ σύ· τεαὶ δ᾽ ὠδῖνες ἐλαφραί. »
Εἶπε καὶ ἀντανύσασα θεὰ μέγαν ὑψόθι πῆχυν
πλῆξεν ὄρος σκήπτρῳ· τὸ δέ οἱ δίχα πουλὺ διέστη,
ἐκ δ᾽ ἔχεεν μέγα χεῦμα· τόθι χρόα φαιδρύνασα,
ὦνα, τεὸν σπείρωσε, Νέδῃ δέ σε δῶκε κομίζειν
κευθμὸν ἔσω Κρηταῖον, ἵνα κρύφα παιδεύοιο,
πρεσβυτάτῃ Νυμφέων αἵ μιν τότε μαιώσαντο,
πρωτίστῃ γενεῇ μετά γε Στύγα τε Φιλύρην τε·
οὐδ᾽ ἁλίην ἀπέτισε θεὴ χάριν, ἀλλὰ τὸ χεῦμα
κεῖνο Νέδην ὀνόμηνε· τὸ μέν ποθι πουλὺ κατ᾽ αὐτό
Καυκώνων πτολίεθρον, ὃ Λέπρειον πεφάτισται,
συμφέρεται Νηρῆι, παλαιότατον δέ μιν ὕδωρ
υἱωνοὶ πίνουσι Λυκαονίης ἄρκτοιο.
Εὖτε Θενὰς ἀπέλειπεν ἐπὶ Κνωσσοῖο φέρουσα,
Ζεῦ πάτερ, ἡ Νύμφη σε — Θεναὶ δ᾽ ἔσαν ἐγγύθι Κνωσσοῦ —
τουτάκι τοι πέσε, δαῖμον, ἄπ᾽ ὀμφαλός· ἔνθεν ἐκεῖνο
Ὀμφάλιον μετέπειτα πέδον καλέουσι Κύδωνες.
Ζεῦ, σὲ δὲ Κυρβάντων ἑτάραι προσεπηχύναντο

24 Καρίωνος : Καρνίωνος d'Arnaud fortasse rectius (cf. Paus., VIII, 34, 5) ‖ **26** πολύστιον Schol ad Ap. Rhod. II, 1172 (cf. στιάων *ibid.*) : πολύστειον ‖ **30** In formis θεά, I, 30, III 112, 186 et θεή, I, 37, III, 119, 152, codicum lectionem nobis rectius uisum sequi, aliis contra, ex. gr. Wilamowitz ubique formam in -η restituenti ‖ ὑψόθι om. ABC ‖ **33** κομίζειν : κομίσσαι EF Ath. Lasc. κομίζειν supra κομίσσαι ΠQ ‖ **36** μετά γε Στύγα τε AB : μ. τε στ. τε (τε post στύγα om. CF Lasc.) πρωτίστη γενεή Wil. Schn. et L. Roussel ‖ **39** Λέπρειον Schol. ad. Ar. *Ach.* v. 724 Suid. s. u. ἀγορανομίας : Λέπριον ‖ **41** υἱωνοί Lasc. : γυιωνοί ‖ **42** ἐπὶ uix sanum : ἀπὸ Meineke

nes du Dicté, te prenaient dans leurs bras, Adrastéia te berçait en une corbeille d'or ; tu pressais la grasse mamelle de la chèvre Amalthée, et le doux miel aussi te nourrissait, le miel que fit tout d'un coup l'abeille Panacris [1], sur le mont Ida, aux lieux qu'on dit *Panacra*. Autour de toi les Courètes menaient leur danse pressée, frappant leurs armes, pour qu'aux oreilles de Cronos vînt le fracas du bouclier, et non pas ton vagissement d'enfant.

Bellement tu grandis, ô Zeus Ouranien, et bellement tu pris force, bien vite adolescent, bientôt la joue duvetée. Mais encore enfant, ta pensée était toute efficiente. Aussi tes frères, bien que tes aînés, ne te disputèrent point ta juste part, la Maison Céleste. Histoires mensongères que celles des vieux aèdes ! C'est au sort, disent-ils, que les trois Cronides firent partage de leurs domaines. Mais qui donc irait tirer les sorts entre l'Olympe et l'Hadès ? qui donc, à moins d'être insensé ? Pour tirer au sort, il faut des lots égaux ; ici, de l'un à l'autre, quelle distance ! A mentir, que nos mensonges au moins soient pour trouver créance. Non, ce ne sont pas les sorts qui t'ont fait roi des Dieux, mais les œuvres de tes bras, mais ta Vigueur et ta Force, et tu les assis près de ton trône.

Des oiseaux c'est le plus puissant que tu mis à publier tes signes divins ; puissent-ils, à mes amis, se montrer toujours propices ! Des mortels ce sont les meilleurs que tu pris pour toi : non point le marin, non point l'homme d'armes, et l'aède non plus. Non, aux dieux inférieurs tu les abandonnas, à qui l'un, à qui l'autre ; et toi, tu pris les Chefs de cités, les Chefs maîtres eux-mêmes de l'homme des champs, maîtres de qui tient la lance ou la rame, maîtres de tout ; qui n'est sous la force du Chef ? Oui : les artisans, pour nous, sont les gens d'Héphaistos, les soldats

1. L'abeille « des lieux hauts ».

Δικταῖαι Μελίαι, σὲ δ' ἐκοίμισεν Ἀδρήστεια
λίκνῳ ἐνὶ χρυσέῳ, σὺ δ' ἐθήσαο πίονα μαζόν
αἰγὸς Ἀμαλθείης, ἐπὶ δὲ γλυκὺ κηρίον ἔβρως·
γέντο γὰρ ἐξαπιναῖα Πανακρίδος ἔργα μελίσσης
Ἰδαίοις ἐν ὄρεσσι, τά τε κλείουσι Πάνακρα.
Οὖλα δὲ Κούρητές σε πέρι πρύλιν ὠρχήσαντο
τεύχεα πεπλήγοντες, ἵνα Κρόνος οὔασιν ἠχήν
ἀσπίδος εἰσαΐοι καὶ μή σεο κουρίζοντος.
Καλὰ μὲν ἠέξευ, καλὰ δ' ἔτραφες, οὐράνιε Ζεῦ,
ὀξὺ δ' ἀνήβησας, ταχινοὶ δέ τοι ἦλθον ἴουλοι.
Ἀλλ' ἔτι παιδνὸς ἐὼν ἐφράσσαο πάντα τέλεια·
τῷ τοι καὶ γνωτοὶ προτερηγενέες περ ἐόντες
Οὐρανὸν οὐκ ἐμέγηραν ἔχειν ἐπιδαίσιον οἶκον.
Δηναιοὶ δ' οὐ πάμπαν ἀληθέες ἦσαν ἀοιδοί.
Φάντο πάλον Κρονίδῃσι διάτριχα δώματα νεῖμαι·
τίς δέ κ' ἐπ' Οὐλύμπῳ τε καὶ Ἄιδι κλῆρον ἐρύσσαι,
ὃς μάλα μὴ νενίηλος; ἐπ' ἰσαίῃ γὰρ ἔοικε
πήλασθαι· τὰ δὲ τόσσον ὅσον διὰ πλεῖστον ἔχουσι.
Ψευδοίμην ἀίοντος ἅ κεν πεπίθοιεν ἀκουήν.
Οὔ σε θεῶν ἐσσῆνα πάλοι θέσαν, ἔργα δὲ χειρῶν,
σή τε βίη τό τε κάρτος, ὃ καὶ πέλας εἵσαο δίφρου.
Θήκαο δ' οἰωνῶν μέγ' ὑπείροχον ἀγγελιώτην
σῶν τεράων· ἅ τ' ἐμοῖσι φίλοις ἐνδέξια φαίνοις.
Εἵλεο δ' αἰζηῶν ὅ τι φέρτατον· οὐ σύ γε νηῶν
ἐμπεράμους, οὐκ ἄνδρα σακέσπαλον, οὐ μὲν ἀοιδόν·
ἀλλὰ τὰ μὲν μακάρεσσιν ὀλίζοσιν αὖθι παρῆκας
ἄλλα μέλειν ἑτέροισι, σὺ δ' ἐξέλεο πτολιάρχους
αὐτούς, ὧν ὑπὸ χεῖρα γεωμόρος, ὧν ἴδρις αἰχμῆς,
ὧν ἐρέτης, ὧν πάντα· τί δ' οὐ κρατέοντος ὑπ' ἰσχύν;
Αὐτίκα χαλκῆας μὲν ὑδείομεν Ἡφαίστοιο,
τευχηστὰς δ' Ἄρηος, ἐπακτῆρας δὲ Χιτώνης

48 λίκνῳ Estienne : λείκνῳ || **53** πεπλήγοντες Lasc. recc. : πεπληγότες || **68** θήκαο : θῆκας FQ || οἰωνῶν Estienne : οἰωνόν.

ceux d'Arès ; à Artémis Chitônê sont les chasseurs ; à Phoibos ceux qui savent les chants de la lyre. Mais « les Rois viennent de Zeus[1] » ; oui, car dans les Chefs, rien de plus divin que Zeus ; aussi tu fis d'eux ton juste lot. Tu les établis gardiens des villes, et toi-même, tout au haut des cités, tu trônes, attentif à qui mène les peuples par les voies torses ou au contraire les redresse par la justice. Tu leur donnes et richesse et bonheur, leur part à tous, mais non pas égale. On en peut juger, on le voit en notre Prince ; il est, bien largement, au-dessus de tous les autres. Au soir il met en acte ses pensers du matin, je dis les plus grands ; les moindres, au moment qu'il les pense. A tels autres il faut tout un an, un an ou plus ; de tels autres encore tu mutiles toute l'action, tu brises tout le conseil.

Salut, salut, fils de Cronos, Zeus très haut, qui donnes tout bien, toute prospérité. Qui pourrait dire ta geste ! Nul ne l'a fait, nul ne le fera. Oui, qui jamais dira la geste de Zeus ! Salut, ô père, salut encore ; donne-nous vertu et richesse. Fortune sans vertu ne saurait mettre l'homme en haut point, ni vertu sans richesse. Donne-nous la vertu et donne-nous la fortune.

1. Hésiode, *Théogonie*, v. 94 et suiv. « ... les aèdes, chez les hommes, et les musiciens viennent des Muses et d'Apollon archer ; les Rois viennent de Zeus... ».

Ἀρτέμιδος, Φοίβου δὲ λύρης εὖ εἰδότας οἴμους·
ἐκ δὲ Διὸς βασιλῆες, ἐπεὶ Διὸς οὐδὲν ἀνάκτων
θειότερον· τῷ καί σφε τεὴν ἐκρίναο λάξιν.
Δῶκας δὲ πτολίεθρα φυλασσέμεν, ἵζεο δ' αὐτός
ἄκρῃσ' ἐν πολίεσσιν, ἐπόψιος οἵ τε δίκῃσι
λαὸν ὑπὸ σκολιῇσ' οἵ τ' ἔμπαλιν ἰθύνουσιν·
ἐν δὲ ῥυηφενίην ἔβαλές σφισιν, ἐν δ' ἅλις ὄλβον,
πᾶσι μέν, οὐ μάλα δ' ἶσον· ἔοικε δὲ τεκμήρασθαι
ἡμετέρῳ μεδέοντι· περιπρὸ γὰρ εὐρὺ βέβηκεν.
Ἑσπέριος κεῖνός γε τελεῖ τά κεν ἦρι νοήσῃ,
ἑσπέριος τὰ μέγιστα, τὰ μείονα δ' εὖτε νοήσῃ·
οἳ δὲ τὰ μὲν πλειῶνι, τὰ δ' οὐχ ἑνί, τῶν δ' ἀπὸ πάμπαν
αὐτὸς ἄνην ἐκόλουσας, ἐνέκλασσας δὲ μενοινήν.
Χαῖρε μέγα, Κρονίδη πανυπέρτατε, δῶτορ ἐάων,
δῶτορ ἀπημονίης· τεὰ δ' ἔργματα τίς κεν ἀείδοι;
οὐ γένετ', οὐκ ἔσται· τίς καὶ Διὸς ἔργματ' ἀείσει;
Χαῖρε, πάτερ, χαῖρ' αὖθι· δίδου δ' ἀρετήν τ' ἄφενός τε·
οὔτ' ἀρετῆς ἄτερ ὄλβος ἐπίσταται ἄνδρας ἀέξειν,
οὔτ' ἀρετὴ ἀφένοιο· δίδου δ' ἀρετήν τε καὶ ὄλβον.

79 locus conclamatus, quem multi multis modis correxerunt : seruamus codicum lectionem, suadente et interpretante Mazon || **80** σφε Bentley : σφι || **82** πολίεσσιν : πτολίεσσιν ABF || **84** ὄλβον : ὄλβου Lasc. || **87** ἦρι Taurin. in marg. et ex conject. anonyma Davies : ἠοῖ || νοήσῃ A Lasc. : νοήσει || **90** ἐνέκλασσας B : ἐνέκλασας || **92** τίς κεν : τίς μὲν E || ἀείδοι : ἀείδει F || **93** καὶ Wil. : κεν || ἀείσει F Ath. Lasc. : ἀείσοι || **94** αὖθι : αὖθις Q.

II

HYMNE A APOLLON

L'hymne II, *à Apollon*, est une pièce patriotique et religieuse. Il affirme la foi des Cyrénéens, et du poète leur concitoyen, en la protection de leur divin patron, et leur loyalisme à l'égard de la dynastie égyptienne, dont l'autorité est fortifiée par la parole même d'Apollon. La pièce est écrite, à n'en pas douter, pour la fête d'Apollon Carnéien à Cyrène [1], et a dû être déclamée sur le lieu et dans le moment mêmes. Cela ne veut pas dire que cette récitation se soit insérée dans le rituel de la cérémonie ; la clausule seule de l'hymne montre qu'il n'en est rien [2]. Mais elle suit le déroulement même d'une partie de ce rituel : les chants et les danses des jeunes Cyrénéens en l'attente de l'ἐπιδημία divine, moment saisissant pour le sentiment religieux et mystique, et que Callimaque a plusieurs fois représenté.

A première vue l'hymne se compose, après la mise en scène du début, d'une série de « couplets » sur les diverses attributions d'Apollon. Mais ce n'est là que le plan de composition le plus extérieur ; il y en a un autre plus caché. Il

1. Toute autre hypothèse est entièrement à rejeter, et celle d'abord qui, à cause du v. 4, en fait un hymne délien ! En dehors de Cyrène, la pièce n'aurait vraiment aucun sens.

2. Et aussi, comme pour l'hymne V, la difficulté de faire correspondre le déroulement du rituel aux « moments » de la récitation. Voyez sur ce point Legrand, *Rev. des Et. anc.* 1901, pp. 281 et suiv.

se révèle par l'importance extraordinaire donnée au développement sur Phoibos fondateur de cités, et particulièrement de Cyrène, à partir du v. 55. Là est l'idée essentielle du poème, et surtout dans la description des premières fêtes carnéiennes qui, par delà les courts morceaux, plus conventionnels, sur les τέχναι d'Apollon, va rejoindre le tableau du début. Comme les enfants d'aujourd'hui honorent par la cithare et le chant Apollon Carnéien — v. 8-16 — ainsi faisaient, sous les yeux mêmes du dieu et de sa nymphe, les Doriens de la plus antique Cyrène, v. 85-96. Le présent se lie au passé ; et la composition, par un art raffiné, associe d'un bout à l'autre de l'hymne la cérémonie d'autrefois et celle d'aujourd'hui, intercalant entre les deux peintures les développements secondaires. Et deux fois, à propos de chacun des deux tableaux, reparaît, sobre mais énergique, v. 26-27 et v. 68, l'affirmation des droits des Ptolémées sur Cyrène, qui donne sa signification dernière à tout l'hymne.

La pièce peut être du temps où les Ptolémées sont les maîtres à Cyrène, c'est-à-dire des toutes premières années d'Evergète. Mais la mention ἡμετέροις βασιλεῦσιν s'applique mieux à celui qui a précédé, et où les droits des deux Ptolémées avaient encore besoin d'être défendus : de même l'affirmation énergique ἀεὶ δ'εὔορκος 'Απόλλων. C'est la situation des années 258-247, où Bérénice, fille de Magas, était promise au prince de la couronne Evergète, sans lui être encore unie [1].

La première partie du poème, v. 1-32, met en présence le poète et le chœur ; c'est le moment de l'ἐπιδημία devant le temple du dieu, v. 1-7 : le dieu s'annonce par des signes. V. 8-15 : le poète invite les jeunes gens à célébrer Phoibos par les chants et les danses. Les jeunes gens obéissent ; le

1. Mentionnons l'interprétation *symbolique* de l'hymne, d'après laquelle la nymphe Cyrène serait précisément Bérénice, et Apollon son époux Evergète ; et redisons ici, sans entrer dans aucune discussion, que ni pour l'hymne II, ni pour aucun autre, une exégèse de ce genre ne peut être admise.

poète les en loue : v. 16. V. 17-24 : le poète demande le religieux silence, pendant « le chant d'Apollon » et — v. 25-27 — les acclamations rituelles. V. 28-31 : le chœur aura sa récompense et chantera bien des fois le dieu εὔυμνος. — Le poète reprend la parole après les évolutions du chœur et célèbre Apollon en son nom propre, jusqu'au v. 97. V. 32-41 : il loue le dieu jeune et sauveur, avant d'énumérer ses attributions, ses τέχναι. V. 42-46 : Apollon archer, poète, devin, médecin ; v. 47-54 : Apollon Nomios ; v. 55-64 : Apollon bâtisseur de villes ; v. 65-96 : Apollon fondateur de Cyrène : son premier temple et les premières *Carnéia*. Les acclamations se font entendre à nouveau, pour l' ἐπιδημία du dieu : le poète en donne l'explication : v. 97-104. Salut final au dieu, protecteur de son œuvre poétique : v. 105-113[1].

1. Cette clausule, nettement détachée de tout ce qui la précède, a surpris ; on a été jusqu'à prétendre la retrancher du texte primitif. A tout le moins on y a vu la preuve que le poète s'intéressait peu au sujet de sa pièce, puisqu'il profitait de l'occasion pour vider une querelle toute personnelle. Mais cette clausule n'est que l'habituel salut final — χαῖρε ἄναξ — plus développé, et dans un sens tout spécial, parce qu'Apollon, dieu de Callimaque le Cyrénéen — ἐμοὶ πατρώιον οὕτω — est le dieu aussi de Callimaque le poète.

A APOLLON

Comme il s'agite, le rameau de laurier, le rameau d'Apollon, comme elle tremble toute sa demeure ! Loin, loin d'ici tout méchant ! C'est lui, Phoibos ; ses beaux pieds heurtent les portes. Vois : la palme délienne, tout à coup, doucement s'incline ; et c'est dans les airs le beau chant du cygne. De vous-mêmes glissez, verrous des portes ; tournez sur vous, clefs de son temple ; le Dieu n'est pas loin. Et vous, enfants, tenez prêts vos chants et vos danses.

Apollon ne se montre pas à tous, mais aux bons seulement. Qui le voit est grandi ; qui ne le voit est abaissé. Nous te verrons, archer, nous ne serons pas abaissés. Mais quand Phoibos nous visite, que les enfants fassent chanter leur cithare et résonner leurs pas, s'ils veulent connaître l'hymen et voir leurs cheveux blancs, et que les murs restent fermes sur les antiques fondements. — J'applaudis ces enfants, car déjà s'entend leur lyre [1].

Faites silence ; écoutez le chant d'Apollon. Les flots même se taisent, quand l'aède dit la cithare et l'arc, que tient Apollon Lycoréen ; Thétis ne gémit plus, triste mère, sur Achille, quand résonne la clameur « Ié Paian, Ié Paian », et la pierre qui pleure en remet pour un temps son souci [2],

1. Il faut supposer qu'entre le vers 15 et le v. 16, les enfants du chœur préludent sur leur lyre, et qu'ils exécutent un chant lyrique après le v. 16.

2. Il s'agit de Niobé, transformée, sur le Sipyle, en un rocher d'où coulaient des pleurs.

ΕΙΣ ΑΠΟΛΛΩΝΑ

Οἷον ὁ τὠπόλλωνος ἐσείσατο δάφνινος ὅρπηξ·
οἷα δ' ὅλον τὸ μέλαθρον· ἑκὰς ἑκὰς ὅστις ἀλιτρός.
Καὶ δή που τὰ θύρετρα καλῷ ποδὶ Φοῖβος ἀράσσει·
οὐχ ὁράᾳς; ἐπένευσεν ὁ Δήλιος ἡδύ τι φοῖνιξ
ἐξαπίνης, ὁ δὲ κύκνος ἐν ἠέρι καλὸν ἀείδει.
Αὐτοὶ νῦν κατοχῆες ἀνακλίνεσθε πυλάων,
αὐταὶ δὲ κληῖδες· ὁ γὰρ θεὸς οὐκέτι μακρήν·
οἱ δὲ νέοι μολπήν τε καὶ ἐς χορὸν ἐντύνεσθε.
Ὡπόλλων οὐ παντὶ φαείνεται, ἀλλ' ὅτις ἐσθλός·
ὅς μιν ἴδῃ, μέγας οὗτος· ὃς οὐκ ἴδε, λιτὸς ἐκεῖνος·
ὀψόμεθ', ὦ Ἑκάεργε, καὶ ἐσσόμεθ' οὔποτε λιτοί.
Μήτε σιωπηλὴν κίθαριν μήτ' ἄψοφον ἴχνος
τοῦ Φοίβου τοὺς παῖδας ἔχειν ἐπιδημήσαντος,
εἰ τελέειν μέλλουσι γάμον πολιήν τε κερεῖσθαι,
ἑστήξειν δὲ τὸ τεῖχος ἐπ' ἀρχαίοισι θεμέθλοις.
Ἠγασάμην τοὺς παῖδας, ἐπεὶ χέλυς οὐκέτ' ἀεργός.
Εὐφημεῖτ' ἀίοντες ἐπ' Ἀπόλλωνος ἀοιδῇ.
Εὐφημεῖ καὶ πόντος, ὅτε κλείουσιν ἀοιδοί
ἢ κίθαριν ἢ τόξα, Λυκωρέος ἔντεα Φοίβου.
Οὐδὲ Θέτις Ἀχιλῆα κινύρεται αἴλινα μήτηρ,
ὁππόθ' ἰὴ παιῆον ἰὴ παιῆον ἀκούσῃ·
καὶ μὲν ὁ δακρυόεις ἀναβάλλεται ἄλγεα πέτρος,

2 οἷα Lasc. : οἷο || **9** ὅτις : ὅστις Q || **21** ὁππόθ'ἰὴ F : ὁππόθ'ἰὴ (ὁππότ'ἰὴ Lasc.)

l'humide rocher dressé sur les bords phrygiens, marbre qui fut une femme à la bouche gémissante. Ié, Ié, que votre cri retentisse ; c'est malheur que lutter avec les dieux [1] ! Qui s'en prend aux dieux, qu'il aille aussi combattre mon roi ; qui à mon roi, qu'il aille aussi combattre Apollon. Au chœur, pour tant qu'il chante au plaisir du Dieu, au chœur les grâces d'Apollon ; il les peut accorder, séant à la droite de Zeus. Mais le chœur, à chanter Apollon, le chantera plus d'un jour [2]. Dieu bien fait pour nos hymnes, qu'il est aisé de chanter Phoibos !

D'or est son manteau, et l'agrafe aussi ; d'or la lyre et l'arc Lyctien, et le carquois ; d'or aussi les sandales. Apollon est tout or, et toute richesse [3] ; on le voit bien par Pythô. Dieu toujours beau, Dieu toujours jeune ; jamais aucun duvet ne recouvrit ses joues tendres. Sa chevelure épanche à terre l'huile parfumée qu'elle distille ; mais les gouttes n'en sont point humeur grasse ; non, c'est la panacée même ; là, dans la ville où la rosée en glisse au sol, là tout est salut. Personne qu'Apollon n'a tant d'arts en sa main. Il a dans son lot et l'archer et l'aède — car l'arc est son bien, et le chant aussi. A lui prophétesses et devins ; et de Phoibos aussi les médecins tiennent la science de retarder la mort.

Phoibos, nous l'invoquons comme Pasteur aussi, depuis le jour qu'aux bords de l'Amphryssos, il se fit gardien des cavales d'attelage, brûlé d'amour pour le jeune Admète. Le parc aura bien vite plus de bétail, et les chèvres de troupeau

1. Au lieu de lutter avec les dieux, comme le fit Niobé, ou avec les rois d'Egypte, comme peut-être certain parti de Cyrène, il faut s'associer à leur égard à la clameur d'enthousiasme que le rituel, en ce moment même, fait entendre.

2. Transition qui permet au poète d'abandonner la traduction poétique du rituel pour développer lui-même son éloge d'Apollon.

3. Apollon est chez Homère le dieu « à l'arc d'argent ». Chez Callimaque, le motif des dieux tout d'or, eux et leurs attributs, revient souvent ; ainsi dans l'Hymne *à Artémis*, v. 110 et suiv., dans l'Hymne *à Délos*, v. 260 et suiv.

ὅστις ἐνὶ Φρυγίῃ διερὸς λίθος ἐστήρικται,
μάρμαρον ἀντὶ γυναικὸς διζυρόν τι χανούσης.
Ἱὴ ἱὴ φθέγγεσθε· κακὸν μακάρεσσιν ἐρίζειν·
ὃς μάχεται μακάρεσσιν, ἐμῷ βασιλῆι μάχοιτο·
ὅστις ἐμῷ βασιλῆι, καὶ Ἀπόλλωνι μάχοιτο.
Τὸν χορὸν ὡπόλλων, ὅ τι οἱ κατὰ θυμὸν ἀείδῃ,
τιμήσει· δύναται γάρ, ἐπεὶ Διὶ δεξιὸς ἧσται·
οὐδ' ὁ χορὸς τὸν Φοῖβον ἐφ' ἓν μόνον ἦμαρ ἀείσει·
ἔστι γὰρ εὔυμνος· τίς ἂν οὐ ῥέα Φοῖβον ἀείδοι;
Χρύσεα τὠπόλλωνι τό τ' ἐνδυτὸν ἥ τ' ἐπιπορπὶς
ἥ τε λύρη τό τ' ἄεμμα τὸ Λύκτιον ἥ τε φαρέτρη·
χρύσεα καὶ τὰ πέδιλα· πολύχρυσος γὰρ Ἀπόλλων
καί τε πολυκτέανος· Πυθῶνί κε τεκμήραιο.
Καὶ μὲν ἀεὶ καλὸς καὶ ἀεὶ νέος· οὔποτε Φοίβου
θηλείαις οὐδ' ὅσσον ἐπὶ χνόος ἦλθε παρειαῖς·
αἱ δὲ κόμαι θυόεντα πέδῳ λείβουσιν ἔλαια·
οὐ λίπος Ἀπόλλωνος ἀποστάζουσιν ἔθειραι,
ἀλλ' αὐτὴν πανάκειαν· ἐν ἄστεϊ δ' ᾧ κεν ἐκεῖναι
πρῶκες ἔραζε πέσωσιν ἀκήρια πάντ' ἐγένοντο.
Τέχνῃ δ' ἀμφιλαφὴς οὔ τις τόσον ὅσσον Ἀπόλλων·
κεῖνος ὀιστευτὴν ἔλαχ' ἀνέρα, κεῖνος ἀοιδόν,
— Φοίβῳ γὰρ καὶ τόξον ἐπιτρέπεται καὶ ἀοιδή —
κείνου δὲ θριαὶ καὶ μάντιες· ἐκ δέ νυ Φοίβου
ἰητροὶ δεδάασιν ἀνάβλησιν θανάτοιο.
Φοῖβον καὶ Νόμιον κικλήσκομεν ἐξέτι κείνου,
ἐξότ' ἐπ' Ἀμφρυσσῷ ζευγίτιδας ἔτρεφεν ἵππους,
ἠιθέου ὑπ' ἔρωτι κεκαυμένος Ἀδμήτοιο.
Ῥεῖά κε βουβόσιον τελέθοι πλέον, οὐδέ κεν αἶγες

24 μάρμαρον neutrum nusquam alibi reperitur : μάρμαρος Valckenaer || **25** ἱὴ ἱὴ F Wil. : ἰὴ ἰὴ || **27** om. ACQ || **28** ἀείδῃ Danielssonn : ἀείδει || **31** ἀείδοι : ἀείδει F ἀείδειν E || ἄν' οὐ ῥέα distinx. Taurin. in marg. : ἀν' οὔρεα || **32** ἥ τε νυ πορπίς AC || **48** Ἀμφρυσσῷ : ἀμβρυσσῷ ABC || **49** ὑπ' ἔρωτι : ἐπ' ἔρωτι Q,

auront des petits, si les regards du dieu protègent leur pâture. Les brebis ne manqueront de lait ni de portée ; toutes seront mères, et celle qui n'a mis bas qu'un agneau en aura deux bientôt.

C'est sur les pas de Phoibos qu'on trace l'enceinte des cités ; Phoibos se plaît à leur établissement, et sa main en bâtit les fondements. Dieu de quatre ans, il fit pour la première fois tel ajustement dans la belle Ortygie[1], près du lac arrondi. Artémis en chasse amassait têtes sur têtes des chèvres du Cynthe ; Apollon en arrangeait un autel. De cornes il en fit la base ; de cornes il en ajusta la table ; tout autour les parois furent de cornes. Telle fut sa première école, à bâtir les cités.

Phoibos encore à Battos désigna ma ville au sol fécond[2], guida, corbeau divin, à la droite du chef, l'entrée de son peuple en Libye, et fit promesse de remettre un jour ces murailles aux mains de nos Rois[3]. Toujours Apollon tient sa parole.

Apollon, on t'appelle Dieu Secourable, on t'appelle Clarien ; sous bien des noms on t'invoque en tout lieu. Mais moi je te dis Dieu Carnéien ; telle est ma tradition. Carnéien, Sparte fut ton premier séjour, Théra le second, et le troisième fut la ville de Cyrène. De Sparte un rejeton d'Œdipe, six générations après lui[4], te mena avec ses colons vers Théra ; et de Théra Aristotélès le Fort te porta en la terre des Asbystes ; il te bâtit une demeure splendide, et

1. Un des anciens noms de l'île de Délos.

2. Cf. Hérodote, IV, 155.

3. On a discuté longuement sur les mots ἡμετέροις βασιλεῦσιν. Ils désignent sans doute non les anciens rois de Cyrène, mais ceux-là même qui pour le poète loyaliste doivent être maintenant ses souverains, Philadelphe et le « prince de la couronne » Evergète.

4. Six générations : Œdipe, Polynice, Thersandre, Autésiôn, Tisamène, Théras. — Aristotélès, autre nom de Battos.

δεύοιντο βρεφέων ἐπιμηλάδες ᾗσιν Ἀπόλλων
βοσκομένῃσ' ὀφθαλμὸν ἐπήγαγεν· οὐδ' ἀγάλακτες
οἴιες οὐδ' ἄκυθοι, πᾶσαι δέ κεν εἶεν ὕπαρνοι·
ἡ δέ κε μουνοτόκος διδυμητόκος αἶψα γένοιτο.
Φοίβῳ δ' ἑσπόμενοι πόλιας διεμετρήσαντο
ἄνθρωποι· Φοῖβος γὰρ ἀεὶ πολίεσσι φιληδεῖ
κτιζομένῃσ', αὐτὸς δὲ θεμείλια Φοῖβος ὑφαίνει.
Τετραέτης τὰ πρῶτα θεμείλια Φοίβος ἔπηξε
καλῇ ἐν Ὀρτυγίῃ περιηγέος ἐγγύθι λίμνης.
Ἄρτεμις ἀγρώσσουσα καρήατα συνεχὲς αἰγῶν
Κυνθιάδων φορέεσκεν, ὃ δ' ἔπλεκε βωμὸν Ἀπόλλων·
δείματο μὲν κεράεσσιν ἐδέθλια, πῆξε δὲ βωμόν
ἐκ κεράων, κεραοὺς δὲ πέριξ ὑπεβάλλετο τοίχους·
ὧδ' ἔμαθεν τὰ πρῶτα θεμείλια Φοῖβος ἐγείρειν.
Φοῖβος καὶ βαθύγειον ἐμὴν πόλιν ἔφρασε Βάττῳ,
καὶ Λιβύην ἐσιόντι κόραξ ἡγήσατο λαῷ
δεξιὸς οἰκιστῆρι καὶ ὤμοσε τείχεα δώσειν
ἡμετέροις βασιλεῦσιν· ἀεὶ δ' εὔορκος Ἀπόλλων.
Ὤπολλον, πολλοί σε Βοηδρόμιον καλέουσι,
πολλοὶ δὲ Κλάριον, πάντη δέ τοι οὔνομα πουλύ·
αὐτὰρ ἐγὼ Καρνεῖον· ἐμοὶ πατρώιον οὕτω.
Σπάρτη τοι, Καρνεῖε, τόδε πρώτιστον ἔδεθλον,
δεύτερον αὖ Θήρη, τρίτατόν γε μὲν ἄστυ Κυρήνης·
ἐκ μέν σε Σπάρτης ἕκτον γένος Οἰδιπόδαο
ἤγαγε Θηραίην ἐς ἀπόκτισιν· ἐκ δέ σε Θήρης
οὖλος Ἀριστοτέλης Ἀσβυστίδι πάρθετο γαίῃ·
δεῖμε δέ τοι μάλα καλὸν ἀνάκτορον, ἐν δὲ πόληι
θῆκε τελεσφορίην ἐπετήσιον, ᾗ ἐνὶ πολλοί

51 ἐπιμηλάδες inauditum : ἐνιμηλάδες Schneider, ex Hesych. s. u. ἐμμηλάδας αἶγας || **52** βοσκομένῃσ' : βοσκομέναις E || ἀγάλακτες : ἀγαλάκτοι Lasc. || **54** διδυμητόκος Blomfield : διδυμοτόκος || **56** ἀεὶ om. ABC || **57** κτιζομένῃσ' : κτιζομέναις F || **67** οἰκιστῆρι Bentley : οἰκιστήρ || **72** τόδε uix sanum : τὸ δὴ Kaibel

institua le sacrifice où, chaque an, les taureaux en masse, pour leur fin, s'écrasent sur le flanc. Ié, Ié, Carnéien, dieu de tant de prières, tes autels au printemps sont chargés de toutes les fleurs que les Heures font naître sous le Zéphyre au souffle de rosée, et en hiver du doux safran ; toujours brille pour toi le feu qui ne s'éteint pas ; et jamais sur les charbons d'hier ne s'épaissit la cendre. Grande fut la joie au cœur de Phoibos, quand, venu le temps des fêtes Carnéiennes, les hommes d'Enyô, les porte-ceinturons, firent un chœur de danse parmi les blondes Libyennes. Les Doriens n'avaient pu approcher encore la source Kyré ; ils habitaient Azilis aux vallons touffus. Le roi Phoibos les vit, et les montra à sa compagne [1], du haut du rocher de Myrtousa, là même où la fille d'Hypseus avait mis à mort le lion ravisseur des bœufs d'Eurypylos. Jamais Apollon ne vit chœur plus vraiment divin ; jamais le dieu n'accorda tant à nulle cité qu'il fit à Cyrène, en souvenir du rapt d'autrefois. Et les Battiades eux aussi n'ont honoré nul dieu plus qu'ils n'ont fait Phoibos.

Ié [2] ! entendez-vous ? Ié Paian ! Car le peuple Delphien d'abord inventa ce refrain, quand de ton arc d'or tu montras ta science d'archer habile. Tu descendais à Pythô quand tu rencontras le monstre prodigieux, le serpent terrible. Tu le tuas, sous le vol de tes traits pressés ; et le peuple criait sur tes pas : « *Ié, Ié* Paian ; oui, *lance* [3] ton trait, Dieu Auxiliateur dès que tu naquis. » Et de là, depuis lors, l'acclamation qui te salue.

L'Envie se glisse à l'oreille d'Apollon : « Il ne m'agrée,

1. La nymphe Cyrène. Il y avait deux traditions sur elle ; l'une, plus proprement cyrénéenne, en faisait une nymphe locale tueuse de fauves ; une autre la représentait enlevée par Apollon et amenée par lui de Thessalie en Libye ; il y a, ici et au v. 95, comme une contamination des deux légendes.

2. Ici le dieu apparaît à ses fidèles en ἐπιδημία.

3. Jeu de mots : ἰή viendrait de ἵει, *lance*.

ὑστάτιον πίπτουσιν ἐπ' ἰσχίον, ὦ ἄνα, ταῦροι.
Ἱὴ ἱὴ Καρνεῖε πολύλλιτε, σεῖο δὲ βωμοί
ἄνθεα μὲν φορέουσιν ἐν εἴαρι τόσσα περ Ὧραι
ποικίλ' ἀγινεῦσι ζεφύρου πνείοντος ἐέρσην,
χείματι δὲ κρόκον ἡδύν· ἀεὶ δέ τοι ἀέναον πῦρ,
οὐδέ ποτε χθιζὸν περιβόσκεται ἄνθρακα τέφρη.
Ἦ ῥ' ἐχάρη μέγα Φοῖβος, ὅτε ζωστῆρες Ἐνυοῦς
ἀνέρες ὠρχήσαντο μετὰ ξανθῇσι Λιβύσσαις,
τέθμιαι εὖτέ σφιν Καρνειάδες ἤλυθον ὧραι.
Οἱ δ' οὔπω πηγῇσι Κύρης ἐδύναντο πελάσσαι
Δωριέες, πυκινὴν δὲ νάπαις Ἄζιλιν ἔναιον·
τοὺς μὲν ἄναξ ἴδεν αὐτός, ἑῇ δ' ἐπεδείξατο νύμφῃ
στὰς ἐπὶ Μυρτούσης κερατώδεος, ἧχι λέοντα
Ὑψηὶς κατέπεφνε βοῶν σίνιν Εὐρυπύλοιο.
Οὐ κείνου χορὸν εἶδε θεώτερον ἄλλον Ἀπόλλων,
οὐδὲ πόλει τόσ' ἔνειμεν ὀφέλσιμα τόσσα Κυρήνῃ,
μνωόμενος προτέρης ἁρπακτύος· οὐδὲ μὲν αὐτοί
Βαττιάδαι Φοίβοιο πλέον θεὸν ἄλλον ἔτισαν.
  Ἱὴ ἱὴ παιῆον ἀκούομεν, οὕνεκα τοῦτο
Δελφός τοι πρώτιστον ἐφύμνιον εὕρετο λαός,
ἦμος ἑκηβολίην χρυσέων ἐπεδείκνυσο τόξων.
Πυθώ τοι κατιόντι συνήντετο δαιμόνιος θήρ,
αἰνὸς ὄφις· τὸν μὲν σὺ κατήναρες ἄλλον ἐπ' ἄλλῳ
βάλλων ὠκὺν ὀιστόν, ἐπηύτησε δὲ λαός
« Ἱὴ ἱὴ παιῆον, ἵει βέλος, εὐθύ σε μήτηρ
γείνατ' ἀοσσητῆρα »· τὸ δ' ἐξέτι κεῖθεν ἀείδῃ.
  Ὁ Φθόνος Ἀπόλλωνος ἐπ' οὔατα λάθριος εἶπεν·
« Οὐκ ἄγαμαι τὸν ἀοιδὸν ὃς οὐδ' ὅσα πόντος ἀείδῃ. »

80 ἱὴ ἱὴ Wil. : ἰὴ ἰὴ ‖ πολύλλιτε AB Lasc. : πολύλλιστε. ‖ **86** Λιβύσσαις recc. : Λιβύσσῃς ‖ **88** πηγῇσι Schneider (ex πηγαῖσι Schol. ad Pind. *Pyth.* 4, 523) : πηγῆς ‖ **91** Μυρτούσης : Μυρτούσσης FΠQ ‖ **93** εἶδε F Ath. : ἴδε ‖ **94** ἔνειμεν Lasc. : ἔδειμεν ‖ **97** ἱὴ ἱὴ F : ἰὴ ἰὴ (103 ead. uarietas)

dit-elle, le poète de qui le chant n'est comme la grande mer. » Mais Apollon la repousse du pied, et parle : « Du fleuve assyrien aussi le cours est puissant, mais il traîne bien des terres souillées, bien du limon dans ses ondes. A Déô ses prêtresses ne portent pas l'eau de tout venant, mais celle-là qui sourd, nette et limpide, de la source sacrée, quelques gouttes, pureté suprême[1]. »

Salut, ô Dieu ; et là où est Envie, que Critique aille aussi[2].

1. Sur cette fin de l'hymne, v. plus haut, p. 16 et p. 221, n. 1.

2. L'Envie est exilée de l'Olympe, en dehors du chœur des dieux (ἔξω θείου χοροῦ ἵσταται, Plat. *Phèdre*, 247 a).

Τὸν Φθόνον ὡπόλλων ποδί τ' ἤλασεν ὧδέ τ' ἔειπεν·
« Ἀσσυρίου ποταμοῖο μέγας ῥόος, ἀλλὰ τὰ πολλά
λύματα γῆς καὶ πολλὸν ἐφ' ὕδατι συρφετὸν ἕλκει.
Δηοῖ δ' οὐκ ἀπὸ παντὸς ὕδωρ φορέουσι μέλισσαι,
ἀλλ' ἥτις καθαρή τε καὶ ἀχράαντος ἀνέρπει
πίδακος ἐξ ἱερῆς ὀλίγη λιβάς, ἄκρον ἄωτον. »
Χαῖρε ἄναξ· ὁ δὲ Μῶμος, ἵν' ὁ Φθόνος, ἔνθα νέοιτο.

113 φθόνος recc. (idem Schol. Gregor. Nazianz. codicis Clark. 12 f. 3a) : φθόρος.

III

HYMNE A ARTEMIS

L'Hymne *à Artémis* est de conception et de composition moins originales que tels autres du recueil ; plus qu'eux il est une narration épique. La plus grande partie de la pièce est consacrée à l'histoire de Diane chasseresse, v. 1-182, et de ses compagnes préférées, v. 183-225 ; la 2e partie, plus écourtée, v. 225-268, énumère, en un développement d'allure lyrique, un certain nombre de cultes de la déesse. — Dans quelles circonstances l'hymne a-t-il été composé ? On a émis de vaines hypothèses : parce que beaucoup d'îles et de villes maritimes sont mentionnées dans l'hymne, et que d'autre part il y avait à Cyrène une tribu d'« insulaires », νησιῶται, on a voulu que l'hymne ait été écrit pour Cyrène ; il n'y a là aucune vraisemblance sérieuse. Une hypothèse moins forcée est celle de Couat, que l'hymne a été composé pour Ephèse : on en donnerait pour preuve le développement des vv. 237-258, sur la fondation du temple et du culte d'Ephèse, et sur la protection qu'Artémis accorde à la ville ; on dira même que la *place* de ce développement, à la fin de la pièce, avant la conclusion, lui donne sa valeur, et que c'est en même lieu qu'on trouve, dans les hymnes I et II, le morceau qui explique toute la pièce. Mais ces arguments sont ruinés par cet autre bien simple, qu'il est impossible d'admettre que, dans un hymne

« éphésien » de 268 vers, les 236 premiers soient privés de toute allusion à Ephèse et à son culte. Au vrai — et tout son caractère s'y accorde — l'« hymne » à Artémis n'est qu'une « idylle » épique, un ἐπύλλιον. Il ne comporte d'ailleurs aucune description précise de rituel. Le « couplet » sur Ephèse n'est qu'un morceau brillant, qui parfait tout l'ensemble.

La date de la pièce est difficile ou impossible à fixer. Il faut rejeter *a priori* toutes les imaginations par où certains critiques ont cru voir la jeune Bérénice, la fiancée d'Evergète, sous la figure de la vierge Artémis et cherché de ce biais une précision chronologique. Ce système d'exégèse, selon lequel Callimaque, en bon « alexandrin », ne dit rien que pour faire entendre autre chose, et qui fait de toute une poésie pittoresque un griphe colossal, ne repose sur aucun fondement solide et conduit à des subtilités absurdes ; quand Callimaque, dans les *Hymnes* et ailleurs, a voulu parler de la famille royale, il l'a fait « en clair » : Artémis n'est qu'Artémis. Il n'y a rien dans la pièce qui se rapporte à l'histoire du temps. Le passage même ne peut rien donner, où Callimaque rappelle l'histoire de Lygdamis et de ses Scythes, et qu'on a voulu mettre en rapport avec une invasion des Celtes en Ionie vers 277 ; on ne sait d'ailleurs si elle menaça directement Ephèse. Il n'est pas une preuve en tout cas que la pièce soit postérieure à cette invasion ; Callimaque aurait parlé de l'événement en toute netteté, comme il a fait, dans l'hymne à Délos, pour la marche des Gaulois sur Delphes, et non pas au travers du nébuleux Lygdamis. S'il a mentionné ce trait antique de l'histoire d'Ephèse, c'est qu'il n'en avait pas un tout analogue, et tout nouveau, à alléguer. Ce raisonnement amènerait à placer l'Hymne III dans la première partie de la carrière de Callimaque. Sa composition un peu lâche encore et son caractère mixte d'épique et de lyrique s'accorderaient avec une telle hypothèse. Elle reste incertaine : le rappel de l'histoire de Théiodamas, qui figurait dans les *Aitia*, ne lui est pas favorable.

L'intérêt de la pièce est dans les tableaux pittoresques qui s'y succèdent, où les critiques, Cobet en tête[1], qui reprochent à Callimaque de n'être pas un poète classique, ont vu, non seulement de la familiarité, mais de la bassesse. Celui de l'île des Cyclopes, ingénieux et brillant, a plu à Virgile, qui s'en est souvenu dans l'Enéide[2]; celui qui met en scène, avec Artémis, le glouton Héraclès, est vif et plaisant ; le couplet sur Britomartis et l'amoureux Minos a une couleur « romantique » curieuse. Le tableau final du plus ancien culte éphésien est bien dans la manière callimachéenne et termine la pièce sur une impression plus élevée et plus lyrique.

Le plan de l'hymne est simple. Les v. 1-182 sont comme une suite de tableaux épiques sur le thème d'Artémis chasseresse. V. 1-5 : annonce du sujet. V. 6-40 : entrevue d'Artémis et de Zeus. Artémis choisit ses nymphes, v. 41-45, et rend visite aux Cyclopes, qui lui forgent arc et traits, v. 46-86 ; à Pan, qui lui donne sa meute, v. 86-97. Premières armes d'Artémis : v. 98-123. Effets de la colère et de la faveur d'Artémis, vœux du poète : 124-141. Après cet intermède, nouveau tableau épique : Artémis dans l'Olympe, au retour de sa chasse, v. 142-168. Image finale d'Artémis et de son cortège, v. 169-182.

Après quelques vers d'interrogations et de réponses sur le mode épique, v. 183-188, commence une série de couplets sur les compagnes de la déesse, Britomartis, Cyrène, Procris, Atalante, v. 189-224.

La 2e partie de l'hymne énumère divers cultes d'Artémis, v. 225-258, celui d'Ephèse tenant toute la fin du développement, v. 237 et suiv.

Conclusion et salut final, v. 259-268.

1. Dans un article de son recueil la *Mnemosyne* (t. X), véritable « charge » contre le poète de Cyrène.

2. *Enéide*, VIII, 416 et suiv.

A ARTEMIS

Nous chantons Artémis — malheur à qui, chantant, l'oublie — Artémis, qui aime l'arc et les chasses, et les chœurs nombreux, et les jeux sur la montagne ; et d'abord nous dirons comment, tout jeune enfant, assise sur les genoux de son père, elle lui parla : « Donne-moi, petit père, la virginité éternelle, donne-moi d'être appelée de beaucoup de noms, pour que j'en défie Phoibos lui-même [1]. Donne-moi arc et flèches... Mais non, père, je ne veux de toi ni carquois ni grand arc ; les Cyclopes vont à l'instant me forger et les traits et l'arc recourbé.... plutôt donne-moi de porter les torches et de ceindre jusqu'au genou la tunique frangée, pour chasser les bêtes fauves. Donne-moi un chœur de soixante Océanides, toutes de neuf années, toutes filles sans ceintures ; et donne-moi aussi vingt servantes, vingt nymphes de l'Amnisos [2], qui prendront soin de mes sandales de chasse, et, quand j'en aurai fini de frapper lynx et cerfs, de mes chiens rapides. Que toutes montagnes soient miennes ; des villes, donne-moi telle que tu voudras ; Artémis n'y descendra pas souvent. J'habiterai les monts, et ne fréquenterai les cités des hommes qu'appelée à l'aide par les

1. Artémis est dans d'autres textes encore la déesse « aux mille noms » ; ainsi dans Arist. *Thesm.* 320. Pour Phoibos, cf. H. H. v. 70 : « Sous bien des noms on t'invoque en tout lieu. »

2. L'Amnisos, fleuve de Crète, dans la région à l'est de Cnossos.

ΕΙΣ ΑΡΤΕΜΙΝ

Ἄρτεμιν — οὐ γὰρ ἐλαφρὸν ἀειδόντεσσι λαθέσθαι —
ὑμνέομεν, τῇ τόξα λαγωβολίαι τε μέλονται
καὶ χορὸς ἀμφιλαφὴς καὶ ἐν οὔρεσιν ἑψιάασθαι,
ἄρχμενοι ὡς ὅτε πατρὸς ἐφεζομένη γονάτεσσι
παῖς ἔτι κουρίζουσα τάδε προσέειπε γονῆα·
« Δός μοι παρθενίην αἰώνιον, ἄππα, φυλάσσειν,
καὶ πολυωνυμίην, ἵνα μή μοι Φοῖβος ἐρίζῃ·
δὸς δ' ἰοὺς καὶ τόξα — ἔα, πάτερ, οὔ σε φαρέτρην
οὐδ' αἰτέω μέγα τόξον· ἐμοὶ Κύκλωπες ὀιστούς
αὐτίκα τεχνήσονται, ἐμοὶ δ' εὐκαμπὲς ἄεμμα·
ἀλλὰ φαεσφορίην τε καὶ ἐς γόνυ μέχρι χιτῶνα
ζώννυσθαι λεγνωτόν, ἵν' ἄγρια θηρία καίνω.
Δὸς δέ μοι ἑξήκοντα χορίτιδας Ὠκεανίνας,
πάσας εἰνέτεας, πάσας ἔτι παῖδας ἀμίτρους·
δὸς δέ μοι ἀμφιπόλους Ἀμνισίδας εἴκοσι νύμφας,
αἵ τέ μοι ἐνδρομίδας τε καὶ ὁππότε μηκέτι λύγκας
μήτ' ἐλάφους βάλλοιμι, θοοὺς κύνας εὖ κομέοιεν.
Δὸς δέ μοι οὔρεα πάντα· πόλιν δέ μοι ἥντινα νεῖμον,
ἥντινα λῇς· σπαρνὸν γὰρ ὅτ' Ἄρτεμις ἄστυ κάτεισιν·
οὔρεσιν οἰκήσω, πόλεσιν δ' ἐπιμίξομαι ἀνδρῶν

4 ἄρχμενοι Blomfield : ἀρχόμενοι (ἀρχόμενος ABC) || ὡς ὅτε multi correx. sine necessitate, ut uidetur : καὶ ὅτε Q || **8** ἔα om. Π || **14** εἰνέτεας : εἰνάτεας ABC || **16** ἐνδρομίδας Lasc. : ἐνδρομάδας.

femmes que tourmentent les âpres douleurs ; les Moires, à l'heure même où je naquis, m'ont assigné de les secourir, car ma mère me porta et m'enfanta sans souffrance, et sans douleur déposa le fruit de ses entrailles. » Ainsi parla l'enfant ; voulant toucher le menton de son père, elle tendait et tendait encore ses bras, vainement, pour arriver à l'effleurer. Le père approuva et sourit, et, caressant sa fille : « Que les déesses, dit-il, me fassent de tels enfants, et je me soucierai peu des fureurs de la jalouse Héra. Reçois, ma fille, tout ce que tu désires et demandes ; reçois-le de ton père, et bien plus encore. Trente villes je te donnerai, et non pas une seule, trente villes qui n'honoreront d'autre divinité que toi, et seront les villes d'Artémis [1]. Beaucoup d'autres cités, et du continent et des îles, seront en part commune et à toi et à d'autres, et toutes auront leurs autels, leurs bois d'Artémis. Et tu seras gardienne des routes, gardienne des ports. » Il dit, et d'un signe de sa tête assura sa parole. Et l'enfant descendit vers la Crète, vers les Monts Blancs [2], à la chevelure de forêts, de là vers l'Océan ; et elle fit choix de beaucoup de nymphes toutes de neuf années, toutes enfants sans ceinture. Le fleuve Kairatos [3] eut grande joie, et grande joie Téthys, à donner leurs filles comme suivantes à la fille de Létô.

Puis elle alla trouver les Cyclopes [4]. Elle les joignit dans l'île de Lipara — Lipara d'à présent, alors Meligounis ; — ils

1. Il faut entendre par là que ces villes auront le nom même d'Artémis, seront des Ἀρτεμίσια ; en fait nous ne pouvons indiquer, dans le monde antique, les trente villes qui correspondraient au détail donné ici par le poète.

2. Massif montagneux de la partie occidentale de l'île.

3. Le Kairatos, qui paraît ici en place de l'Amnisos, est le fleuve même de Cnossos. Téthys est ici la mère des Nymphes Océanides.

4. Les Cyclopes n'apparaissent pas avant la poésie alexandrine comme les compagnons d'Héphaistos ; dans la poésie latine il est souvent fait allusion à cette légende, et la forge des Cyclopes y est plusieurs fois décrite. Cf. Virgile, *Enéide*, VIII, vv. 416 et suiv.

μοῦνον ὅτ' ὀξείῃσιν ὑπ' ὠδίνεσσι γυναῖκες
τειρόμεναι καλέουσι βοηθόον, ᾗσί με Μοῖραι
γεινομένην τὸ πρῶτον ἐπεκλήρωσαν ἀρήγειν.
ὅττι με καὶ τίκτουσα καὶ οὐκ ἤλγησε φέρουσα
μήτηρ, ἀλλ' ἀμογητὶ φίλων ἀπεθήκατο γυίων. »
Ὣς ἡ παῖς εἰποῦσα γενειάδος ἤθελε πατρὸς
ἅψασθαι, πολλὰς δὲ μάτην ἐτανύσσατο χεῖρας,
μέχρις ἵνα ψαύσειε· πατὴρ δ' ἐπένευσε γελάσσας,
φῆ δὲ καταρρέζων· « Ὅτε μοι τοιαῦτα θέαιναι
τίκτοιεν, τυτθόν κεν ἐγὼ ζηλήμονος Ἥρης
χωομένης ἀλέγοιμι· φέρευ, τέκος, ὅσσ' ἐθελημός
αἰτίζεις, καὶ δ' ἄλλα πατὴρ ἔτι μείζονα δώσει.
Τρὶς δέκα τοι πτολίεθρα καὶ οὐχ ἕνα πύργον ὀπάσσω,
τρὶς δέκα τοι πτολίεθρα, τὰ μὴ θεὸν ἄλλον ἀέξειν
εἴσεται, ἀλλὰ μόνην σέ, καὶ Ἀρτέμιδος καλέεσθαι·
πολλὰς δὲ ξυνῇ πόλιας διαμετρήσασθαι
μεσσόγεως νήσους τε· καὶ ἐν πάσῃσιν ἔσονται
Ἀρτέμιδος βωμοί τε καὶ ἄλσεα· καὶ μὲν ἀγυιαῖς
ἔσσῃ καὶ λιμένεσσιν ἐπίσκοπος. » Ὣς ὁ μὲν εἰπὼν
μῦθον ἐπεκρήηνε καρήατι· βαῖνε δὲ κούρη
Λευκὸν ἐπὶ Κρηταῖον ὄρος κεκομημένον ὕλῃ,
ἔνθεν ἐπ' Ὠκεανόν· πολέας δ' ἐπελέξατο νύμφας,
πάσας εἰνέτεας, πάσας ἔτι παῖδας ἀμίτρους.
Χαῖρε δὲ Καίρατος ποταμὸς μέγα, χαῖρε δὲ Τηθύς,
οὕνεκα θυγατέρας Λητωίδι πέμπον ἀμορβούς.
Αὖθι δὲ Κύκλωπας μετεκίαθε· τοὺς μὲν ἔτετμε
νήσῳ ἐνὶ Λιπάρῃ — Λιπάρη νέον, ἀλλὰ τότ' ἔσκεν
οὔνομά οἱ Μελιγουνίς — ἐπ' ἄκμοσιν Ἡφαίστοιο

21 ὀξείῃσιν F Ath. : ὀξειέσσιν aut ὀξείεισιν cet. || **25** γυίων : κόλπων recc. || **29** ὅτε Lasc. : ὅτι || **32** καὶ δ' : καί τ' ABC || **37** πάσῃσιν corr. cod. Taurin in marg : ἀπάσῃσιν || **40** ἐπεκρήηνε : ἀπεκρήηνε ABC ἐπικρήηνε F || δὲ om. ABC || **43** uersum spurium, ex u. 14 repetitum, deleuit Vahlen || **45** πέμπον Reiske ex Schol. ad Nic. *Ther*. 349 : πέμπεν

étaient là, dans la forge d'Héphaistos, devant les masses de fer ; on pressait un gros travail, un abreuvoir pour les chevaux de Poseidon. Les nymphes eurent frayeur, quand elles virent les êtres monstrueux, tout pareils aux rocs de l'Ossa, avec, sous leur sourcil, leur œil unique, tel un bouclier fait de quatre peaux, et leur regard terrible ; frayeur encore, quand elles entendirent le bruit de l'enclume et ses lointains échos, et les soufflets puissants de la forge, et des Cyclopes eux-mêmes le souffle pesant. Car l'Etna résonnait, et la Trinacrie [1], demeure des Sicanes, et la proche Italie ; et Cyrnos même faisait entendre une clameur quand les forgerons, tenant haut les marteaux par-dessus l'épaule et frappant à tour de rôle la coulée de fer ou de bronze, peinaient à grand effort. Les Océanides ne pouvaient sans trembler ni les regarder en face ni ouïr leur vacarme. Et qui leur en voudrait ? déjà grandes, les filles mêmes des dieux ne les voient qu'avec peur [2] ; quand l'une d'elles est désobéissante, la mère appelle à l'aide les Cyclopes, Argès ou Stéropès, et du fond de la maison Hermès accourt, barbouillé de cendre noire ; il fait épouvantail à l'enfant, qui va se cacher dans le sein de sa mère, les mains sur les yeux. Mais toi, déesse, plus petite pourtant — tu n'avais que trois ans — quand Létô, te portant dans ses bras, te mena chez Héphaistos, qui l'avait invitée pour les cadeaux de bienvenue [3], Brontès te prit sur ses genoux robustes, et tu tiras les poils épais de sa large poitrine, et tu les arrachas de toutes tes forces ; encore

1. La Sicile — Cyrnos est l'île de Corse.

2. Il va sans dire qu'il n'y a pas dans l'Olympe de « petites filles », et qu'il serait vain de chercher des « témoignages » aux vers du poète. Il n'y a pas ici science, mais seulement poésie et humour.

3. Littéralement les cadeaux de première vue. Le même mot ὀπτήρια, est employé à propos de Xouthos voyant pour la première fois son fils Ion (Eurip. *Ion*, v. 1127).

ἑσταότας περὶ μύδρον· ἐπείγετο γὰρ μέγα ἔργον·
ἱππείην τετύκοντο Ποσειδάωνι ποτίστρην.
Αἱ νύμφαι δ' ἔδδεισαν, ὅπως ἴδον αἰνὰ πέλωρα
πρηόσιν Ὀσσείοισιν ἐοικότα, πᾶσι δ' ὑπ' ὀφρύν
φάεα μουνόγληνα, σάκει ἴσα τετραβοείῳ,
δεινὸν ὑπογλαύσσοντα, καὶ ὁππότε δοῦπον ἄκουσαν
ἄκμονος ἠχήσαντος ἐπὶ μέγα, πουλύ τ' ἄημα
φυσάων, αὐτῶν τε βαρὺν στόνον· αὖε γὰρ Αἴτνη,
αὖε δὲ Τρινακίη, Σικανῶν ἕδος, αὖε δὲ γείτων
Ἰταλίη, μεγάλην δὲ βοὴν ἐπὶ Κύρνος ἀύτει,
εὖθ' οἵ γε ῥαιστῆρας ἀειράμενοι ὑπὲρ ὤμων
ἢ χαλκὸν ζείοντα καμινόθεν ἠὲ σίδηρον
ἀμβολαδὶς τετυπόντες ἐπὶ μέγα μοχθήσειαν.
Τῷ σφέας οὐκ ἐτάλασσαν ἀκηδέες Ὠκεανῖναι
οὔτ' ἄντην ἰδέειν οὔτε κτύπον οὔασι δέχθαι.
Οὐ νέμεσις· κείνους γε καὶ αἱ μάλα μηκέτι τυτθαὶ
οὐδέποτ' ἀφρικτὶ μακάρων ὁρόωσι θύγατρες.
Ἀλλ' ὅτε κουράων τις ἀπειθέα μητέρι τεύχοι,
μήτηρ μὲν Κύκλωπας ἑῇ ἐπὶ παιδὶ καλιστρεῖ,
Ἄργην ἢ Στερόπην· ὁ δὲ δώματος ἐκ μυχάτοιο
ἔρχεται Ἑρμείης, σποδιῇ κεχριμένος αἰθῇ·
αὐτίκα τὴν κούρην μορμύσσεται, ἡ δὲ τεκούσης
δύνει ἔσω κόλπους θεμένη ἐπὶ φάεσι χεῖρας.
Κοῦρα, σὺ δὲ προτέρω περ, ἔτι τριέτηρος ἐοῦσα,
εὖτ' ἔμολεν Λητώ σε μετ' ἀγκαλίδεσσι φέρουσα,
Ἡφαίστου καλέοντος ὅπως ὀπτήρια δοίη,
Βρόντεώ σε στιβαροῖσιν ἐφεσσαμένου γονάτεσσι,
στήθεος ἐκ μεγάλου λασίης ἐδράξαο χαίτης,

51 ἔδδεισαν : ἔδεισαν ABCF || **52** ὀσσείοισιν : ὀσσείῃσιν F || ἐοικότα Estienne : ἐοικότας (ἐειχότας C) || **54** ὑπογλαύσσοντα Bentley : ὑπογλαύσοντα || **55** ἐπὶ Bentley : ἐπεὶ || πουλύ E Lasc. recc. : πολύ || **57** Τρινακίη : Τρινακρίη recc. || **61** τετυπόντες : τετυπόντος ABC || ἐπὶ Estienne : ἐπεὶ || **64** γε Meineke : δὲ || **66** τεύχοι : τεύχει F recc. || **69** κεχριμένος corr. E et cod. Taurin in marg. : κεχρημένος || **70** μορμύσσεται Lasc. : μορμύσεται.

à présent tout le milieu de son corps est sans poils, comme la tempe où s'est installée l'alopécie dévastatrice. Et donc, alors, sans peur, tu parlas : « Allons, Cyclopes, pour moi aussi forgez l'arc crétois et les flèches, et le carquois, abri des traits ; moi aussi je suis de Létô, comme Apollon. Et quand de mes traits j'aurai tué solitaire ou grosse bête, ce sera le repas des Cyclopes. » Tu dis, ils œuvrèrent ; du coup tu fus armée, déesse.

Bien vite tu partis en quête de ta meute : tu allas en Arcadie, à l'antre de Pan. Il découpait la chair d'un lynx du Ménale, pour donner la pâture aux chiennes qui viennent de mettre bas. Le dieu barbu te donna deux chiens blanc et noir, trois tachés aux oreilles, et un sur tout le corps[1], bons pour tirer, à la renverse, leur sautant à la gorge, des lions même, et les traîner tout vifs jusqu'au parc. Sept autres il te donna, sept chiennes de Cynosurie, plus vites que le vent[2], faites pour suivre à la course le faon et le lièvre aux yeux jamais clos, pour dépister le gîte du cerf et la bauge du porc-épic, pour repérer les traces du chevreuil. Au départir, suivie de ta meute, tu vis, sur les avancées du mont Parrhasion, bondir des biches, noble gibier ; elles paissaient sur les bords d'un torrent au lit de noirs cailloux, plus fortes que des taureaux, et l'or étincelait de leurs cornes. Du coup tu fus en arrêt,

1. Les expressions grecques sont d'un sens tout à fait incertain : le mot πηγούς est très rare, et d'une signification discutable ; le mot παρουατίους ne se retrouve pas ailleurs ; on l'a corrigé de diverses façons. Il semble en tout cas qu'il ne peut s'agir que de la *couleur* des chiens qui font la meute d'Artémis.

2. Les chiens de Cynosurie étaient une des races des chiens de Laconie, que les anciens estimaient tout particulièrement pour la chasse. Le texte parle de chiennes, comme il arrive le plus souvent quand il est question d'animaux de chasse ; Arrien s'accorde avec Xénophon pour déclarer que la chienne chasse mieux que le chien. D'une manière générale tous les détails sur la meute d'Artémis semblent indiquer que le poète a pratiqué les ouvrages sur la cynégétique, et d'abord celui de Xénophon.

ὤλοψας δὲ βίηφι· τὸ δ' ἄτριχον εἰσέτι καὶ νῦν
μεσσάτιον στέρνοιο μένει μέρος, ὡς ὅτε κόρσῃ
φωτὸς ἐνιδρυθεῖσα κόμην ἐπενείματ' ἀλώπηξ.
Τῷ μάλα θαρσαλέη σφε τάδε προσελέξαο τῆμος·
« Κύκλωπες, κἠμοί τι Κυδώνιον εἰ δ' ἄγε τόξον
ἠδ' ἰοὺς κοίλην τε κατακληῖδα βελέμνων
τεύξατε· καὶ γὰρ ἐγὼ Λητωιὰς ὥσπερ Ἀπόλλων·
αἰ δέ κ' ἐγὼ τόξοις μονιὸν δάκος ἤ τι πέλωρον
θηρίον ἀγρεύσω, τὸ δέ κεν Κύκλωπες ἔδοιεν. »
Ἔννεπες, οἱ δ' ἐτέλεσσαν· ἄφαρ δ' ὡπλίσσαο, δαῖμον.
Αἶψα δ' ἐπὶ σκύλακας πάλιν ἤιες· ἵκεο δ' αὖλιν
Ἀρκαδικὴν ἔπι Πανός· ὁ δὲ κρέα λυγκὸς ἔταμνε
Μαιναλίης, ἵνα οἱ τοκάδες κύνες εἶδαρ ἔδοιεν.
Τὶν δ' ὁ γενειήτης δύο μὲν κύνας ἥμισυ πηγούς,
τρεῖς δὲ παρουατίους, ἕνα δ' αἰόλον, οἵ ῥα λέοντας
αὐτοὺς αὖ ἐρύοντες, ὅτε δράξαιντο δεράων,
εἷλκον ἔτι ζώοντας ἐπ' αὐλίον, ἑπτὰ δ' ἔδωκε
θάσσονας αὐράων Κυνοσουρίδας, αἵ ῥα διῶξαι
ὤκισται νεβρούς τε καὶ οὐ μύοντα λαγωόν,
καὶ κοίτην ἐλάφοιο καὶ ὕστριχος ἔνθα καλιαί
σημῆναι, καὶ ζορκὸς ἐπ' ἴχνιον ἡγήσασθαι.
Ἔνθεν ἀπερχομένη — μετὰ καὶ κύνες ἐσσεύοντο —
εὗρες ἐπὶ προμολῇσ' ὄρεος τοῦ Παρρασίοιο
σκαιρούσας ἐλάφους, μέγα τι χρέος· αἱ μὲν ἐπ' ὄχθῃς
αἰὲν ἐβουκολέοντο μελαμψήφιδος ἀναύρου,
μάσσονες ἢ ταῦροι, κεράων δ' ἀπελάμπετο χρυσός·
ἐξαπίνης δ' ἔταφές τε καὶ ὃν ποτὶ θυμὸν ἔειπες·

78 κόρσῃ corr. cod. Taurin. in marg. : κόρσην ‖ **79** ἐνιδρυθεῖσα : ἐνιδρυνθεῖσα Π Lasc. ‖ **80** προσελέξαο AB : προσελέξατο ‖ **81** κἠμοί Meineke : ἤ μοι aut ἢ ἦμοι ‖ **83** Λητωιὰς Lasc. : Λητοιὰς ‖ **86** ὡπλίσσαο : ὡπλίσαο BCF. δαῖμον F Ath : δαίμων ‖ **91** παρουατίους uerbum ἅπαξ λεγόμενον, ualde incertum : παρουαίους Haupt Schneider ‖ **93** εἷλκον E : εἷλον ‖ **99** προμολῇσ' : προβολῇς recc. quod malebat Blomfield, item Meineke ‖ **100** ὄχθῃς ABC : ὄχθης ‖ **102** ἀπελάμπετο : ἐπελάμπετο E

et tu dis en ton âme : « Voici un premier butin de chasse, digne d'Artémis. » Elles étaient cinq en tout, tu en pris quatre à la course, sans poursuite des chiens, pour mener ton char rapide ; la cinquième, par delà le Kéladôn[1], pour servir à la fin — c'était le dessein d'Héra — d'épreuve à Héraclès, trouva refuge au tertre de Cérynée.

Artémis vierge, Artémis meurtrière de Tityos[2], d'or sont tes armes et ta ceinture ; tu attelas un char d'or et tu mis à tes biches, déesse, des rênes d'or. Où, pour la première fois, t'enleva ton char aux coursiers cornus ? Sur l'Hémos de Thrace, d'où vient l'assaut du Borée, qui glace cruellement l'homme sans manteau. Où fut coupé le pin de ta torche, à quelle flamme allumé ? Sur l'Olympe de Mysie ; et tu l'enflammas au feu toujours vivace qu'épandent de leur pointe les foudres de ton père. Combien de fois essayas-tu, déesse, ton arc d'argent ? Une fois contre un orme ; une fois contre un chêne ; la troisième fois contre un fauve ; la quatrième, non plus contre un fauve[3], mais contre une cité de méchants, chargés de crimes et sur leurs frères et sur leurs hôtes. Malheureux ! tu leur fais sentir ta dure colère ; la peste ravage leurs troupeaux et la gelée leurs champs ; les vieillards chez eux coupent leur chevelure pour pleurer leurs fils ; et les femmes meurent en couches, d'un coup subit[4], ou, si elles échappent, mettent au monde une progéniture qui ne se tient pas droit et ferme. Mais à ceux que tu regardes avec bienfaisance et faveur, à ceux-là les belles moissons, et le bon croît du bétail, et le bien qui prospère. Chez eux, on n'approche des

1. Le Kéladôn ou Kélados, affluent de l'Alphée.

2. Artémis — ou Apollon, dans la tradition la plus commune — tua Tityos qui avait voulu faire violence à Létô (Pind. *Pyth.* IV, 90).

3. Le texte paraît corrompu.

4. Artémis, protectrice des femmes en couches, peut également leur envoyer la mort par cette espèce de coup subit qui est le fait d'elle et d'Apollon, et qu'indique le mot βληταί.

« Τοῦτό κεν Ἀρτέμιδος πρωτάγριον ἄξιον εἴη. »
Πέντ' ἔσαν αἱ πᾶσαι· πίσυρας δ' ἕλες ὦκα θέουσα
νόσφι κυνοδρομίης, ἵνα τοι θοὸν ἅρμα φέρωσι·
τὴν δὲ μίαν Κελάδοντος ὑπὲρ ποταμοῖο φυγοῦσαν,
Ἥρης ἐννεσίῃσιν, ἀέθλιον Ἡρακλῆι
ὕστατον ὄφρα γένοιτο, πάγος Κερύνειος ἔδεκτο.
Ἄρτεμι Παρθενίη, Τιτυοκτόνε, χρύσεα μέν τοι
ἔντεα καὶ ζώνη, χρύσεον δ' ἐζεύξαο δίφρον,
ἐν δ' ἐβάλευ χρύσεια, θεά, κεμάδεσσι χαλινά.
Ποῦ δέ σε τὸ πρῶτον κερόεις ὄχος ἤρξατ' ἀείρειν;
Αἵμῳ ἔπι Θρήικι, τόθεν βορέαο καταῖξ
ἔρχεται ἀχλαίνοισι δυσαέα κρυμὸν ἄγουσα.
Ποῦ δ' ἔταμες πεύκην, ἀπὸ δὲ φλογὸς ἥψαο ποίης;
Μυσῷ ἐν Οὐλύμπῳ, φάεος δ' ἐνέηκας ἀυτμὴν
ἀσβέστου, τό ῥα πατρὸς ἀποστάζουσι κεραυνοί.
Ποσσάκι δ' ἀργυρέοιο, θεή, πειρήσαο τόξου;
πρῶτον ἐπὶ πτελέην, τὸ δὲ δεύτερον ἧκας ἐπὶ δρῦν,
τὸ τρίτον αὖτ' ἐπὶ θῆρα, τὸ τέτρατον † οὐκέτ' ἐπὶ δρῦν,
ἀλλά μιν εἰς ἀδίκων ἔβαλες πόλιν, οἵ τε περὶ σφεας
οἵ τε περὶ ξείνους ἀλιτήμονα πολλὰ τέλεσκον,
σχέτλιοι· οἷς τύνη χαλεπὴν ἐμμάξεαι ὀργήν.
Κτήνεά φιν λοιμὸς καταβόσκεται, ἔργα δὲ πάχνη,
κείρονται δὲ γέροντες ἐφ' υἱάσιν, αἱ δὲ γυναῖκες
ἢ βληταὶ θνήσκουσι λεχωίδες ἠὲ φυγοῦσαι
τίκτουσιν τῶν οὐδὲν ἐπὶ σφυρὸν ὀρθὸν ἀνέστη.
Οἷς δέ κεν εὐμειδής τε καὶ ἵλαος αὐγάσσηαι,
κείνοις εὖ μὲν ἄρουρα φέρει στάχυν, εὖ δὲ γενέθλη
τετραπόδων, εὖ δ' ὄλβος ἀέξεται· οὐδ' ἐπὶ σῆμα

108 ἐννεσίῃσιν : αἰνεσίῃσιν Lasc. || **109** ὕστατον : ὕστερον Schol. ad Apoll. *Argon.* I, 996, quod receperunt omn. edit. recc. (excepto Schneider) || **121** οὐκέτ' ἐπὶ δρῦν : locus ualde incertus; Schneidero (item Wil.) placuit lacunam post u. 121 admittere ; οὐκ ἐπὶ θῆρα Meineke, fortasse rectius || **125** λοιμὸς E recc. : λιμὸς || **128** τῶν Cobet : τῶν δ' || **129** οἷς : οὓς Lasc. || **130-31** γενέθλη...... οὐδ' om. BC || **131** ὄλβος : οἶκος Meineke, fortasse rectius.

tombes que pour y porter un corps usé par l'âge ; et la discorde ne fait pas ravage, qui tant de fois mina les maisons les mieux assises ; autour de la même table de fête, femmes de frères et sœurs du mari, toutes les belles-sœurs prennent leur place. Déesse, qu'il soit de ces heureux, qui m'est ami sincère ; que j'en sois moi-même, ô reine, et que les chants soient toujours mon souci : je dirai l'hymen de Létô, et toi-même, ô déesse, longuement, et Apollon, et tes combats et ta meute et ton arc, et le char qui porte ta splendeur, quand tu le guides vers la maison de Zeus.

Là, dès l'entrée, Hermès le Bienfaisant vient à ta rencontre pour prendre tes armes, et Apollon ta chasse. Du moins il le faisait, avant que fût venu chez Zeus le vaillant Alcide ; depuis lors il n'a plus ce soin ; c'est l'Enclume de Tirynthe [1] qui s'en charge, posté aux portes pour voir si tu rapportes quelque grasse nourriture. Et les dieux rient d'un rire inextinguible, sa belle-mère avant tout autre, quand, sortant du char un beau taureau ou un gros sanglier, il tient la bête, toute pantelante, par le pied de derrière. Il te fait la leçon, déesse, en sages paroles : « Allons, lance tes traits sur les bêtes sauvages, et les mortels te diront Secourable, tout comme ils font de moi. Laisse chevreuils et lièvres paître dans les collines ; chevreuils et lièvres, quel mal font-ils ? Ce sont les sangliers qui ravagent les champs, qui gâtent les plantes ; ce sont les buffles qui sont un fléau ; allons, à eux tes flèches. » Il dit, et bien vite s'empresse à l'entour de la bête. C'est que, pour avoir, au bûcher phrygien, fait divin son corps, il n'a rien laissé de son appétit glouton ; sa faim est la même qu'au jour qu'il trouva sur son chemin [2]

1. Héraclès. Dans Eschyle les chefs mysiens sont les « Enclumes de la lance », λόγχης ἄκμονες (*Perses*, v. 51).

2. L'histoire de Théiodamas et d'Héraclès était racontée dans les *Aitia*. Voir p. 66.

ἔρχονται πλὴν εὖτε πολυχρόνιόν τι φέρωσιν·
οὐδὲ διχοστασίη τρώει γένος, ἥ τε καὶ εὖ περ
οἴκους ἑστηῶτας ἐσίνατο· ταὶ δὲ θυωρόν
εἰνάτερες γαλόῳ τε μίαν πέρι δίφρα τίθενται.
Πότνια, τῶν εἴη μὲν ἐμοὶ φίλος ὅστις ἀληθής,
εἴην δ' αὐτός, ἄνασσα, μέλοι δέ μοι αἰὲν ἀοιδή·
τῇ ἔνι μὲν Λητοῦς γάμος ἔσσεται, ἐν δὲ σὺ πολλή,
ἐν δὲ καὶ Ἀπόλλων, ἐν δ' οἵ σεο πάντες ἄεθλοι,
ἐν δὲ κύνες καὶ τόξα καὶ ἄντυγες, αἵ τέ σε ῥεῖα
θηητὴν φορέουσιν, ὅτ' ἐς Διὸς οἶκον ἐλαύνεις.
Ἔνθα τοι ἀντιόωντες ἐνὶ προμολῇσι δέχονται
ὅπλα μὲν Ἑρμείης Ἀκακήσιος, αὐτὰρ Ἀπόλλων
θηρίον ὅττι φέρῃσθα· πάροιθέ γε, πρίν περ ἱκέσθαι
καρτερὸν Ἀλκεΐδην· νῦν δ' οὐκέτι τοῦτον ἄεθλον
Φοῖβος ἔχει· τοῖος γὰρ ἀεὶ Τιρύνθιος ἄκμων
ἕστηκε πρὸ πυλέων ποτιδέγμενος, εἴ τι φέρουσα
νεῖαι πῖον ἔδεσμα· θεοὶ δ' ἐπὶ πάντες ἐκείνῳ
ἄλληκτον γελόωσι, μάλιστα δὲ πενθερὴ αὐτή,
ταῦρον ὅτ' ἐκ δίφροιο μάλα μέγαν ἢ ὅτε χλούνην
κάπρον ὀπισθιδίοιο φέροι ποδὸς ἀσπαίροντα·
κερδαλέῳ μύθῳ σε, θεή, μάλα τῷδε πινύσκει·
« Βάλλε κακοὺς ἐπὶ θῆρας, ἵνα θνητοί σε βοηθόν
ὡς ἐμὲ κικλήσκωσιν· ἔα πρόκας ἠδὲ λαγωούς
οὔρεα βόσκεσθαι· τί δέ κεν πρόκες ἠδὲ λαγωοί
ῥέξειαν; σύες ἔργα, σύες φυτὰ λυμαίνονται·
καὶ βόες ἀνθρώποισι κακὸν μέγα· βάλλ' ἐπὶ καὶ τούς. »
Ὣς ἔνεπεν, ταχινὸς δὲ μέγαν περὶ θῆρα πονεῖτο.
Οὐ γὰρ ὅ γε Φρυγίῃ περ ὑπὸ δρυὶ γυῖα θεωθείς
παύσατ' ἀδηφαγίης· ἔτι οἱ πάρα νηδὺς ἐκείνη,
τῇ ποτ' ἀροτριόωντι συνήντετο Θειοδάμαντι.

141 ἐλαύνεις : ἐλαύνοις rec. quid. cod. ‖ **144** γε Blomfield : δὲ ‖ **150** ἢ ὅτε : ἢ ὅγε Lasc. ‖ **153** θνητοί σε corr. cod. Taurin. in marg. : θνητοῖσι ‖ **154** κικλήσκωσι F Ath. : κικλήσκουσι ‖ **155** τί δέ κεν Π Lasc. : τί κεν ‖ **161** ἀροτριόωντι AB : ἀροτριῶντι (ἀροτριάοντι Lasc.)

Théiodamas au labour. Les nymphes de l'Amnisos détellent les biches et les étrillent, et leur portent, coupé dans la prairie d'Héra, part abondante du trèfle qui vite croît, nourriture aussi des chevaux de Zeus ; elles remplissent les auges d'or de l'eau que les biches aiment à boire. Toi-même, déesse, tu entres en la demeure de ton père ; chacun t'appelle à son côté ; tu prends place auprès d'Apollon.

Quand les nymphes t'entourent de leur chœur, auprès des sources de l'Inopos, qui vient d'Egypte [1], ou près de Pitané [2] — car Pitané est à toi — ou à Limnai, ou bien au bourg d'Halai Araphénides [3], ta demeure à ta venue de Scythie, quand tu rejetas les us cruels de Tauride, ah ! qu'alors mes bœufs n'aient pas, mercenaires au service d'autrui, à labourer leur carré de jachère ; ils retourneraient à l'étable meurtris et le cou rompu, fussent-ils bœufs d'Epire, bœufs de neuf ans, les meilleurs qui soient pour, tirant sur leurs cornes, creuser un profond sillon. Car le divin Hélios ne dépasse point dans sa course le beau chœur de tes Nymphes sans le contempler, arrêtant son char ; et d'autant les jours s'allongent.

Quelle parmi les îles, quel parmi les monts plaît le plus à ton cœur? Quel port, et quelle cité? quelle nymphe as-tu le plus aimée, quelles héroïnes furent tes compagnes ? Dis-le moi, Déesse ; mes chants le rediront aux autres. L'île que tu préféras, c'est l'Ile Longue ; et la ville, Pergé ; des monts ce fut le Taygète qui te plut, des ports ceux de l'Euripe. Plus que nulle autre tu aimas la nymphe de Gortyne, Britomartis, la tueuse de faons, archer habile ; pour elle Minos, saisi d'amour, parcourut les monts de Crète. Mais elle, ici sous

1. C'était une croyance que les eaux de l'Inopos, un ruisseau de Délos, communiquaient avec celles du Nil, et suivaient leur flux. Cf. Hymne IV, v. 206 et suiv.

2. En Laconie, comme Limnai : lieux de culte d'Artémis.

3. En Attique, sur le territoire de Braurôn. Sur le culte de l'Artémis Taurique qui y était célébré, voir Eurip. *Iph. Taur.*, v. 1450 et suiv.

Σοὶ δ' Ἀμνισιάδες μὲν ὑπὸ ζεύγληφι λυθείσας
ψήχουσιν κεμάδας, παρὰ δέ σφισι πουλὺ νέμεσθαι
Ἥρης ἐκ λειμῶνος ἀμησάμεναι φορέουσιν
ὠκύθοον τριπέτηλον, ὃ καὶ Διὸς ἵπποι ἔδουσιν·
ἐν καὶ χρυσείας ὑποληνίδας ἐπλήσαντο
ὕδατος, ὄφρ' ἐλάφοισι ποτὸν θυμάρμενον εἴη·
αὐτὴ δ' ἐς πατρὸς δόμον ἔρχεαι, οἳ δέ σ' ἐφ' ἕδρην
πάντες ὁμῶς καλέουσι· σὺ δ' Ἀπόλλωνι παρίζεις.
Ἡνίκα δ' αἱ νύμφαι σε χορῷ ἔνι κυκλώσονται
ἀγχόθι πηγάων Αἰγυπτίου Ἰνωποῖο,
ἢ Πιτάνης — καὶ γὰρ Πιτάνη σέθεν — ἢ ἐνὶ Λίμναις,
ἢ ἵνα, δαῖμον, Ἁλὰς Ἀραφηνίδας οἰκήσουσα
ἦλθες ἀπὸ Σκυθίης, ἀπὸ δ' εἴπαο τέθμια Ταύρων,
μὴ νειὸν τημοῦτος ἐμαὶ βόες εἵνεκα μισθοῦ
τετράγυον τέμνοιεν ὑπ' ἀλλοτρίῳ ἀροτῆρι.
Ἦ γάρ κεν γυιαί τε καὶ αὐχένα κεκμηυῖαι
κόπρον ἔπι προγένοιντο, καὶ εἰ Στυμφαιίδες εἶεν
εἰναετιζόμεναι, κεραελκέες αἳ μὲν ἄρισται
τέμνειν ὦλκα βαθεῖαν· ἐπεὶ θεὸς οὔποτ' ἐκεῖνον
ἦλθε παρ' Ἠέλιος καλὸν χορόν, ἀλλὰ θεῆται
δίφρον ἐπιστήσας· τὰ δὲ φάεα μηκύνονται.
Τίς δὲ νύ τοι νήσων, ποῖον δ' ὄρος εὔαδε πλεῖστον,
τίς δὲ λιμήν, ποίη δὲ πόλις; τίνα δ' ἔξοχα νυμφέων
φίλαο, καὶ ποίας ἡρωίδας ἔσχες ἑταίρας;
Εἰπέ, θεά, σὺ μὲν ἄμμιν, ἐγὼ δ' ἑτέροισιν ἀείσω.
Νήσων μὲν Δολίχη, πολίων δέ τοι εὔαδε Πέργη,
Τηύγετον δ' ὀρέων, λιμένες γε μὲν Εὐρίποιο.
Ἔξοχα δ' ἀλλάων Γορτυνίδα φίλαο νύμφην,
ἐλλοφόνον Βριτόμαρτιν ἐύσκοπον· ἧς ποτε Μίνως
πτοιηθεὶς ὑπ' ἔρωτι κατέδραμεν οὔρεα Κρήτης.

163 ψήχουσιν Lasc. : ψήχουσι aut ψήγχουσι || **165** ὠκύθοον E (cf. Hes. s. u.) : ὠκυθέον || **177** κεκμηυῖαι : κεκμηκυῖαι E || **179** κεραελκέες : κερεαλκέες Lasc. || **184** ἔξοχα Lasc. : ἔξοχον || **187** Δολίχη recc. : Δολίχην

les chênes, là dans les hautes herbes se dérobait à lui. Neuf mois il hanta escarpements et précipices ; neuf mois il tint sa poursuite, jusqu'au jour où, tout près d'être saisie, elle bondit dans les flots du haut d'un rocher, et tomba dans des filets de pêcheurs qui la sauvèrent. D'où les hommes de Kydôn ont donné à la nymphe le nom de Dictyna, au mont d'où elle sauta dans la mer celui de Dicté [1] ; ils lui ont élevé des autels et lui offrent des sacrifices : en cette fête on se couronne de pin ou de lentisque, on ne touche pas au feuillage du myrte ; car c'est à une branche de myrte que se prit le péplos de la nymphe, tandis qu'elle fuyait ; d'où, contre lui, sa grande colère. Reine Oupis [2], reine au beau visage, toi qui portes les torches, c'est sous le surnom de cette nymphe que les Crétois t'invoquent. Et Cyrène aussi fut ta compagne ; tu lui fis don des deux chiens de chasse avec qui la fille d'Hypseus, près du tombeau d'Iôlcos [3], remporta le prix de la course. Et la blonde épouse de Képhalos, le fils de Déïon, fut ta camarade de chasse, et la belle Anticlée, qu'on dit que tu aimas comme tes yeux : les deux héroïnes qu'on vit d'abord porter les traits rapides et, par-dessus l'épaule, le carquois qui tient les flèches ; du côté droit l'épaule était sans agrafe et le sein se voyait à nu. Tu aimas Atalante aussi, la chasseresse aux pieds agiles, la tueuse de sangliers, fille d'Iasios, le fils d'Arcas, à qui tu appris le mener des chiens et le lancer des traits. Le ban des guerriers chasseurs du sanglier de Calydôn n'a pas de blâme pour elle : l'Arcadie reçut le trophée de victoire et détient encore les dents du monstre. Et chez Hadès Hylaios non plus que Rhoicos l'insensé n'osent, avec toute leur haine, mal parler d'un

1. De δίκτυς, *filet*. Il semble qu'il y ait confusion : le Dicté est dans la partie orientale de l'île, à l'intérieur des terres : c'est le Dictynnaion qui, à l'ouest, est un promontoire dominant la mer.

2. Une des dénominations d'Artémis.

3. Héros éponyme de la ville d'Iolcos en Thessalie.

Ἡ δ' ὁτὲ μὲν λασίῃσιν ὑπὸ δρυσὶ κρύπτετο νύμφη,
ἄλλοτε δ' εἱαμενῇσιν· ὁ δ' ἐννέα μῆνας ἐφοίτα
παίπαλά τε κρημνούς τε, καὶ οὐκ ἀνέπαυσε διωκτύν,
μέσφ' ὅτε μαρπτομένη καὶ δὴ σχεδὸν ἥλατο πόντον
πρηόνος ἐξ ὑπάτοιο, καὶ ἔνθορεν εἰς ἁλιήων
δίκτυα, τά σφ' ἐσάωσαν· ὅθεν μετέπειτα Κύδωνες
νύμφην μὲν Δίκτυναν, ὄρος δ' ὅθεν ἥλατο νύμφη
Δικταῖον καλέουσιν, ἀνεστήσαντο δὲ βωμοὺς
ἱερά τε ῥέζουσι· τὸ δὲ στέφος ἤματι κείνῳ
ἢ πίτυς ἢ σχῖνος· μύρτοιο δὲ χεῖρες ἄθικτοι·
δὴ τότε γὰρ πέπλοισιν ἐνέσχετο μύρσινος ὄζος
τῆς κούρης, ὅτ' ἔφευγεν· ὅθεν μέγα χώσατο μύρτῳ.
Οὖπι ἄνασσ' εὐῶπι φαεσφόρε, καὶ δέ σε κείνης
Κρηταέες καλέουσιν ἐπωνυμίην ἀπὸ νύμφης.
Καὶ μὴν Κυρήνην ἑταρίσσαο, τῇ ποτ' ἔδωκας
αὐτὴ θηρητῆρε δύω κύνε, τοῖς ἔνι κούρη
Ὑψηὶς παρὰ τύμβον Ἰώλκιον ἔμμορ' ἀέθλου.
Καὶ Κεφάλου ξανθὴν ἄλοχον Δηιονίδαο,
πότνια, σὴν ὁμόθηρον ἐθήκαο· καὶ δέ σε φασί
καλὴν Ἀντίκλειαν ἴσον φαέεσσι φιλῆσαι·
αἳ πρῶται θοὰ τόξα καὶ ἀμφ' ὤμοισι φαρέτρας
ἰοδόκους ἐφόρησαν· † ἀσύλλωτοι δέ φιν ὦμοι
δεξιτεροί, καὶ γυμνὸς ἀεὶ παρεφαίνετο μαζός.
Ἤινησας δ' ἔτι πάγχυ ποδορρώρην Ἀταλάντην,
κούρην Ἰασίοιο συοκτόνον Ἀρκασίδαο,
καί ἑ κυνηλασίην τε καὶ εὐστοχίην ἐδίδαξας.
Οὔ μιν ἐπίκλητοι Καλυδωνίου ἀγρευτῆρες
μέμφονται καπροιο· τὰ γὰρ σημήια νίκης
Ἀρκαδίην εἰσῆλθεν, ἔχει δ' ἔτι θηρὸς ὀδόντας.
Οὐδὲ μὲν Ὑλαῖόν τε καὶ ἄφρονα Ῥοῖκον ἔολπα
οὐδέ περ ἐχθαίροντας ἐν Ἄιδι μωμήσασθαι

197 ἐσάωσαν (σάωσαν Q) : ἐσάωσεν Lasc. || **202** ἐνέσχετο : ἀνέσχετο ABC || **213** ἀσύλλωτοι: uerbum inauditum quod multi multis modis infeliciter, ut uidetur, correxerunt ; placet ἀσύλωτοι (ex ἄσυλος).

tel archer ; car ils ne mentiront pas comme eux, leurs flancs dont le sang a rougi le sommet du Ménale.

Salut, déesse aux mille demeures, déesse aux mille cités, salut, Artémis Chitoné, qui séjournes à Milet : Nélée se mit sous ta conduite, quand il prit la mer au partir du pays de Cécrops [1]. Artémis du Chésion, Artémis de l'Imbrasos [2], Artémis qui trônes en prime place, c'est dans ton temple qu'Agamemnon suspendit le gouvernail de son vaisseau, conjurant le charme par où tu arrêtais sa marche et enchaînais les vents, au temps que les nefs achéennes voguaient, irritées contre Hélène de Rhamnonte [3], à la ruine des cités troyennes. Proitos t'éleva deux temples aussi : l'un d'Artémis « Coria », car tu ramenas ses « filles » de leurs courses errantes par les monts d'Azanie, l'autre, à Lousoi, d'Artémis « Héméra », car tu « adoucis » leur humeur sauvage. Et jadis, au rivage d'Ephèse, les guerrières Amazones dressèrent ton image, au pied du tronc d'un hêtre ; Hippô accomplit les rites, et les Amazones, reine Oupis, autour de l'idole firent d'abord la danse armée, la danse des boucliers, puis en cercle déroulèrent leur large chœur ; le chant aigu et léger de la syrinx soutenait leurs pas pour, d'accord, frapper la terre ; on n'avait pas encore les os de faon percés de trous par l'invention d'Athéna, cruelle aux cerfs. Et l'écho résonnait jusqu'à Sardes, jusqu'au pays du Bérécynthe. Et les pieds claquaient, avec un bruit pressé, et les carquois retentissaient. C'est à l'entour de cette image que plus tard, un vaste sanctuaire se bâtit ; la lumière du jour jamais n'en éclairera de plus merveilleux ni de plus riche ; Pythô même ne saurait

1. Nélée, fils de Codros, passait pour le fondateur de Milet ; dès le temps de Solon, Milet était considérée comme une colonie athénienne.

2. Le Chésion est un promontoire, et l'Imbrasos un fleuve de l'île de Samos.

3. Dans une forme de la légende, Hélène est la fille de Némésis, la divinité de Rhamnonte en Attique.

τοξότιν· οὐ γάρ σφιν λαγόνες συνεπιψεύσονται,
τάων Μαιναλίη νᾶεν φόνῳ ἀκρώρεια.
  Πότνια, πουλυμέλαθρε, πολύπτολι, χαῖρε Χιτώνη,
Μιλήτῳ ἐπίδημε· σὲ γὰρ ποιήσατο Νηλεύς
ἡγεμόνην, ὅτε νηυσὶν ἀνήγετο Κεκροπίηθεν.
Χησιάς, Ἰμβρασίη, πρωτόθρονε, σοὶ δ᾽ Ἀγαμέμνων
πηδάλιον νηὸς σφετέρης ἐγκάτθετο νηῷ,
μείλιον ἀπλοίης, ὅτε οἱ κατέδησας ἀήτας,
Τευκρῶν ἡνίκα νῆες Ἀχαιίδες ἄστεα κήδειν
ἔπλεον, ἀμφ᾽ Ἑλένῃ Ῥαμνουσίδι θυμωθεῖσαι.
Ἦ μέν τοι Προῖτός γε δύω ἐκαθίσσατο νηούς,
ἄλλον μὲν Κορίης, ὅτι οἱ συνελέξαο κούρας
οὔρεα πλαζομένας Ἀζήνια, τὸν δ᾽ ἐνὶ Λούσοις
Ἡμέρῃ, οὕνεκα θυμὸν ἀπ᾽ ἄγριον εἵλεο παίδων.
  Σοὶ καὶ Ἀμαζονίδες πολέμου ἐπιθυμήτειραι
ἔν ποτε παρραλίῃ Ἐφέσῳ βρέτας ἱδρύσαντο
φηγῷ ὑπὸ πρέμνῳ, τέλεσεν δέ τοι ἱερὸν Ἱππώ·
αὐταὶ δ᾽, Οὖπι ἄνασσα, περὶ πρύλιν ὠρχήσαντο,
πρῶτα μὲν ἐν σακέεσσιν ἐνόπλιον, αὖθι δὲ κύκλῳ
στησάμεναι χορὸν εὐρύν· ὑπήεισαν δὲ λίγειαι
λεπταλέον σύριγγες, ἵνα ῥήσσωσιν ὁμαρτῇ·
— οὐ γάρ πω νέβρεια δι᾽ ὀστέα τετρήναντο,
ἔργον Ἀθηναίης, ἐλάφῳ κακόν — ἔδραμε δ᾽ ἠχὼ
Σάρδιας ἔς τε νομὸν Βερεκύνθιον· αἱ δὲ πόδεσσιν
οὖλα κατεκροτάλιζον, ἐπεψόφεον δὲ φαρέτραι.
Κεῖνο δέ τοι μετέπειτα περὶ βρέτας εὐρὺ θέμειλον
δωμήθη· τοῦ δ᾽ οὔ τι θεώτερον ὄψεται ἠὼς
οὐδ᾽ ἀφνειότερον· ῥέα κεν Πυθῶνα παρέλθοι.
Τῷ ῥα καὶ ἠλαίνων ἀλαπαξέμεν ἠπείλησε

230 ὅτε om. ABC || **232** om. B || **233** Προῖτός γε : Προῖτός τε ABCQ || **235** Ἀζήνια Spanheim : ἀξείνια || **236** εἵλεο : εἵλετο ABC || **238** ποτε recc. : κοτε || **243** ῥήσσωσιν de Jan. : πλήσσωσιν || **244** τετρήναντο : τετρήνοντο B Lasc. || **248** εὐρὺ θέμειλον ABE : sine distinctione cett. εὐρυθέμειλον δῶμ᾽ ἤρθη Bergk

l'égaler. Dans sa violence inouïe un Lygdamis se vanta de le ruiner[1], lançant contre lui la horde des Cimmériens nourris au lait des cavales, innombrables comme les sables de la mer, habitants des bords du Passage de la Vache[2], fille d'Inachos. Roi criminel, et misérable destin ! Ils ne devaient reprendre le chemin de la Scythie, ni lui ni aucun de ses hommes, de tous les chars rassemblés dans la prairie du Caystre. Pour garder Ephèse tes traits sont là, toujours.

Déesse, Artémis Mounichia, gardienne des ports, salut, déesse de Phérai[3]. Ne dédaignez pas Artémis — pour avoir méprisé son autel, Oineus vit de cruels combats au cœur de sa cité. Ne la défiez pas à la chasse ni au lancer des traits — l'Atride paya bien lourd le prix de sa vantardise. Ne prétendez pas à sa virginité — tristes noces, celles que briguèrent Otos et Oarion[4]. Ne fuyez pas le chœur que l'année lui ramène — Hippô ne refusa pas, sans en pleurer bien des larmes, la ronde autour de son autel.

Salut, Toute Puissante, sois bienveillante à mes chants.

1. On ne sait à peu près rien de cette expédition des Cimmériens en Lydie et en Ionie, conduite par leur roi Lygdamis. D'autres textes pourtant la signalent, par exemple Strabon, I, 3, 21.

2. Le Bosphore, βοὸς πόρος. La fille d'Inachos est Io.

3. Ville de Thessalie.

4. Pour la légende d'Oineus, cf. *Iliade*, IX, v. 529 et suiv. ; pour celle d'Agamennon défiant Artémis, cf. Soph. *Electre*, v. 566 et suiv. Otos et Oarion furent percés de flèches par Artémis pour avoir voulu attenter à sa virginité.

Λύγδαμις ὑβριστής· ἐπὶ δὲ στρατὸν ἱππημολγῶν
ἤγαγε Κιμμερίων ψαμάθῳ ἴσον, οἵ ῥα παρ' αὐτόν
κεκλιμένοι ναίουσι βοὸς πόρον Ἰναχιώνης.
Ἆ δειλὸς βασιλέων, ὅσον ἤλιτεν· οὐ γὰρ ἔμελλεν
οὔτ' αὐτὸς Σκυθίηνδε παλιμπετές, οὔτε τις ἄλλος
ὅσσων ἐν λειμῶνι Καϋστρίῳ ἔσταν ἅμαξαι,
νοστήσειν· Ἐφέσου γὰρ ἀεὶ τεὰ τόξα πρόκειται.
Πότνια, Μουνυχίη, λιμενοσκόπε, χαῖρε Φεραίη.
Μή τις ἀτιμήσῃ τὴν Ἄρτεμιν — οὐδὲ γὰρ Οἰνεῖ
βωμὸν ἀτιμάσσαντι καλοὶ πόλιν ἦλθον ἀγῶνες —
μηδ' ἐλαφηβολίην μηδ' εὐστοχίην ἐριδαίνειν
— οὐδὲ γὰρ Ἀτρείδης ὀλίγῳ ἔπι κόμπασε μισθῷ —
μηδέ τινα μνᾶσθαι τὴν παρθένον — οὐδὲ γὰρ Ὦτος
οὐδὲ μὲν Ὠαρίων ἀγαθὸν γάμον ἐμνήστευσαν —
μηδὲ χορὸν φεύγειν ἐνιαύσιον — οὐδὲ γὰρ Ἱππώ
ἀκλαυτὶ περὶ βωμὸν ἀπείπατο κυκλώσασθαι.
Χαῖρε μέγα κρείουσα καὶ εὐάντησον ἀοιδῇ.

251 ἀλαπαξέμεν : ἀλαπαζέμεν E Lasc. || ἠπείλησε om. ABC || **253** ἤγαγε : ἤλασε *Etym. Gudian.* p. 477, 13 || ἴσον...... αὐτόν om. ABC || **261** ἀτιμάσσαντι Schneider : ἀτιμάσαντι || πόλιν : πτόλιν Lasc. || **263** ἔπι κόμπασε Wil. (ἐπὶ κόμπασε Meineke) : ἐπεκόμπασε (ἐπικόμπασε Π) || **267** ἀκλαυτὶ Blomfield : ἀκλαυτεί.

IV

HYMNE A DELOS

L'Hymne *à Délos* est la pièce officielle du recueil, le poème d'apparat, écrit pour une effective récitation dans une cérémonie délienne. On peut en fixer la date. Le *terminus post quem* est donné avec certitude par les vers qui rappellent l'échec des Gaulois devant Delphes (277) et leur fin dramatique en Egypte, après leur rébellion contre Philadelphe (276). Sans s'inquiéter du *terminus ante quem,* qui paraît être la bataille de Cos [1], il faut considérer que l'hymne à Délos ne peut être très postérieur à l'événement que rappellent les v. 171 et suiv. L'histoire des Gaulois à Delphes et en Egypte n'était pas si considérable dans l'histoire du règne qu'il y eût lieu, à Délos, de la rappeler après beaucoup d'années. D'autant qu'il ne s'agit pas d'une simple allusion : la prédiction d'Apollon est au centre même de l'hymne [2] ; elle domine tout le développement et amène le dénouement du drame que constitue la fuite de Létô : la

1. Elle affaiblit en effet la puissance des Ptolémées dans la mer Egée. On a voulu faire descendre la date de l'hymne sensiblement plus bas que 275, parce que cette époque ne correspond pas à la domination la plus complète de Philadelphe dans le monde méditerranéen. Mais il faut compter avec l'exagération poétique. Dans l'ἐγκώμιον de Théocrite, qui est antérieur à 270, Philadelphe est déjà désigné comme « le maître des terres et des mers ».

2. Exactement. Elle commence au vers 163 ; l'hymne en compte 326.

pièce est quasi faite pour ces vers à grand effet. Il y a toute vraisemblance pour que le poème ait été récité dans la première fête des *Ptolémaia* célébrée après les événements de 277-276. C'est la pleine époque du protectorat des Ptolémées sur Délos, qui commence en 287[1].

Le souvenir de l'Hymne homérique à Apollon Délien ne pouvait pas ne pas s'imposer à l'esprit du poète : bien des détails du texte le rappellent. Mais l'originalité du poème de Callimaque ressort très évidente. Le thème officiel et patriotique qui occupe exactement le point central de l'hymne a commandé toute la transformation ; et Callimaque a su, de la contrainte même qu'il lui imposait, tirer pour une bonne part la beauté poétique de son œuvre. Au lieu d'en faire comme une pièce rapportée, il l'a inséré dans la trame même de l'hymne, mettant l'éloge de Ptolémée, par un artifice à coup sûr discutable, dans la bouche même d'Apollon encore au ventre de sa mère, et faisant de la prédiction du dieu un moment même du voyage de Létô. La fuite de la mère d'Apollon devant la menace d'Héra, à peine indiquée dans quelques vers de l'hymne homérique, devient le motif essentiel de la pièce nouvelle. Et le voyage éperdu de la mère douloureuse, l'Hellade toute entière, îles et montagnes, fleuves et villes, fuyant à son approche, est, malgré des longueurs et des fautes de goût, un tableau vraiment curieux et puissant : épique par la répétition du même effet, lyrique par l'accent des lamentations de Létô et des imprécations ou des prédictions enthousiastes d'Apollon. Au mouvement ascendant de toute cette première partie, qui est à son paroxysme avec l'oracle d'Apollon, s'oppose, dans la deuxième partie de la pièce, le tableau apaisé de la naissance du Dieu et des fêtes déliennes, où se retrouve le même goût pour les détails rituels qui paraît dans d'autres hymnes ; et la mention du « marchand de l'Egée », débarquant de sa nef pour accomplir les rites traditionnels,

1. Après sa libération de l'autorité de Démétrios de Phalère. Voy. Dürrbach, dans le *Bull. de Corr. Hellén.*, 1907, p. 218.

vient compléter l'image d'une Délos hellénistique, centre politique, ville mystique et ville d'affaires. Poésie très riche, plus pleine et plus saisissante que celle, agréable, coulante et un peu floue, de l'hymne homérique.

V. 1-10 : salut à Délos. V. 11-27, noblesse et primauté de l'île favorite d'Apollon. V. 28-54, le poète chantera le destin de l'île, autrefois errante, stable depuis la naissance d'Apollon. V. 55-248, erreurs de Létô sous la menace d'Héra, l'une de ses « stations » étant Cos, où Apollon prédit la venue de Ptolémée (v. 160 et suiv.). Délos reçoit Létô, et le courroux d'Héra s'apaise. V. 249-274, naissance d'Apollon. V. 275-324, cultes et fêtes de Délos. V. 325-326, salut final.

A DELOS

En quel temps, ô mon âme, et quand donc chanteras-tu la sainte Délos, nourrice d'Apollon ? Oui, les Cyclades, les plus sacrées des îles qui sont sur la mer, toutes les Cyclades veulent nos hymnes ; mais Délos réclame la primauté de tels présents des Muses, pour avoir d'abord baigné, mis dans ses langes et loué comme un Dieu le maître des chants, Phoibos. Comme les Muses haïssent le poëte qui ne chante Pimpléia [1], ainsi fait Phoibos pour qui oublie Délos. A Délos je consacre mon chant d'aujourd'hui, pour qu'Apollon, Dieu du Cynthe, loue mon zèle pour sa chère nourrice.

Terre venteuse, terre sans labours [2], faite plutôt, roche battue des flots, pour le vol des mouettes que pour l'ébat des chevaux, Délos est plantée dans la mer qui, roulant ses flots pressés, essuie à son rivage toute l'écume des eaux Icariennes ; ceux qui l'habitent ne sont que gens de mer, pêcheurs au harpon. Mais nulle ne lui dispute l'honneur d'être parmi les premières, quand les îles se pressent autour d'Océan et de Téthys, la fille des Titans ; toujours, à leur tête, elle ouvre leur marche. Derrière elle, sur ses traces, va Cyrnos la Phénicienne, noble terre, et la Longue Ile des Abantes [3], la terre des Ellopiens, et la belle Sardaigne et l'île

1. Pimpléia, localité de la Piérie, au pied de l'Olympe, lieu de culte des Muses, souvent appelées Πιμπληΐδες.

2. Sens douteux ; peut-être « immuable » (sous l'effort des vents) ; cf. Virg. *En.*, III 77.

3. L'île d'Eubée.

ΕΙΣ ΔΗΛΟΝ

Τὴν ἱερήν, ὦ θυμέ, τίνα χρόνον ἢ πότ᾽ ἀείσεις
Δῆλον, Ἀπόλλωνος κουροτρόφον ; ἦ μὲν ἅπασαι
Κυκλάδες, αἳ νήσων ἱερώταται εἰν ἁλὶ κεῖνται,
εὔυμνοι· Δῆλος δ᾽ ἐθέλει τὰ πρῶτα φέρεσθαι
ἐκ Μουσέων, ὅτι Φοῖβον ἀοιδάων μεδέοντα
λοῦσέ τε καὶ σπείρωσε καὶ ὡς θεὸν ἤνεσε πρώτη.
Ὡς Μοῦσαι τὸν ἀοιδὸν ὃ μὴ Πίμπλειαν ἀείσῃ
ἔχθουσιν, τὼς Φοῖβος ὅτις Δήλοιο λάθηται.
Δήλῳ νῦν οἴμης ἀποδάσσομαι, ὡς ἂν Ἀπόλλων
Κύνθιος αἰνήσῃ με φίλης ἀλέγοντα τιθήνης.
Κείνη δ᾽ ἠνεμόεσσα καὶ ἄτροπος, οἷά θ᾽ ἁλιπλὴξ
αἰθυίῃς καὶ μᾶλλον ἐπίδρομος ἠέπερ ἵπποις,
πόντῳ ἐνεστήρικται· ὁ δ᾽ ἀμφί ἑ πουλὺς ἑλίσσων
Ἰκαρίου πολλὴν ἀπομάσσεται ὕδατος ἄχνην·
τῷ σφε καὶ ἰχθυβολῆες ἁλίπλοοι ἐννάσσαντο.
Ἀλλά οἱ οὐ νεμεσητὸν ἐνὶ πρώτῃσι λέγεσθαι,
ὁππότ᾽ ἐς Ὠκεανόν τε καὶ ἐς Τιτηνίδα Τηθὺν
νῆσοι ἀολλίζονται, ἀεὶ δ᾽ ἔξαρχος ὁδεύει.
Ἡ δ᾽ ὄπιθεν Φοίνισσα μετ᾽ ἴχνια Κύρνος ὀπηδεῖ
οὐκ ὀνοτή, καὶ Μάκρις Ἀβαντιὰς Ἐλλοπιήων

5 Μουσέων : Μουσάων ABC ‖ ἀοιδάων Lasc. : ἀοιδέων ‖ **7** ἀείσῃ Schol. Vatic. 1307 in Lycophr. 275 : ἀείσει ‖ **8** ὅτις : ὅτι ABC ὅστις EQ ‖ **10** Κύνθιος Lasc. : diuersa — χανθιον χαυθιος χαυριος — cett. ‖ **11** (ἠ)νεμόεσσα om. ABC ‖ **12** αἰθυίῃς : fortasse αἰθυίαις, ut in ms. quodam recentiore ‖ **15** ἐννάσσαντο E : ἐννάσαντο ‖ **19** ὄπιθεν E Lasc. : ὄπισθεν

qu'aborda Cypris au sortir de l'onde [1]; pour l'en payer elle la tient en sa garde. Ces îles sont fortes de leurs tours et de leurs défenses; Délos est forte d'Apollon : quel rempart plus puissant? Murs et assises de pierre peuvent céder au souffle du Borée Strymonien : inébranlable est la divinité. Chère Délos, c'est elle qui est près de toi, ton secours et ton aide.

Mille récits sont à l'entour de ton nom; auquel vais-je le lier aujourd'hui? et que te plaît-il d'entendre? Est-ce comment, d'abord, un grand dieu, frappant les monts de son trident aux trois pointes, œuvre des Telchines, fit d'eux les îles de la mer [2]; comment, extirpées de leurs fondements, il les précipita dans les flots et les enracina par le fond de l'abîme, pour leur faire oublier la terre? Toi, tu n'avais pas subi ce destin violent; libre, tu voguais sur les flots. Ton nom était alors Astéria; tel un astre en effet, tu bondis du haut du ciel dans le gouffre profond, pour fuir l'hymen de Zeus. Tu n'avais pas encore reçu la brillante Létô; tu étais encore Astéria, tu n'étais point Délos [3]. Souvent les matelots, passant de Trézène, la ville de Xanthos [4], à Ephyra, t'aperçurent dans le golfe Saronique, qui à leur retour ne te virent plus ; tu courais par les eaux rapides du détroit d'Euripe, aux flots sonores; puis, le même jour, te détournant de la mer de Chalcis, tu voguais jusqu'au promontoire d'Attique, jusqu'au Sounion, ou jusqu'à Chios, jusqu'aux mamelons

1. C'est l'île de Chypre.

2. Poseidon est le dieu « qui ébranle la terre »; par là même les grands cataclysmes physiques, failles des rochers, rupture des montagnes, apparition d'îles — ainsi, à l'époque historique, la petite île d'Hiéra, entre Théra et Thérasia — lui sont rapportés. C'est lui qui ouvre la vallée de Tempé, d'un coup de son trident, et les passages de la mer Egée, entre les îles et le continent. Des vases peints le représentent lançant contre le géant Ephialtès une masse de terre arrachée à l'île de Cos, et qui devient l'île de Nisyros.

3. Astéria est « l'île étoile » ; Délos est « la visible ».

4. On ne sait quel est ce Xanthos. On connaît à Trézène un *Anthas* (v. note crit.). Ephyra est l'ancien nom de Corinthe.

Σαρδώ θ' ἱμερόεσσα, καὶ ἣν ἐπενήξατο Κύπρις
ἐξ ὕδατος τὰ πρῶτα, σαοῖ δέ μιν ἀντ' ἐπιβάθρων.
Κεῖναι μὲν πύργοισι περισκεπέεσσιν ἐρυμναί,
Δῆλος δ' Ἀπόλλωνι· τί δὲ στιβαρώτερον ἕρκος;
Τείχεα μὲν καὶ λᾶες ὑπαὶ ῥιπῆς κε πέσοιεν
Στρυμονίου βορέαο· θεὸς δ' ἀεὶ ἀστυφέλικτος.
Δῆλε φίλη, τοῖός σε βοηθόος ἀμφιβέβηκεν.
Εἰ δὲ λίην πολέες σε περιτροχόωσιν ἀοιδαί,
ποίῃ ἐνιπλέξω σε; τί τοι θυμῆρες ἀκοῦσαι;
Ἦ ὡς τὰ πρώτιστα μέγας θεὸς οὔρεα θείνων
ἄορι τριγλώχινι, τό οἱ Τελχῖνες ἔτευξαν,
νήσους εἰναλίας εἰργάζετο, νέρθε δὲ πάσας
ἐκ νεάτων ὤχλισσε καὶ εἰσεκύλισε θαλάσσῃ,
καὶ τὰς μὲν κατὰ βυσσόν, ἵν' ἠπείροιο λάθωνται,
πρυμνόθεν ἐρρίζωσε; σὲ δ' οὐκ ἔθλιψεν ἀνάγκη,
ἀλλ' ἄφετος πελάγεσσιν ἐπέπλεες. οὔνομα δ' ἦν σοι
Ἀστερίη τὸ παλαιόν, ἐπεὶ βαθὺν ἥλαο τάφρον,
οὐρανόθεν φεύγουσα Διὸς γάμον, ἀστέρι ἴση·
τόφρα μὲν οὔπω σοι χρυσέη ἐπεμίσγετο Λητώ,
τόφρα δ' ἔτ' Ἀστερίη σὺ καὶ οὐδέπω ἔκλεο Δῆλος.
Πολλάκι σε Τροιζῆνος ἀπὸ Ξάνθοιο πολίχνης
ἐρχόμενοι Ἐφύρηνδε Σαρωνικοῦ ἔνδοθι κόλπου
ναῦται ἐπεσκέψαντο, καὶ ἐξ Ἐφύρης ἀνιόντες
οἱ μὲν ἔτ' οὐκ ἴδον αὖθι, σὺ δὲ στεινοῖο παρ' ὀξὺν
ἔδραμες Εὐρίποιο πόρον καναχηδὰ ῥέοντος,
Χαλκιδικῆς δ' αὐτῆμαρ ἀνηναμένη ἁλὸς ὕδωρ
μέσφ' ἐς Ἀθηναίων προσενήξαο Σούνιον ἄκρον,
ἢ Χίον ἢ νήσοιο διάβροχον ὕδατι μαστόν

30 ἦ ὡς cod. Taur. in marg. item Estienne χ' ὡς || **32** νέρθε δὲ πάσας uix sanum plerisque uisum, fortasse injuria : ex. gr. δ' ἐπάρας scripsit Schneider, δ' ἐλάσσας Meineke Wil. || **34** βυσσόν corr. cod. Taurin. in marg. Dindorf : βυθόν || **36** ἐπέπλεες : ἀπέπλεες Lasc. || **41** πολλάκι σε Reiske : πολλάκις ἐκ (σ' dist. cod. Taurin. in marg. — Ξανθοῖο valde dubium, fortasse ἀπ' ἐξ Ἀνθάο (Schn.). || **44** δέ om. ABC (δεινοῖο B).

arrosés de l'île Parthénia — non point Samos encore — où t'accueillaient les nymphes voisines de la terre d'Ancaios[1], les nymphes de Mycale. Mais quand ton sol se fut prêté à la naissance d'Apollon, tu reçus en échange, des hommes de la mer, le nom de Délos : tu ne voguais plus sur les eaux, insaisissable au regard ; tu avais pris racine dans les flots de la mer Egéenne.

Tu n'avais pas tremblé devant les fureurs d'Héra. Sa colère grondait contre toutes les femmes qui donnaient des enfants à Zeus, contre Létô surtout, la seule qui dût, par lui, mettre au monde un fils plus chéri qu'Arès. Elle-même, du haut de l'éther, dans son ire violente, indicible, elle guettait, elle fermait tout asile à Létô déchirée par les douleurs. Elle avait deux sentinelles, à surveiller la terre ; l'une gardait le continent, et c'était, sur la haute cime de l'Hémos de Thrace, Arès le Fort, en armes, ses chevaux au repos dans l'antre de Borée aux sept replis ; l'autre gardait les vastes îles : et c'était, envolée au sommet du Mimas[2], la fille de Thaumas. Tenant leur faction, ils menaçaient toutes les villes d'où s'approchait Létô, et les détournaient de la recevoir. Et l'Arcadie la fuyait, et la montagne sainte d'Augé[3], le Parthénion. Et fuyait le vieillard Phénée[4], et toute la terre de Pélops, proche de l'Isthme, hors l'Aigialos et Argos ; Létô n'en foulait pas les chemins, car le pays d'Inachos est le lot d'Héra. D'une même course fuyait l'Aonie, à sa suite Dirké et Strophié[5], tenant par la main leur père Isménos, au lit de cailloux

1. Fils de Zeus ou de Poseidon, roi des Léléges de Samos.

2. Promontoire de la côte d'Asie Mineure, au sud de Chios. — La fille de Thaumas est Iris.

3. Fille d'Aléos, roi de Tégée, qui mit au monde Télèphe, sur le Parthénion, une montagne d'Arcadie.

4. Phénée, héros fondateur de la ville de Phénéos en Arcadie.

5. L'Inachos est la rivière d'Argos. L'Aonie est un autre nom de la Béotie ; Dirké et Strophié sont des fontaines du territoire thébain, filles du fleuve Isménos. Le fleuve Asôpos fut foudroyé par Zeus, qu'il poursuivait pour le rapt de sa fille Aigina.

Παρθενίης — οὔπω γὰρ ἔην Σάμος — ἧχί σε νύμφαι
γείτονες Ἀγκαίου Μυκαλησσίδες ἐξείνισσαν.
Ἡνίκα δ' Ἀπόλλωνι γενέθλιον οὖδας ὑπέσχες,
τοῦτό τοι ἀντημοιβὸν ἁλίπλοοι οὔνομ' ἔθεντο,
οὕνεκεν οὐκέτ' ἄδηλος ἐπέπλεες, ἀλλ' ἐνὶ πόντου
κύμασιν Αἰγαίοιο ποδῶν ἐνεθήκαο ῥίζας.
Οὐδ' Ἥρην κοτέουσαν ὑπέτρεσας· ἣ μὲν ἁπάσαις
δεινὸν ἐπεβρωμᾶτο λεχωίσιν αἳ Διὶ παῖδας
ἐξέφερον, Λητοῖ δὲ διακριδόν, οὕνεκα μούνη
Ζηνὶ τεκεῖν ἤμελλε φιλαίτερον Ἄρεος υἷα.
Τῷ ῥα καὶ αὐτὴ μὲν σκοπιὴν ἔχεν αἰθέρος εἴσω,
σπερχομένη μέγα δή τι καὶ οὐ φατόν, εἶργε δὲ Λητώ
τειρομένην ὠδῖσι· δύω δέ οἱ εἵατο φρουροὶ
γαῖαν ἐποπτεύοντες, ὃ μὲν πέδον ἠπείροιο
ἥμενος ὑψηλῆς κορυφῆς ἔπι Θρήικος Αἵμου
θοῦρος Ἄρης ἐφύλασσε σὺν ἔντεσι, τὼ δέ οἱ ἵππω
ἑπτάμυχον Βορέαο παρὰ σπέος ηὐλίζοντο·
ἣ δ' ἐπὶ νησάων ἑτέρη σκοπὸς εὐρειάων
ἧστο κόρη Θαύμαντος ἐπαΐξασα Μίμαντι·
ἔνθ' οἳ μὲν πολίεσσιν ὅσαις ἐπεβάλλετο Λητώ
μίμνον ἀπειλητῆρες, ἀπετρώπων δὲ δέχεσθαι.
Φεῦγε μὲν Ἀρκαδίη, φεῦγεν δ' ὄρος ἱερὸν Αὔγης
Παρθένιον, φεῦγεν δ' ὁ γέρων μετόπισθε Φενειός·
φεῦγε δ' ὅλη Πελοπηὶς ὅση παρακέκλιται Ἰσθμῷ,
ἔμπλην Αἰγιαλοῦ τε καὶ Ἄργεος· οὐ γὰρ ἐκείνας
ἀτραπιτοὺς ἐπάτησεν, ἐπεὶ λάχεν Ἴναχον Ἥρη.
Φεῦγε καὶ Ἀονίη τὸν ἕνα δρόμον, αἳ δ' ἐφέποντο
Δίρκη τε Στροφίη τε μελαμψήφιδος ἔχουσαι
Ἰσμηνοῦ χέρα πατρός· ὃ δ' εἵπετο πολλὸν ὄπισθεν

50 Ἀγκαίου Lasc. : ἀγκαίον || Μυκαλησσίδες Blomfield ex Steph. Byz. s. v. Μυκαλησσός : μυκαλησίδες || **51** ὑπέσχες : ἐπέσχες F || **62** ἐποπτεύοντες : ὑποπτεύοντες Lasc. || **64** ἐφύλασσε Lasc. item cod. Matrit. : ἐφύλασσε δὲ || **70** φεῦγεν δ' Lasc. : φεῦγε δ' || **71** Φενεῖος d'Arnaud : Φεναῖος.

noirs, et, bien loin derrière, Asôpos aux genoux alourdis, depuis que la foudre l'avait frappé. Ebranlée du coup, la nymphe du sol, Mélia, quitta le chœur de ses compagnes, et la pâleur envahit ses joues, quand elle vit trembler les arbres, chevelure de l'Hélicon, angoissée pour le chêne dont les jours sont les siens. Muses, ô mes déesses, dites-le : est-ce véridique, que les chênes soient nés au même jour que leurs Nymphes? Les Nymphes sont en joie, quand l'eau du ciel fait grandir les chênes; les Nymphes sont en deuil, quand les chênes n'ont plus leur feuillage. Apollon, encore au sein de sa mère, s'irrita durement, proférant contre Thèbes une menace trop suivie d'effet : « Thèbes, malheureuse Thèbes, pourquoi forcer l'annonce de ton destin de bientôt; non, ne me contrains pas à prophétiser malgré moi. Je n'ai soin encore du trépied de Pythô; il n'a pas succombé, le dragon énorme qui du fond du Pleistos serpente encore, monstre à la mâchoire terrible, enveloppant le Parnasse neigeux des neuf orbes de son corps. Mais je parlerai, et d'un plus tranchant discours que sur le laurier prophétique. Fuis, fuis; j'aurai vite fait de te saisir, et dans ton sang de baigner mon arc. Les enfants d'une mère à la langue impudente, voilà ton lot[1]. Non, tu ne seras point ma chère nourrice, toi ni le Cithéron; pur, que je ne sois dans le cœur que des purs. » Il dit, et Létô, se détournant, reprit sa course. Et quand elle vit reculer devant elle encore les villes d'Achaïe, Héliké[2], compagne de Poseidon, et Boura, où sont les troupeaux de Dexaménos, fils d'Oikeus, elle rebroussa chemin vers la Thessalie. Mais l'Anauros s'enfuit, et la grande cité de Larisse et les roches Chironiennes, et le Pénée qui serpente au val de Tempé. Héra, ton cœur

1. Il s'agit des Niobides.

2. Héliké était une ville d'Achaïe, à quelque distance de la côte, avec un sanctuaire important de Poseidon Hélikonios. — Oikeus donné ici comme père de Dexaménos, n'est pas autrement connu. — L'Anauros est un torrent qui vient du Pélion.

Ἀσωπὸς βαρύγουνος, ἐπεὶ πεπάλακτο κεραυνῷ.
Ἡ δ' ὑποδινηθεῖσα χοροῦ ἀπεπαύσατο νύμφη
αὐτόχθων Μελίη καὶ ὑπόχλοον ἔσχε παρειήν,
ἥλικος ἀσθμαίνουσα περὶ δρυός, ὡς ἴδε χαίτην
σειομένην Ἑλικῶνος. Ἐμαὶ θεαί, εἴπατε, Μοῦσαι,
ἦ ῥ' ἐτεὸν ἐγένοντο τότε δρύες ἡνίκα Νύμφαι;
Νύμφαι μὲν χαίρουσιν, ὅτε δρύας ὄμβρος ἀέξει,
Νύμφαι δ' αὖ κλαίουσιν, ὅτε δρυσὶν οὐκέτι φύλλα.
Ταῖς μὲν ἔτ' Ἀπόλλων ὑποκόλπιος αἰνὰ χολώθη,
φθέγξατο δ' οὐκ ἀτέλεστον ἀπειλήσας ἐπὶ Θήβῃ·
« Θήβη, τίπτε, τάλαινα, τὸν αὐτίκα πότμον ἐλέγχεις;
μήπω μή μ' ἀέκοντα βιάζεο μαντεύεσθαι.
Οὔπω μοι Πυθῶνι μέλει τριποδήιος ἕδρη,
οὐδέ τί πω τέθνηκεν ὄφις μέγας, ἀλλ' ἔτι κεῖνο
θηρίον αἰνογένειον ἀπὸ Πλειστοῖο καθέρπον
Παρνησὸν νιφόεντα περιστέφει ἐννέα κύκλοις.
Ἀλλ' ἔμπης ἐρέω τι τομώτερον ἢ ἀπὸ δάφνης·
φεῦγε πρόσω· ταχινός σε κιχήσομαι αἵματι λούσων
τόξον ἐμόν· σὺ δὲ τέκνα κακογλώσσοιο γυναικὸς
ἔλλαχες· οὐ σύ γ' ἐμεῖο φίλη τροφὸς οὐδὲ Κιθαιρὼν
ἔσσεται· εὐαγέων δὲ καὶ εὐαγέεσσι μελοίμην. »
Ὣς ἄρ' ἔφη· Λητὼ δὲ μετάτροπος αὖτις ἐχώρει.
Ἀλλ' ὅτ' Ἀχαιιάδες μιν ἀπηρνήσαντο πόληες
ἐρχομένην, Ἑλίκη τε Ποσειδάωνος ἑταίρη
Βοῦρά τε Δεξαμενοῖο βοόστασις Οἰκιάδαο,
ἂψ δ' ἐπὶ Θεσσαλίην πόδας ἔτρεπε, φεῦγε δ' Ἄναυρος
καὶ μεγάλη Λάρισα καὶ αἱ Χειρωνίδες ἄκραι·
φεῦγε δὲ καὶ Πηνειὸς ἑλισσόμενος διὰ Τεμπέων.
Ἥρη, σοὶ δ' ἔτι τῆμος ἀνηλεὲς ἦτορ ἔκειτο·

79-85 delendo esse putauit Meineke ut aliunde illatos, nec non sententiarum ordinem ita perturbantes, ut multo planius ac melius a u. 78 ad u. 86 fiat transitus || **92** καθέρπον : παρέρπον Meineke fortasse aptius || **100** πόληες Lasc. : πόλιες || **104** Λάρισα Meineke (Λάρισσα Lasc. recc) : λάρης aut λάρις

restait impitoyable ; ni émotion ni pitié quand Létô, levant ses deux bras, s'écriait, paroles vaines : « Nymphes de Thessalie, race du fleuve, dites à votre père de ralentir le cours de ses eaux ; embrassez son menton, suppliez-le : que les enfants de Zeus voient le jour dans ses ondes. Pénée de Phthiotide, vas-tu lutter avec les vents ? Père, tu ne montes pas pourtant un cheval de course. Tes pieds sont-ils toujours aussi vites, ou bien est-ce pour moi seule qu'ils se font légers, est-ce pour moi seule que leur course aujourd'hui, tout à coup, est un vol ? Il est sourd à ma voix. Fardeau de mon corps, où te porter ? Mes membres impuissants me refusent service. Pélion, antre nuptial de Philyra[1], ne fuis pas, toi au moins, ne fuis pas ; même les lionnes féroces, dans tes replis, firent leurs enfantements cruels. » Pénée lui répondit en pleurant : « Létô, la Nécessité est une grande déesse. Je ne dédaigne pas, Vénérable, tes douleurs ; mes eaux, je le sais, ont baigné d'autres accouchées. Mais la menace d'Héra m'obsède. Vois le gardien qui du haut de la montagne tient sa guette : il aura tôt fait de m'arracher de mon lit. Que faire ? Que Pénée disparaisse ? tu le veux ? Qu'elle vienne, l'heure fatale ; je souffrirai tout pour ton bien, quand je devrais, mes eaux résorbées dans mon cours desséché, être perdu pour toujours, et rester sans honneur entre tous les fleuves. Je suis là ; c'est assez ; fais venir Ilithye. » Il dit, et arrêta son courant impétueux. Mais Arès, soulevant de leurs profondes racines les cimes du Pangée, allait les précipiter dans ses eaux, en anéantir le cours ; avec, d'en haut, un cri retentissant il frappa de la pointe de sa lance le bouclier qui résonna d'un fracas guerrier ; l'Ossa en trembla, et la plaine de Crannôn, et les replis

1. Philyra, fille d'Océanos, qui enfanta dans une grotte du Pélion le centaure Chiron.

οὐδὲ κατεκλάσθης τε καὶ ᾤκτισας, ἡνίκα πήχεις
ἀμφοτέρους ὀρέγουσα μάτην ἐφθέγξατο τοῖα·
« Νύμφαι Θεσσαλίδες, ποταμοῦ γένος, εἴπατε πατρὶ
κοιμῆσαι μέγα χεῦμα· περιπλέξασθε γενείῳ,
λισσόμεναι τὰ Ζηνὸς ἐν ὕδατι τέκνα τεκέσθαι.
Πηνειὲ Φθιῶτα, τί νῦν ἀνέμοισιν ἐρίζεις;
ὦ πάτερ, οὐ μὴν ἵππον ἀέθλιον ἀμφιβέβηκας.
Ἦ ῥά τοι ὧδ' αἰεὶ ταχινοὶ πόδες, ἦ ἐπ' ἐμεῖο
μοῦνοι ἐλαφρίζουσι, πεποίησαι δὲ πέτεσθαι
σήμερον ἐξαπίνης; ὁ δ' ἀνήκοος. Ὦ ἐμὸν ἄχθος,
ποῖ σε φέρω; μέλεοι γὰρ ἀπειρήκασι τένοντες.
Πήλιον, ὦ Φιλύρης νυμφήιον, ἀλλὰ σὺ μεῖνον,
μεῖνον, ἐπεὶ καὶ θῆρες ἐν οὔρεσι πολλάκι σεῖο
ὠμοτόκους ὠδῖνας ἀπηρείσαντο λέαιναι. »
Τὴν δ' ἄρα καὶ Πηνειὸς ἀμείβετο δάκρυα λείβων·
« Λητοῖ, Ἀναγκαίη μεγάλη θεός· οὐ γὰρ ἔγωγε,
πότνια, σὰς ὠδῖνας ἀναίνομαι· οἶδα καὶ ἄλλας
λουσαμένας ἀπ' ἐμεῖο λεχωίδας· ἀλλά μοι Ἥρη
δαψιλὲς ἠπείλησεν· ἀπαύγασαι οἷος ἔφεδρος
οὔρεος ἐξ ὑπάτου σκοπιὴν ἔχει, ὅς κέ με ῥεῖα
βυσσόθεν ἐξερύσειε. Τί μήσομαι; ἦ ἀπολέσθαι
ἡδύ τί τοι Πηνειόν; ἴτω πεπρωμένον ἦμαρ·
τλήσομαι εἵνεκα σεῖο, καὶ εἰ μέλλοιμι ῥοάων
διψαλέην ἄμπωτιν ἔχων αἰώνιον ἔρρειν,
καὶ μόνος ἐν ποταμοῖσιν ἀτιμότατος καλέεσθαι.
Ἠνίδ' ἐγώ· τί περισσά; κάλει μόνον Εἰλήθυιαν. »
Εἶπε, καὶ ἠρώησε μέγαν ῥόον· ἀλλά οἱ Ἄρης
Παγγαίου προθέλυμνα καρήατα μέλλεν ἀείρας
ἐμβαλέειν δίνῃσιν, ἀποκρύψαι δὲ ῥέεθρα.
Ὑψόθε δ' ἐσμαράγησε καὶ ἀσπίδα τύψεν ἀκωκῇ
δούρατος· ἡ δ' ἐλέλιξεν ἐνόπλιον· ἔτρεμε δ' Ὄσσης

108 ἐφθέγξατο ES : ἐφθέγξαο cet. ‖ **111** τεκέσθαι : γενέσθαι recc. ‖ **126** ὑπάτου corr. E : ὑπάτοιο (ὑπάτοι Ath.) ‖ **132** Εἰλήθυιαν : εἰλήθειαν ABCΠ

sauvages du Pinde ; et de peur bondit la Thessalie tout entière ; si fort, du bouclier, le bruit retentissait. Ainsi, lorsque tremblent les cavernes de l'Etna fumant, quand se retourne sur son flanc, au sein de la Terre, le géant Briarée, et que la fournaise frémit toute, et les ouvrages de la forge, sous les tenailles d'Héphaistos [1] ; ainsi qu'alors les vases et les trépieds travaillés au feu, s'écroulant à la file, font un bruit terrible : tel aussi s'entendit le fracas du bouclier aux beaux orbes. Mais le Pénée, loin de céder, restait ferme comme devant, et retenait le cours rapide de ses eaux.

Mais enfin la fille de Coios [2] : « Garde-toi de tout mal, garde-toi ; que tu n'aies rien à souffrir pour moi, pour la pitié que tu me montres ; ta générosité aura sa récompense. » Elle dit, et après tant de démarches porta ses pas vers les îles de la mer. Mais elles lui refusaient accueil ; et les Echinades [3] aux sûrs refuges, et Corcyre, hospitalière entre toutes ; c'est qu'Iris, de la cime du Mimas, les détournait d'elle à grandes menaces ; effrayées, elles fuyaient à toutes forces, au courant de la mer, dès l'approche de Létô. Déjà elle abordait l'antique Cos, l'île de Mérops [4], la demeure sacrée de l'héroïne Chalciopé, quand la voix de l'enfant l'arrêta : « O ma mère, non, ce n'est pas ici que tu dois m'enfanter. Je n'ai blâme ni volonté mauvaise pour cette île, autant que nulle autre grasse et riche en pâtures. Mais les Moires réservent pour elle un autre Dieu, race très haute

1. Callimaque traite encore ici, par une comparaison à la mode homérique, le motif de la forge d'Héphaistos, décrite déjà dans l'Hymne *à Artémis* ; c'est ici la tradition plus antique qui la place sous le mont Etna.

2. Létô est la fille du Titan Coios. « Létô, illustre fille du grand Coios » (Hymne homérique *à Apollon Délien*, v. 62).

3. Les Echinades, îles voisines de la côte d'Acarnanie.

4. Mérops, roi de l'île de Cos ; Cos est désignée sous le nom d'« île de Mérops » dans une inscription d'Olympie ; un autre texte d'Olympie désigne Auguste comme second fondateur de Cos.

οὔρεα καὶ πεδίον Κραννώνιον αἵ τε δυσαεῖς
ἐσχατιαὶ Πίνδοιο, φόβῳ δ' ὠρχήσατο πᾶσα
Θεσσαλίη· τοῖος γὰρ ἀπ' ἀσπίδος ἔβραμεν ἦχος.
Ὡς δ' ὁπότ' Αἰτναίου ὄρεος πυρὶ τυφομένοιο
σείονται μυχὰ πάντα, κατουδαίοιο γίγαντος
εἰς ἑτέρην Βριαρῆος ἐπωμίδα κινυμένοιο,
θερμάστραι τε βρέμουσιν ὑφ' Ἡφαίστοιο πυράγρης
ἔργα θ' ὁμοῦ, δεινὸν δὲ πυρίκμητοί τε λέβητες
καὶ τρίποδες πίπτοντες ἐπ' ἀλλήλοις ἰαχεῦσι·
τῆμος ἔγεντ' ἄραβος σάκεος τόσος εὐκύκλοιο.
Πηνειὸς δ' οὐκ αὖτις ἐχάζετο, μίμνε δ' ὁμοίως
καρτερὸς ὡς τὰ πρῶτα, θοὰς δ' ἐστήσατο δίνας,
εἰσόκε οἱ Κοιηὶς ἐκέκλετο· « Σῴζεο χαίρων,
σῴζεο· μὴ σύ γ' ἐμεῖο πάθῃς κακὸν εἵνεκα τῆσδε
ἀντ' ἐλεημοσύνης, χάριτος δέ τοι ἔσσετ' ἀμοιβή. »
Ἦ καὶ πολλὰ πάροιθεν ἐπεὶ κάμεν, ἔστιχε νήσους
εἰναλίας· αἳ δ' οὔ μιν ἐπερχομένην ἐδέχοντο,
οὐ λιπαρὸν νήεσσιν Ἐχινάδες ὅρμον ἔχουσαι,
οὐδ' ἥτις Κέρκυρα φιλοξεινωτάτη ἄλλων,
Ἶρις ἐπεὶ πάσῃσιν ἐφ' ὑψηλοῖο Μίμαντος
σπερχομένη μάλα πολλὸν ἀπέτραπεν· αἳ δ' ὑπ' ὁμοκλῆς
πανσυδίῃ φοβέοντο κατὰ ῥόον ἥντινα τέτμοι.
Ὠγυγίην δήπειτα Κόων, Μεροπηίδα νῆσον,
ἵκετο, Χαλκιόπης ἱερὸν μυχὸν ἡρωίνης.
Ἀλλά ἑ παιδὸς ἔρυκεν ἔπος τόδε· « Μὴ σύ γε, μῆτερ,
τῇ με τέκοις. Οὔτ' οὖν ἐπιμέμφομαι οὐδὲ μεγαίρω
νῆσον, ἐπεὶ λιπαρή τε καὶ εὔβοτος, εἴ νύ τις ἄλλη·
ἀλλά οἱ ἐκ Μοιρέων τις ὀφειλόμενος θεὸς ἄλλος

138 Κραννώνιον Meineke : κραινώνιον (κρανώνιον Lasc.) || **140** ἔβραμεν (ἔβρεμεν E) : ἔβραχεν F Ath. Lasc. || **144** locus multis conjecturis uexatus ; codicum lectionem seruamus, excepto θερμάστραι Blomfield alii (ex Hes. s. u.) : θέρμαυστραι || **148** αὖτις AC item cod. Matrit. || **150** εἰσόκε : εἰσόκεν ACEΠ || Κοιηίς : κοιηκις B κοικήις FQ Lasc. || **154** εἰναλίας Lasc. : εἰναλίδας || **158** ὑπ' ὁμοκλῆς : ὑφ' ὁμοκλῆς Lasc.

des Rois Sauveurs[1]; sous son diadème se rangeront de plein gré, soumises au chef Macédonien, et les deux continents et les terres qui bordent la mer, jusque-là où est le couchant, jusque-là d'où s'élève le char rapide du soleil : il aura les vertus paternelles. Et un jour viendra pour nous d'une lutte commune [2], un jour que de l'extrême Occident les derniers des Titans, levant contre l'Hellade l'épée barbare et l'Arès celte, se précipiteront, tels les flocons de la neige, aussi nombreux que les constellations qui parsèment la prairie céleste, un jour qu'ils empliront de leur foule les lieux forts (*lacune*) et la plaine de Crissa et les terres (*lacune*) ; et qu'ils verront la grasse fumée sur les autels du dieu voisin [3], et ce ne sera plus ouï-dire, et déjà, près de mon temple, on apercevra les phalanges ennemies, déjà près de mes trépieds, les glaives et les ceinturons, armure d'impudence, et les boucliers odieux qui pour les Galates, race en délire, marqueront la route d'un destin cruel; pour une part ils seront mon butin; les autres, aux bords du Nil, verront ceux qui les portent expirer sur le bûcher et demeureront là, pour être le prix des grands exploits du Roi; Ptolémée, tel est l'oracle que je te rends. Chaque jour, dans un temps, tu rediras les louanges du dieu prophète déjà dans le sein maternel. Et toi, ma mère, suis bien mon discours. Une île s'aperçoit sur les flots, terre étroite, errant sur les mers ;

1. Il s'agit de Ptolémée Philadelphe, né à Cos en 309.

2. Ici commence la prophétie des événements des années 277 et 276 av. J. C., l'invasion de la Grèce par les Gaulois, leur échec devant Delphes, leur passage en Egypte comme mercenaires, leur rébellion et leur fin dramatique dans un îlot de la bouche Sébennytique du Nil. Sur ces événements, voir, avec l'*Hist. des Lagides* de Bouché-Leclerq, t. I, un article d'Ad. J. Reinach, dans la *Rev. des Et. Anc.*, 1911, pp. 33 et suiv.

3. Passage de texte et de sens incertains. Il y a de l'obscurité voulue dans ces vers rédigés en style d'oracle. Cela n'empêche pas le détail d'être précis : ainsi pour la mention des boucliers gaulois, réellement suspendus en ex-voto à la façade du temple d'Apollon.

ἐστί, Σαωτήρων ὕπατον γένος· ᾧ ὑπὸ μίτρην
ἵξεται οὐκ ἀέκουσα Μακηδόνι κοιρανέεσθαι
ἀμφοτέρη μεσόγεια καὶ αἳ πελάγεσσι κάθηνται,
μέχρις ὅπου περάτη τε καὶ ὁππόθεν ὠκέες ἵπποι
Ἠέλιον φορέουσιν· ὁ δ' εἴσεται ἤθεα πατρός.
Καί νύ ποτε ξυνός τις ἐλεύσεται ἄμμιν ἄεθλος
ὕστερον, ὁππότ' ἂν οἳ μὲν ἐφ' Ἕλλήνεσσι μάχαιραν
βαρβαρικὴν καὶ Κελτὸν ἀναστήσαντες Ἄρηα
ὀψίγονοι Τιτῆνες ἀφ' ἑσπέρου ἐσχατόωντος
ῥώσωνται, νιφάδεσσιν ἐοικότες ἢ ἰσάριθμοι
τείρεσιν, ἡνίκα πλεῖστα κατ' ἠέρα βουκολέονται,
φρούρια καὶ. . . . .
καὶ πεδία Κρισσαῖα καὶ ἤπειροι. . . . .
ἀμφιπεριστείνωνται, ἴδωσι δὲ πίονα καπνόν
γείτονος αἰθομένοιο, καὶ οὐκέτι μοῦνον ἀκουῇ,
ἀλλ' ἤδη παρὰ νηὸν † ἀπαυγάζοιντο φάλαγγες
δυσμενέων, ἤδη δὲ παρὰ τριπόδεσσιν ἐμεῖο
φάσγανα καὶ ζωστῆρας ἀναιδέας ἐχθομένας τε
ἀσπίδας, αἳ Γαλάτῃσι κακὴν ὁδὸν ἄφρονι φύλῳ
στήσονται· τέων αἳ μὲν ἐμοὶ γέρας, αἳ δ' ἐπὶ Νείλῳ
ἐν πυρὶ τοὺς φορέοντας ἀποπνεύσαντας ἰδοῦσαι
κείσονται, βασιλῆος ἀέθλια πολλὰ καμόντος
ἐσσόμεναι· Πτολεμαῖε, τά τοι μαντήια φαίνω.
Αἰνήσεις μέγα δή τι τὸν εἰσέτι γαστέρι μάντιν
ὕστερον ἤματα πάντα· σὺ δὲ ξυμβάλλεο, μῆτερ·
ἔστι διειδομένη τις ἐν ὕδατι νῆσος ἀραιή,
πλαζομένη πελάγεσσι· πόδες δέ οἱ οὐχ ἑνὶ χώρῳ,

173 Ἄρηα Lasc. item corr. cod. Matrit. : Ἄρην || **175** ῥώσωνται Lasc. : ῥώσονται || **177-78** locus mutilus ; in recc. mss. leguntur haec supplementa φρούρια καὶ κῶμαι Λοκρῶν καὶ Δελφίδες ἄκραι | καὶ πεδία Κρισσαῖα καὶ ἠπείροιο φάραγγες || **179** ἀμφιπεριστείνωνται anon. Bern. (*Hermes*, 26, p. 313) item Estienne : ἀμφιπεριστείνονται || καπνόν Reiske καρπόν || **181** locus corruptus, nondum sanatus : ἀπαυγάζωναι Reiske (unde ἁμάξας Wil.) φάλαγγας Bentley || **188** ἐσσόμεναι Lasc. alii : ἐσσόμενε || **191** ὕδατι : ὕδασι Q

point de racines qui la fixent ; comme la tige d'asphodèle, elle vogue au gré du courant, sous le Notos ou l'Euros, où la poussent les ondes. C'est là qu'il me faut porter ; là tu trouveras accueil. » Il dit, et les îles de la mer s'enfuyaient. Toi, Astéria, qui te plais aux chants, tu venais du côté de l'Eubée pour revoir le chœur des Cyclades, après peu de jours, et l'algue du Géreste [1] tenait encore après toi (*lacune*). Ton cœur se consumait [2] à voir le lourd tourment de la mère douloureuse : « Héra, fais de moi ce que tu voudras ; je n'ai tenu compte de vos ordres menaçants ; viens, viens à moi, Létô. » Tu dis, et Létô trouva la fin souhaitée de ses cruelles erreurs. Elle s'arrêta aux bords de l'Inôpos, qui sourd de terre avec les eaux les plus hautes quand le Nil se précipite au plein de son flux des hauteurs d'Ethiopie [3]. Elle délia sa ceinture, et s'appuya à la renverse contre le tronc d'un palmier [4], torturée d'une détresse cruelle ; sa chair s'inondait de sueur. Elle dit, le corps en douleur : « Pourquoi, mon enfant, pourquoi encore accabler ta mère ? Elle est là, cher fils, l'île qui flotte sur les eaux. Viens au jour et, doux à ta mère, sors de mes entrailles. »

Epouse de Zeus, à l'ire pesante, tu devais bientôt tout savoir ; bien vite elle fut près de toi, la messagère. Encore haletante, la parole entrecoupée par la crainte, elle dit : « Héra, Vénérable, reine des déesses, je suis tienne ; toutes choses sont à toi ; tu trônes, souveraine légitime de l'Olympe, et nous ne craignons le bras d'autre déesse que de toi. Sache,

1. Le cap Géreste est le promontoire sud-est de l'île d'Eubée.

2. Le texte est là encore incomplet et conjectural.

3. Voy. p. 248, n. 1.

4. Ce trait est traditionnel dans la description de l'accouchement de Létô. L'Hymne homérique *à Apollon Délien* dépeint ainsi la délivrance : « Elle jeta les bras autour d'un palmier, et appuya ses genoux sur la molle prairie ; par-dessous la terre sourit, et le dieu bondit à la lumière ; et toutes les déesses firent une clameur. » (V. 117 et suiv.).

ἀλλὰ παλιρροίῃ ἐπινήχεται ἀνθέρικος ὥς,
ἔνθα νότος, ἔνθ' εὖρος, ὅπῃ φορέῃσι θάλασσα.
Τῇ με φέροις· κεινὴν γὰρ ἐλεύσεαι εἰς ἐθέλουσαν. »
Αἱ μὲν τόσσα λέγοντος ἀπέτρεχον εἰν ἁλὶ νῆσοι·
Ἀστερίη φιλόμολπε, σὺ δ' Εὐβοίηθε κατῄεις,
Κυκλάδας ὀψομένη περιηγέας, οὔ τι παλαιόν,
ἀλλ' ἔτι τοι μετόπισθε Γεραίστιον εἵπετο φῦκος·
. . . .
. . . . φλεξας ἐπεὶ περικαίεο πυρί,
τλῆμον' ὑπ' ὠδίνεσσι βαρυνομένην ὁρόωσα·
« Ἥρη, τοῦτό με ῥέξον ὅ τοι φίλον· οὐ γὰρ ἀπειλάς
ὑμετέρας ἐφύλαξα· πέρα, πέρα εἰς ἐμέ, Λητοῖ. »
Ἔννεπες· ἣ δ' ἀρητὸν ἄλης ἀπεπαύσατο λυγρῆς·
ἕζετο δ' Ἰνωποῖο παρὰ ῥόον, ὅντε βάθιστον
γαῖα τότ' ἐξανίησιν, ὅτε πλήθοντι ῥεέθρῳ
Νεῖλος ἀπὸ κρημνοῖο κατέρχεται Αἰθιοπῆος·
λύσατο δὲ ζώνην, ἀπὸ δ' ἐκλίθη ἔμπαλιν ὤμοις
φοίνικος ποτὶ πρέμνον, ἀμηχανίης ὑπὸ λυγρῆς
τειρομένη· νότιος δὲ διὰ χροὸς ἔρρεεν ἱδρώς·
εἶπε δ' ἀλυσθμαίνουσα· « Τί μητέρα, κοῦρε, βαρύνεις;
αὕτη τοι, φίλε, νῆσος ἐπιπλώουσα θαλάσσῃ·
γείνεο, γείνεο, κοῦρε, καὶ ἤπιος ἔξιθι κόλπου. »
Νύμφα Διὸς βαρύθυμε, σὺ δ' οὐκ ἄρ' ἔμελλες ἄπυστος
δὴν ἔμεναι· τοίη σε προσέδραμεν ἀγγελιῶτις·
εἶπε δ' ἔτ' ἀσθμαίνουσα, φόβῳ δ' ἀνεμίσγετο μῦθος·
« Ἥρη τιμήεσσα, πολὺ προὔχουσα θεάων,
σὴ μὲν ἐγώ, σὰ δὲ πάντα, σὺ δὲ κρείουσα κάθησαι
γνησίη Οὐλύμποιο, καὶ οὐ χέρα δείδιμεν ἄλλην
θηλυτέρην· σὺ δ' ἄνασσα τὸν αἴτιον εἴσεαι ὀργῆς.

195 εἰς ἐθέλουσαν Lasc. : εἰσεθέλουσα (εἰσελθοῦσα E) ‖ **200-01** locus mutilus : in recc. quibusdam mss. supplementa haec sunt (aut fere similia) ἔστης δ' ἐν μέσσῃσι κατοικτείρασα δὲ Λητὼ | φῦκος ἅπαν κατέφλεξας.... ‖ **201** πυρὶ uix sanum : κῆρι Canter ‖ **205** ἀρητὸν Dilthey : ἄρητον (ἄρρητον Lasc.).

ô ma maîtresse, qui mérite ta colère. Oui, Létô trouve une île pour y dénouer sa ceinture. Toutes la repoussaient, nulle ne lui faisait accueil ; Astéria l'appelle par son nom, à son approche, Astéria, souillure de la mer. Tu sais tout. Tu le peux, chère maîtresse, prends la cause de tes serviteurs, qui pour ta volonté foulent la terre. » Elle dit, et sous le siège d'or elle s'assit, comme la chienne d'Artémis, la poursuite une fois cessée, se couche sur les traces de la bête de chasse, les oreilles dressées, toujours prêtes à entendre la voix de la déesse ; tout de même la fille de Thaumas se tenait sous le trône d'Héra [1] ; et, sans laisser jamais de garder sa faction, même à l'heure que le sommeil étend sur elle son aile d'oubli, sur la place, à l'angle du trône divin, la tête penchée doucement, elle dort inclinée ; elle ne défait ni sa ceinture ni ses sandales de course, pour ainsi répondre au premier mot de sa maîtresse. Mais Héra s'écria, dans sa douleur indignée : « Vous donc, les honteuses passions de Zeus, que tels soient vos hymens secrets, telles vos couches clandestines, non pas même là où font les leurs, dans les souffrances, les misérables servantes, mais là où enfantent les phoques, les monstres marins, sur des rocs perdus. Pour Astéria, je ne garde nul ressentiment de sa faute, et n'irai point lui faire le mal qu'elle mériterait bien : car c'est à grand tort qu'elle eut complaisance pour Létô. Mais je l'honore singulièrement, pour avoir respecté ma couche, et préféré la mer à l'hymen de Zeus. »

Elle dit, et les cygnes, les servants mélodieux d'Apollon, quittant le Pactole de Méonie, sept fois [2] tournèrent autour de Délos ; sept fois ils chantèrent pour l'accouchée, les oiseaux des Muses, les plus harmonieux entre tout le peu-

1. C'est la seconde *comparaison* à la mode épique qui se trouve dans l'hymne ; elle en marque bien le caractère homérique.

2. Apollon est né le 7 du mois, jour qui lui est consacré : c'est le dieu « Septime », Eschyle, *Sept contre Thèbes*, v. 800.

Λητώ τοι μίτρην ἀναλύεται ἔνδοθι νήσου.
Ἄλλαι μὲν πᾶσαί μιν ἀπέστυγον οὐδ' ἐδέχοντο·
Ἀστερίη δ' ὀνομαστὶ παρερχομένην ἐκάλεσσεν,
Ἀστερίη, πόντοιο κακὸν σάρον· οἶσθα καὶ αὐτή.
Ἀλλὰ φίλη, δύνασαι γάρ, ἀμύνειν πότνια δούλοις
ὑμετέροις, οἳ σεῖο πέδον πατέουσιν ἐφετμῇ. »
Ἦ καὶ ὑπὸ χρύσειον ἐδέθλιον ἵζε κύων ὣς
Ἀρτέμιδος, ἥτις τε, θοῆς ὅτε παύσεται ἄγρης,
ἵζει θηρήτειρα παρ' ἴχνεσιν, οὔατα δ' αὐτῆς
ὀρθὰ μάλ', αἰὲν ἑτοῖμα θεῆς ὑποδέχθαι ὀμοκλήν·
τῇ ἰκέλη Θαύμαντος ὑπὸ θρόνον ἵζετο κούρη.
Κείνη δ' οὐδέποτε σφετέρης ἐπιλήθεται ἕδρης,
οὐδ' ὅτε οἱ ληθαῖον ἐπὶ πτερὸν ὕπνος ἐρείσει,
ἀλλ' αὐτοῦ μεγάλοιο ποτὶ γλωχῖνα θρόνοιο
τυτθὸν ἀποκλίνασα καρήατα λέχριος εὕδει·
οὐδέ ποτε ζώνην ἀναλύεται οὐδὲ ταχείας
ἐνδρομίδας, μή οἵ τι καὶ αἰφνίδιον ἔπος εἴπῃ
δεσπότις· ἣ δ' ἀλεγεινὸν ἀλαστήσασα προσηύδα·
« Οὕτω νῦν, ὦ Ζηνὸς ὀνείδεα, καὶ γαμέοισθε
λάθρια καὶ τίκτοιτε κεκρυμμένα, μηδ' ὅθι δειλαὶ
δυστοκέες μογέουσιν ἀλετρίδες, ἀλλ' ὅθι φῶκαι
εἰνάλιαι τίκτουσιν, ἐνὶ σπιλάδεσσιν ἐρήμοις.
Ἀστερίῃ δ' οὐδέν τι βαρύνομαι εἵνεκα τῆσδε
ἀμπλακίης, οὐδ' ἔστιν ὅπως ἀποθύμια ῥέξω
τόσσα δέοι· μάλα γὰρ κακῶς ἐχαρίσσατο Λητοῖ.
Ἀλλά μιν ἔκπαγλόν τι σεβίζομαι, οὕνεκ' ἐμεῖο
δέμνιον οὐκ ἐπάτησε, Διὸς δ' ἀνθείλετο πόντον. »
Ἦ μὲν ἔφη· κύκνοι δὲ θεοῦ μέλποντες ἄοζοι
Μῄονιον Πακτωλὸν ἐκυκλώσαντο λιπόντες
ἑβδομάκις περὶ Δῆλον, ἐπήεισαν δὲ λοχείῃ
Μουσάων ὄρνιθες, ἀοιδότατοι πετεηνῶν·

224 ἐκάλεσσεν om. ABC || **225** αὐτή om. ABC || **229** θοῆς : θόως ABC θεῆς Q || **248** ἀνθείλετο Lasc. : ἀνθέλλετο || **249** ἄοζοι Meineke (ex Hes. s. u.) : ἀοιδοί.

ple ailé ; et plus tard l'enfant à sa lyre fixa autant de cordes que les cygnes avaient de fois chanté aux couches de sa mère. Une huitième fois ils ne chantèrent pas ; mais le nouveau-né bondit du sein maternel, et les nymphes déliennes, race du fleuve antique, largement entonnèrent le chant sacré d'Ilithye [1], et l'éther qui résonne retentit d'une perçante clameur ; Héra n'en eut point d'ombrage, car Zeus avait effacé sa colère.

D'or, à cette heure, fut toute ta terre, ô Délos ; d'or, tout au long du jour, coula le flot de ton lac arrondi, et d'or fut la frondaison de l'olivier qui vît naître le dieu, d'or les hautes eaux du profond Inôpos, en son cours sinueux. Et toi, de dessus le sol d'or tu soulevas l'enfant, et le pris dans ton sein, et tu clamas : « O Grande Déesse [2], déesse aux mille autels, déesse aux mille cités, qui portes toutes choses, et vous, terres fécondes, continents, îles qui m'entourez, me voici, moi Délos, terre aride. Mais Apollon Délien sera nommé de mon nom ; et nulle terre ne sera chérie d'un dieu, ni Kerchnis de Poseidon qui règne sur Léchaion [3], ni d'Hermès la colline de Cyllène, ni de Zeus la Crète, autant que je serai chérie, moi, d'Apollon ; je ne serai plus l'île errante. » Tu parlas, et ses lèvres pressèrent la douce mamelle.

De ce jour, nourrice d'Apollon, tu es de toutes les îles la plus sainte : Enyô ni Hadès ne foulent ton sol, ni les chevaux d'Arès ; chaque an te ramène les dîmes et les prémices, et les chœurs de danse, que t'envoient toutes cités, celles qui occupent les terres de l'Orient, et celles du couchant ; et celles qui tiennent le milieu, et les peuples aussi, race la plus chargée d'ans, qui habitent au nord, au delà des rivages de Borée. De la paille de froment, des gerbes d'épis

1. Allusion à un usage précis du culte délien, le chant d'Ilithye, attribué au vieux poète Olen, et exécuté par un chœur de jeunes filles.

2. La Grande Déesse est Gaia, la Terre.

3. Cerchnis (ou) Cenchreai, et Léchaion étaient les ports de Corinthe.

ἔνθεν ὁ παῖς τοσσάσδε λύρῃ ἐνεδήσατο χορδὰς
ὕστερον, ὁσσάκι κύκνοι ἐπ' ὠδίνεσσιν ἄεισαν.
Ὄγδοον οὐκέτ' ἄεισαν, ὃ δ' ἔκθορεν· αἳ δ' ἐπὶ μακρὸν
νύμφαι Δηλιάδες, ποταμοῦ γένος ἀρχαίοιο,
εἶπαν Ἐλειθυίης ἱερὸν μέλος, αὐτίκα δ' αἰθὴρ
χάλκεος ἀντήχησε διαπρυσίην ὀλολυγήν,
οὐδ' Ἥρη νεμέσησεν, ἐπεὶ χόλον ἐξέλετο Ζεύς.
Χρύσεά τοι τότε πάντα θεμείλια γείνετο, Δῆλε,
χρυσῷ δὲ τροχόεσσα πανήμερος ἔρρεε λίμνη,
χρύσειον δ' ἐκόμησε γενέθλιον ἔρνος ἐλαίης,
χρυσῷ δὲ πλήμμυρε βαθὺς Ἰνωπὸς ἑλιχθείς.
Αὐτὴ δὲ χρυσέοιο ἀπ' οὔδεος εἵλεο παῖδα,
ἐν δ' ἐβάλευ κόλποισιν, ἔπος δ' ἐφθέγξαο τοῖον·
« Ὦ Μεγάλη, πολύβωμε, πολύπτολι, πολλὰ φέρουσα,
πίονες ἤπειροί τε καὶ αἳ περιναίετε νῆσοι,
αὕτη ἐγὼ τοιήδε· δυσήροτος, ἀλλ' ἀπ' ἐμεῖο
Δήλιος Ἀπόλλων κεκλήσεται, οὐδέ τις ἄλλη
γαιάων τοσσόνδε θεῷ πεφιλήσεται ἄλλῳ·
οὐ Κερχνὶς κρείοντι Ποσειδάωνι Λεχαίου,
οὐ πάγος Ἑρμείῃ Κυλλήνιος, οὐ Διὶ Κρήτη,
ὡς ἐγὼ Ἀπόλλωνι· καὶ ἔσσομαι οὐκέτι πλαγκτή. »
Ὧδε σὺ μὲν κατέλεξας· ὃ δὲ γλυκὺν ἔσπασε μαζόν.
Τῷ καὶ νησάων ἁγιωτάτη ἐξέτι κείνου
κλῄζῃ, Ἀπόλλωνος κουροτρόφος· οὐδέ σ' Ἐνυὼ
οὐδ' Ἀίδης οὐδ' ἵπποι ἐπιστείβουσιν Ἄρηος·
ἀλλά τοι ἀμφιετεῖς δεκατηφόροι αἰὲν ἀπαρχαὶ
πέμπονται, πᾶσαι δὲ χοροὺς ἀνάγουσι πόληες,
αἵ τε πρὸς ἠοίην αἵ θ' ἕσπερον αἵ τ' ἀνὰ μέσσην
κλήρους ἐστήσαντο, καὶ οἳ καθύπερθε βορείης
οἰκία θινὸς ἔχουσι, πολυχρονιώτατον αἷμα.

255 ἄεισαν om. ABC relicto spatio : ἤεισαν Lasc. Π || **527** Ἐλειθυίης : Ἐληθυίης Lasc. || **262** ἐκόμησε ABC : ἐκόμισσε || **264** εἵλεο : εἵλετο Π || **265** ἐφθέγξαο : ἐφθέγξατο Q || **266** μεγάλη : μεγάλε ABC item cod. Matrit. μεγάλ' ὦ Lasc. || **271** Λεχαίου Hemsterhuis : Λεχαίῳ.

sacrés, ils sont, vers toi, les premiers porteurs. Les Pélasges les reçoivent d'abord, à l'issue de leur course lointaine[1], les Pélasges de Dodone, dont la terre est la couche, servants du lébès au bronze jamais muet[2]. Une seconde course mène les prémices à la ville sainte[3] et aux monts de la terre Malienne. De là ils passent chez les Abantes, dans la fertile plaine Lélantienne ; de l'Eubée la traversée n'est pas longue : les havres en sont voisins de toi. Ce furent Oupis et Loxô, et la bienheureuse Ekaergé, les filles de Borée, qui d'abord, de chez les blonds Arimaspes, te portèrent les prémices ; avec elles les plus vaillants des jeunes hommes. Aucun des envoyés ne revint ni ne revit sa demeure : mais fortunés ils furent, et glorieuses les Vierges. Car les filles de Délos, au jour que retentit le chant d'hyménée, effarouchant leur âme, consacrent à celles-ci leur chevelure d'enfant, et les garçons offrent à ceux-là, en prémices, la fleur de leur premier duvet.

Astéria, parfumée d'encens, autour de toi les îles forment cercle, autour de toi font comme un chœur de danse. Jamais Hespéros à l'épaisse chevelure ne te vit silencieuse, jamais sans le heurt des cadences, mais toute sonore toujours d'une double clameur. Ici le chant accompagne l'hymne du vieillard Lycien, l'hymne qu'Olen, interprète des dieux, apporta de Xanthos ; là dansent les femmes, frappant de leurs pieds le sol résistant. Et l'on charge de couronnes l'image sainte et vénérée de l'antique Cypris, que Thésée consacra, avec les jeunes enfants, au retour de Crète : échappés au monstre mugissant, rejeton féroce de Pasiphaé, sortis des détours du tortueux labyrinthe, ils dansaient en

1. Callimaque, dans cette description du transport des prémices hyperboréennes, suit la tradition d'Hérodote, IV, 33 et suiv.

2. Il s'agit du bassin de bronze que les prêtres de Dodone frappaient avec un fouet à chaînettes de métal, pour en interpréter les sons.

3. On ne sait à quelle localité se rapportent ces mots.

Οἵ μέν τοι καλάμην τε καὶ ἱερὰ δράγματα πρῶτοι
ἀσταχύων φορέουσιν· ἃ Δωδώνηθε Πελασγοί
τηλόθεν ἐκβαίνοντα πολὺ πρώτιστα δέχονται,
γηλεχέες θεράποντες ἀσιγήτοιο λέβητος.
Δεύτερον Ἱερὸν ἄστυ καὶ οὔρεα Μηλίδος αἴης
ἔρχονται· κεῖθεν δὲ διαπλώουσιν Ἀβάντων
εἰς ἀγαθὸν πεδίον Ληλάντιον· οὐδ' ἔτι μακρός
ὁ πλόος Εὐβοίηθεν, ἐπεὶ σεο γείτονες ὅρμοι.
Πρῶταί τοι τάδ' ἔνεικαν ἀπὸ ξανθῶν Ἀριμασπῶν
Οὖπίς τε Λοξώ τε καὶ εὐαίων Ἑκαέργη,
θυγατέρες Βορέαο, καὶ ἄρσενες οἳ τότ' ἄριστοι
ἠιθέων· οὐδ' οἵ γε παλιμπετὲς οἴκαδ' ἵκοντο,
εὔμοιροι δ' ἐγένοντο, καὶ ἀκλέες οὔποτ' ἐκεῖναι·
ἦ τοι Δηλιάδες μέν, ὅτ' εὐηχὴς ὑμέναιος
ἤθεα κουράων μορμύσσεται, ἥλικα χαίτην
παρθενικαῖς, παῖδες δὲ θέρος τὸ πρῶτον ἰούλων
ἄρσενες ἠιθέοισιν ἀπαρχόμενοι φορέουσιν.
  Ἀστερίη θυόεσσα, σὲ μὲν περί τ' ἀμφί τε νῆσοι
κύκλον ἐποιήσαντο καὶ ὡς χορὸν ἀμφεβάλοντο·
οὔτε σιωπηλὴν οὔτ' ἄψοφον οὖλος ἐθείραις
Ἕσπερος, ἀλλ' αἰεί σε καταβλέπει ἀμφιβόητον.
Οἱ μὲν ὑπαείδουσι νόμον Λυκίοιο γέροντος,
ὅν τοι ἀπὸ Ξάνθοιο θεοπρόπος ἤγαγεν Ὠλήν·
αἱ δὲ ποδὶ πλήσσουσι χορίτιδες ἀσφαλὲς οὖδας.
Δὴ τότε καὶ στεφάνοισι βαρύνεται ἱρὸν ἄγαλμα
Κύπριδος ἀρχαίης ἀριήκοον, ἥν ποτε Θησεύς
εἵσατο σὺν παίδεσσιν, ὅτε Κρήτηθεν ἀνέπλει·
οἳ χαλεπὸν μύκημα καὶ ἄγριον υἷα φυγόντες
Πασιφάης καὶ γναμπτὸν ἕδος σκολιοῦ λαβυρίνθου,
πότνια, σὸν περὶ βωμὸν ἐγειρομένου κιθαρισμοῦ

287 αἴης : αἶας Q || **291** ἔνεικαν : ἔνειμαν ABC || **298** παρθενικαῖς E (in marg.) Estienne : παρθενικαί || **306** ποδὶ : πόδιον ABC πόδον E || **307** ἱρὸν Π Lasc. : ἱερόν.

cercle, autour de ton autel, au son de la cithare, et Thésée conduisait le chœur. Encore aujourd'hui le vaisseau de fête qu'équipent les fils de Cécrops retient, offrande impérissable à Phoibos, l'armature de la nef de Thésée [1].

Astéria, terre d'autels, terre de prières, quel marin, quel marchand de l'Egée passa jamais au large de tes bords, en son vaisseau rapide? Non, jamais les vents ne le poussent si fort, jamais le besoin ne presse tant sa course, qu'il ne se hâte de plier sa voilure; et il ne remonte en sa nef qu'il n'ait fait, sous les coups, le tour de ton grand autel, en se flagellant [2], et qu'il n'ait, les mains derrière le dos, mordu de ses dents le tronc de l'olivier sacré : invention de la nymphe délienne, amusement d'enfant pour faire rire Apollon. Foyer commun des îles, île aux beaux foyers, salut à toi, salut à Apollon, salut à celle qu'enfanta Létô.

1. Il s'agit du vaisseau envoyé chaque année par les Athéniens à Délos, dont il est question au début du *Phédon*.

2. L'usage est connu par les lexicographes, de la course sous la flagellation autour de l'autel de Délos; un tel usage est à rapprocher de beaucoup d'autres semblables, par exemple de la flagellation des éphèbes spartiates à l'autel d'Artémis Orthia.

κύκλιον ὠρχήσαντο, χοροῦ δ' ἡγήσατο Θησεύς.
Ἔνθεν ἀειζώοντα θεωρίδος ἱερὰ Φοίβῳ
Κεκροπίδαι πέμπουσι τοπήια νηὸς ἐκείνης.
Ἀστερίη πολύβωμε, πολύλλιτε, τίς δέ σε ναύτης
ἔμπορος Αἰγαίοιο παρήλυθε νηὶ θεούσῃ;
Οὐχ οὕτω μεγάλοι μιν ἐπιπνείουσιν ἀῆται,
χρειὼ δ' ὅττι τάχιστον ἄγει πλόον, ἀλλὰ τὰ λαίφη
ὠκέες ἐστείλαντο, καὶ οὐ πάλιν αὖτις ἔβησαν
πρὶν μέγαν ἢ σεο βωμὸν ὑπὸ πληγῇσιν ἑλίξαι
ῥησσόμενον, καὶ πρέμνον ὀδακτάσαι ἁγνὸν ἐλαίης
χεῖρας ἀποστρέψαντας· ἃ Δηλιὰς εὕρετο νύμφη
παίγνια κουρίζοντι καὶ Ἀπόλλωνι γελαστύν.
Ἱστίη ὦ νήσων εὐέστιε, χαῖρε μὲν αὐτή,
χαίροι δ' Ἀπόλλων τε καὶ ἣν ἐλοχεύσατο Λητώ.

314-315 obscuritate quadam laborant : interuersis θεωρίδος ἱ. Φ. et τοπήια ν. ἐ. planiores uersus eueniunt || **320** αὖτις F : αὖθις || **322** ῥησσόμενον : ῥησσομένους Ernesti || **326** ἐλοχεύσατο : ἐλοχεύσαο Wil. ingeniose.

V

HYMNE POUR LE BAIN DE PALLAS

L'Hymne V, écrit en vers élégiaques et dans le dialecte dorien littéraire, est un tableau rituel où s'insère une histoire divine. Dans ce type de composition le tableau n'est pas un prétexte à conter l'histoire : c'est celui-là qui fait le vrai sujet — ici la fête d'Argos — celle-ci, quelle que soit son étendue — ici l'histoire de Tirésias — remplit seulement une pause de la cérémonie. L'œuvre n'est satisfaisante, du point de vue artistique, que si tableau et récit forment un tout bien un, l'histoire exprimant le sentiment même qui sort de la situation rituelle.

La fête d'Argos pour laquelle la pièce a été composée était comme un pendant des *Plynteria* d'Athènes [1] : on allait une fois l'an à l'Inachos laver et parer l'idole d'Athéna, sans doute celle d'Athéna Ἀκρία dont le temple était sur l'acropole ou *Larisa* d'Argos : c'était la déesse Poliade (πολιοῦχον, v. 53) : on portait en même temps le bouclier de Diomède, dont le culte était étroitement lié à celui de la déesse. Si d'ailleurs l'hymne a été écrit à l'occasion de cette fête, il n'est pas à penser, plus que pour aucun autre de la collection callimachéenne, qu'il ait été récité au cours de la cérémonie ; on a justement fait remarquer que la grande

1. Autres exemples de « bain rituel » : celui d'Aphrodite à Sicyone (Paus. II, 10, 4) et à Rome (Ovid. *Fast.* 4, 135) ; celui d'Adonis (Théocr. 15, 132) ; celui de la Mère des Dieux à Rome (Ovid. *Fast.* 4, 340).

précision de certains détails va plutôt contre cette hypothèse, constituant une gêne pour le déroulement du rituel [1]. Si l'ensemble est bien un tableau de culte, il est évident que des vers comme le v. 2 sur le hennissement des cavales du char, ou comme le v. 14, sur le bruit des essieux qui se fait entendre, sont des notations littéraires qui animent le récit et précisent l'ambiance, non des rappels de l'exacte et rigoureuse réalité ; il serait presque ridicule qu'il en fût autrement. D'autant que, une fois l'effet obtenu de ces détails réalistes, le poète n'y insiste pas davantage, et le char comme son attelage deviennent silencieux à partir du v. 14. Il serait absurde de supposer que le rituel avait été réglé de telle sorte que le char de la déesse fût, dès ce moment, tout près de l'assemblée des λωτροχόοι pour ne paraître cependant qu'à la fin de l'hymne, au moment précis où le poète termine l'histoire de Tirésias. Ajoutons que si le moment de la cérémonie que l'hymne met en scène, l'attente de l'apparition divine, est d'importance *pour le sentiment religieux* et mystique, il n'a pas, *du point de vue rituel*, assez de conséquence pour être solennisé par la récitation de l'hymne. Cette raison vaut tout aussi bien pour l'hymne *à Apollon* et l'hymne *à Déméter*.

L'histoire narrée dans l'hymne est celle de Tirésias, aveuglé par Athéna pour avoir vu la déesse au bain [2]. Callimaque l'a probablement empruntée à Phérécyde, tout le détail étant d'ailleurs de son invention. Certains mythologues modernes voient précisément dans cette légende le souvenir du bain rituel d'une idole [3] ; mais il va sans dire que Callimaque ne soupçonnait pas cette liaison possible entre l'histoire de Tirésias et une pratique béotienne de même ordre que la pratique argienne. C'est même le défaut de sa pièce que les deux éléments, tableau et récit, ne sont

1. Voyez Legrand, *Rev. des Et. Anc.* 1901, pp. 281 et suiv.
2. Apollod. III, 70.
3. Plus précisément le bain de l'idole d'Athéna d'Alalcomenai, dans le ruisseau Triton qui coulait près de son temple, et auquel on rapportait son surnom de *Tritogeneia* (Paus. IX, 33, 7).

pas bien fondus dans une même impression. L'histoire tragique du futur devin n'a guère à faire avec le sentiment général, plutôt doux et gracieux, qui anime le tableau rituel : la narration s'enchaîne sur un détail, non sur une impression d'ensemble qui l'appelle. Narration agréable d'ailleurs, avec des traits descriptifs qu'on trouve rarement chez Callimaque ; mais il y a de la préciosité et quelque mauvais goût dans la plainte de la nymphe mère de Tirésias.

Aucune pièce de Callimaque n'offre aussi peu d'éléments pour la fixation de la date. C'est un raisonnement bien vain que de voir dans l'absence de toute allusion politique une preuve que l'hymne est antérieur à l'accession de Callimaque à la cour, et par conséquent une œuvre de jeunesse. Le caractère d'*essai*, non renouvelé, que semble présenter cet hymne écrit en vers élégiaques, et aussi certains défauts de composition et de style qu'on y voit s'accorderaient avec cette hypothèse. Mais toutes ces possibilités ne valent pas une bonne raison ; il faut ici se résoudre à ignorer.

V. 1-32. La scène est au bord même de l'Inachos ou sur le chemin qui y conduit. On attend la déesse, qui vient de son temple, montée sur son char [1]. On entend le hennissement des cavales (v. 2), le bruit des essieux (v. 14). Prescriptions aux λωτροχόοι sur le service qui convient à la déesse. — Invocations à la déesse : v. 33-44. Nouvelles prescriptions et défenses rituelles : v. 45-54. Nouvel appel à la déesse : v. 55-56, et, remplissant l'attente, histoire de Tirésias : v. 57-136. Arrivée d'Athéna et salut final : v. 137-142.

1. Voy. cependant p. 82, n. 1.

POUR LE BAIN DE PALLAS

Baigneuses de Pallas, toutes en cortège ! venez, venez toutes. Déjà j'entends hennir les cavales sacrées : la déesse va venir [1]. Hâtez-vous donc, hâtez-vous, blondes filles de Pélasgos. Jamais Athéna ne baigna ses bras robustes, qu'elle n'eût d'abord, du flanc de ses chevaux, chassé les souillures de la poussière ; jamais, non pas même au jour que, toute son armure flétrie d'une boue sanglante, elle revenait de combattre les violents Fils de la Terre. Mais d'abord, déliant ses chevaux du joug, elle lava aux eaux de l'Océan la sueur qui leur perlait; elle essuya, sortant de leur bouche qui ronge le frein, le flot figé d'écume. Allez donc, Achéennes, et n'apportez ni parfums ni vases à onguents ; — j'entends le bruit des moyeux contre l'essieu — non, pas de parfums ni d'onguents pour le bain de Pallas : Athéna ne veut point des mixtures parfumées. Point de miroir non plus; son visage est assez beau toujours. Même au temps où le Phrygien sur l'Ida jugeait la querelle divine, la grande déesse ne regarda ses traits ni dans le disque de bronze ni dans l'onde diaphane du Simoïs : elle ni Héra; mais Cypris,

1. Deux interprétations sont possibles. La plus simple est qu'il s'agit de la statue du culte, de l' ἄγαλμα dont il est question au v. 39, qui va sortir en pompe du temple pour être menée à l'Inachos. Mais on peut supposer aussi qu'il s'agit d'une ἐπιδημία de la déesse, qui, au contraire, sur son char attelé de cavales ailées, vient du ciel vers son temple, pour y recevoir les soins des vierges attachées à son culte. Au fond les deux idées ne s'excluent pas, et l'approche mystique de l'être divin accompagne l'approche réelle de son image.

ΕΙΣ ΛΟΥΤΡΑ ΤΗΣ ΠΑΛΛΑΔΟΣ

———

Ὅσσαι λωτροχόοι τᾶς Παλλάδος ἔξιτε πᾶσαι,
  ἔξιτε· τᾶν ἵππων ἄρτι φρυασσομενᾶν
τᾶν ἱερᾶν ἐσάκουσα, καὶ ἁ θεὸς εὔτυκος ἕρπει.
  Σοῦσθέ νυν, ὦ ξανθαί, σοῦσθε, Πελασγιάδες.
Οὔποκ' Ἀθαναία μεγάλως ἀπενίψατο πάχεις,
  πρὶν κόνιν ἱππειᾶν ἐξελάσαι λαγόνων,
οὐδ' ὅκα δὴ λύθρῳ πεπαλαγμένα πάντα φέροισα
  τεύχεα τῶν ἀδίκων ἦνθ' ἀπὸ γηγενέων·
ἀλλὰ πολὺ πράτιστον ὑφ' ἅρματος αὐχένας ἵππων
  λυσαμένα παγαῖς ἔκλυσεν Ὠκεανῶ
ἱδρῶ καὶ ῥαθάμιγγας, ἐφοίβασεν δὲ παγέντα
  πάντα χαλινοφάγων ἀφρὸν ἀπὸ στομάτων.
Ὦ ἴτ' Ἀχαιιάδες, καὶ μὴ μύρα μηδ' ἀλαβάστρως,
  — συρίγγων ἀΐω φθογγὸν ὑπαξόνιον —
μὴ μύρα, λωτροχόοι, τᾷ Παλλάδι μηδ' ἀλαβάστρως
  — οὐ γὰρ Ἀθαναία χρίματα μικτὰ φιλεῖ —
οἴσετε μηδὲ κάτοπτρον· ἀεὶ καλὸν ὄμμα τὸ τήνας.
  Οὐδ' ὅκα τὰν Ἴδᾳ Φρὺξ ἐδίκαζεν ἔριν,
οὔτ' ἐς ὀρείχαλκον μεγάλα θεὸς οὔτε Σιμοῦντος
  ἔβλεψεν δίναν εἰς διαφαινομέναν·
οὐδ' Ἥρα· Κύπρις δὲ διαυγέα χαλκὸν ἑλοῖσα

5 οὔποκ' Ἀθαναία Estienne : οὔποτ' Ἀθηναία (Ἀθηναίη ABC) ‖ **7** φέροισα Lasc. : φέρουσα ‖ **13** Ἀχαιιάδες : Ἀχαιΐδες BCQ ‖ **14** ὑπαξόνιον SE : ὑπαξονίων ‖ **16** Ἀθήναία omn. ‖ **17** ὄμμα τὸ τήνας : εἴδυμα τηνάς cod. Matrit. ‖ **18** Ἴδᾳ Bentley : Ἴδαν ‖ **19** οὔτ'... οὔτε Meineke : οὐδ'... οὐδέ ‖ **20** ἔβλεψεν E Lasc. : ἔβλεψαν ‖ διαφαινομέναν Lasc. : -μένην ‖ **21** Ἥρα Ernesti : Ἥρη.

bien souvent, le miroir de bronze à la main, fit et refit par deux fois la même boucle de ses cheveux [1]. Et ce jour-là, après sa course, deux fois soixante diaules [2], Athéna — tels, près de l'Eurotas, les astres jumeaux de Lacédémone [3] — oignit son corps, en athlète expert, de l'essence toute pure que donne l'arbre qui est sien, Argiennes, et une rougeur montait à ses joues, comme on voit la rose matinale, comme on voit les grains du grenadier. En ce jour non plus n'apportez pour elle rien autre que la fiole d'huile, l'huile virile, onction de Castor, onction d'Héraclès. Et portez aussi pour ses cheveux un peigne d'or, dont elle lisse ses boucles brillantes.

Athéna, viens à nous : vois ici la troupe, qui plaît à ton cœur, des vierges filles des puissants Arestorides [4]. Athéna, vois ici porté le bouclier de Diomède : c'est l'us antique des Argiens, c'est le rite qu'Eumédès enseigna : Eumédès, ton prêtre favori, qui jadis, surprenant le dessein meurtrier du peuple contre lui, s'enfuit, emportant ton image sainte, et s'établit sur le mont, oui, sur le mont Créion ; ton idole, ô déesse, il la dressa dans les escarpements rocheux qui sont encore aujourd'hui les Pierres de Pallas.

Viens à nous, Athéna, destructrice des villes, déesse au casque d'or, déesse qui t'éjouis du fracas des chevaux et des boucliers. En ce jour n'allez pas au fleuve, porteuses d'eau ; en ce jour, Argos, qu'on boive aux sources, non pas au

1. Il s'agit ici du jugement de Pâris, sur l'Ida de Phrygie. Sur les vases peints, on voit souvent Héra et Athéna dans un maintien et un attirail modestes, tandis qu'Aphrodite est accompagnée d'Amours ailés qui portent vases et objets de toilette.

2. Le diaule était la course de l'aller et retour dans le stade, représentant à peu près 380 mètres.

3. Les Dioscures, Castor et Pollux.

4. Les Arestorides désignent les Argiens ; Argos, héros éponyme de la ville, était fils d'Arestor. — Eumédès n'est pas autrement connu. Le mont Créion n'est pas nommé non plus dans d'autres textes.

πολλάκι τὰν αὐτὰν δὶς μετέθηκε κόμαν·
ἁ δὲ δὶς ἑξήκοντα διαθρέξασα διαύλως,
 οἷα παρ' Εὐρώτᾳ τοὶ Λακεδαιμόνιοι
ἀστέρες, ἐμπεράμως ἐνετρίψατο λιτὰ βαλοῖσα
 χρίματα, τᾶς ἰδίας ἔκγονα φυταλιᾶς,
ὦ κῶραι, τὸ δ' ἔρευθος ἀνέδραμε, πρώιον οἵαν
 ἢ ῥόδον ἢ σίβδας κόκκος ἔχει χροΐαν.
Τῷ καὶ νῦν ἄρσεν τι κομίσσατε μῶνον ἔλαιον,
 ᾧ Κάστωρ, ᾧ καὶ χρίεται Ἡρακλέης·
οἴσετε καὶ κτένα οἱ παγχρύσεον, ὡς ἀπὸ χαίταν
 πέξηται, λιπαρὸν σμασαμένα πλόκαμον.

Ἔξιθ' Ἀθαναία· πάρα τοι καταθύμιος ἴλα,
 παρθενικαὶ μεγάλων παῖδες Ἀρεστοριδᾶν.
Ὠθάνα, φέρεται δὲ καὶ ἁ Διομηδέος ἀσπίς,
 ὡς ἔθος Ἀργείως τοῦτο παλαιότερον
Εὐμήδης ἐδίδαξε, τεῒν κεχαρισμένος ἱρεύς·
 ὅς ποκα βωλευτὸν γνοὺς ἐπί οἱ θάνατον
δᾶμον ἑτοιμάζοντα φυγᾷ τεὸν ἱρὸν ἄγαλμα
 ᾤχετ' ἔχων, Κρεῖον δ' εἰς ὄρος ᾠκίσατο,
Κρεῖον ὄρος· σὲ δέ, δαῖμον, ἀπορρώγεσσιν ἔθηκεν
 ἐν πέτραις, αἷς νῦν οὔνομα Παλλατίδες.

Ἔξιθ' Ἀθαναία, περσέπτολι, χρυσεοπήληξ,
 ἵππων καὶ σακέων ἁδομένα πατάγῳ.
Σάμερον ὑδροφόροι μὴ βάπτετε, σάμερον, Ἄργος,
 πίνετ' ἀπὸ κρανᾶν, μηδ' ἀπὸ τῶ ποταμῶ,

24 οἷα παρ' Lasc. : οἷά περ || **25** ἐνετρίψατο Meineke : ἐτρίψατο || βαλοῖσα : λαβοῖσα ABC item prima manus Π cod. Matrit.) || **27** κῶραι Estienne recc. : κόραι || **28** σίβδας Ernesti : σίβδης || χροΐαν Estienne : χροίην || **29** ἄρσεν τι Bergk : ἄρσεν τε || μῶνον Ernesti : μοῦνον || **34** Ἀρεστοριδᾶν Valckenaer : Ἀκεστοριδᾶν || **36** Ἀργείως Meineke : Ἀργείων || **38** ποκα Meineke : ποτε || βωλευτόν Wil. cf. VI, 9, βωλά) : βουλευτόν || **46** τῶ παταμῶ corr anon. Bern. (*Hermes*, 26, p 313) item Hecker : τῶν ποταμῶν || **45-46** obscuritate quadam laborare multis uisi sunt.

fleuve ; en ce jour, servantes, portez vos aiguières à la source Physadia, à la source Amymônê, la fille de Danaos [1]. Car mêlant dans ses ondes et l'or et les fleurs, l'Inachos vient des monts aux riches pâtures porter ses belles eaux au bain d'Athéna. Pélasge, garde-toi bien de la voir, la Déesse Reine, de la voir même par mégarde [2]. Qui verra nue Pallas, qui tient la Cité, ses yeux contempleront Argos pour la dernière fois. Athéna, Vénérable, viens à nous ; cependant qu'à ces filles je ferai mon récit. L'histoire n'est pas mienne ; d'autres l'ont dite.

Filles, il était une fois à Thèbes une nymphe, la mère de Tirésias, qu'Athéna chérissait grandement, plus que nulle de ses compagnes. Jamais elles ne se quittaient. Que ce fût vers l'antique Thespies qu'elle guidât ses chevaux, que ce fût vers Coronée, où est son bois odorant, où sont ses autels, au bord du Couralion, vers Coronée ou vers Haliarte, au travers des champs de Béotie [3], souvent la déesse lui faisait place sur son char ; ni les causeries de ses nymphes ni leurs chœurs de danse ne lui plaisaient, si Chariclô ne les menait. Mais elle devait pleurer bien des larmes, toute compagne chérie qu'elle fût pour Athéna. Un jour elles avaient délié leur péplos près de la source Hippocrène aux belles eaux ; elles se baignaient : sur la colline c'était le silence de midi. Elles se baignaient toutes deux, et c'était l'heure de midi, et le silence profond

1. L'interdiction de boire au fleuve, au jour du bain d'Athéna, est un cas particulier de l'interdiction générale de mêler le sacré et le profane.

2. Il y a plusieurs exemples de l'interdiction, sur laquelle s'enchaîne l'histoire de Tirésias, de voir la divinité face à face — même mise à part la question de la nudité. L'idée se retrouve dans l'Ancien Testament, par exemple à propos de Moïse et de Jéhovah.

3. Toutes ces villes de Béotie avaient leur culte d'Athéna, surtout Coronée, avec son temple d'Athéna Itonias ; le nom même du fleuve Couralion — *coura* ou *côra*, la vierge — semble la rappeler. La source Hippocrène, jaillie sous un coup du sabot de Pégase, était sur l'Hélicon, à quelque distance au-dessous de la plus haute cime.

σάμερον αἱ δῶλαι τὰς κάλπιδας ἢ 'ς Φυσάδειαν
ἢ ἐς Ἀμυμώναν οἴσετε τὰν Δαναῶ.
Καὶ γὰρ δὴ χρυσῷ τε καὶ ἄνθεσιν ὕδατα μίξας
ἡξεῖ φορβαίων Ἴναχος ἐξ ὀρέων,
τἀθάνᾳ τὸ λοετρὸν ἄγων καλόν. Ἀλλά, Πελασγέ,
φράζεο μὴ οὐκ ἐθέλων τὰν βασίλειαν ἴδῃς.
Ὅς κεν ἴδῃ γυμνὰν τὰν Παλλάδα τὰν πολιοῦχον
τὦργος ἐσοψεῖται τοῦτο πανυστάτιον.
Πότνι' Ἀθαναία, τὺ μὲν ἔξιθι· μέσφα δ' ἐγώ τι
ταῖσδ' ἐρέω· μῦθος δ' οὐκ ἐμός, ἀλλ' ἑτέρων.

Παῖδες, Ἀθαναία νύμφαν μίαν ἔν ποκα Θήβαις
πουλύ τι καὶ πέρι δὴ φίλατο τᾶν ἑταρᾶν,
ματέρα Τειρεσίαο, καὶ οὔποκα χωρὶς ἔγεντο·
ἀλλὰ καὶ ἀρχαίων εὖτ' ἐπὶ Θεσπιέων
ἢ 'πὶ Κορωνείας, ἵνα οἱ τεθυωμένον ἄλσος 63
καὶ βωμοὶ ποταμῷ κεῖντ' ἐπὶ Κουραλίῳ, 64
ἢ 'πὶ Κορωνείας, ἢ εἰς Ἁλίαρτον ἐλαύνοι 61
ἵππως, Βοιωτῶν ἔργα διερχομένα, 62
πολλάκις ἁ δαίμων νιν ἑῶ ἐπεβάσατο δίφρω·
οὐδ' ὄαροι νυμφᾶν, οὐδὲ χοροστασίαι
ἁδεῖαι τελέθεσκον, ὄκ' οὐχ ἁγεῖτο Χαρικλώ.
Ἀλλ' ἔτι καὶ τήναν δάκρυα πόλλ' ἔμενε,
καίπερ Ἀθαναίᾳ καταθύμιον ἔσσαν ἑταίραν.
Δή ποκα γὰρ πέπλων λυσαμένα περόνας
ἵππω ἐπὶ κράνᾳ Ἑλικωνίδι καλὰ ῥεοίσᾳ
λῶντο· μεσαμβρινὰ δ' εἶχ' ὄρος ἁσυχία.
Ἀμφότεραι λώοντο, μεσαμβριναὶ δ' ἔσαν ὧραι,

47 ὦ δῶλαι Π || **48** Ἀμυμώναν Meineke : Ἀμυμώνην || **49** ὕδατα Lasc. : ὕδατι || **55** τὺ Meineke : σὺ || **58** ἑταρᾶν (ἑταιρᾶν alii) : ἑτερᾶν Lasc. || **61-64** haec duo disticha transposui, ut fecit Blomfield (praeeunte Ernesti in Comment.); aliis alia placent, 61-62 om. ABC || **62** ἵππως Ernesti : ἵππους || **65** νιν Meineke : μιν || **67** ὄκ' Wil. : ὅτ' || ἁγεῖτο : ἁγοῖτο BC || **69** ἔσσαν : εὖσαν Lasc. οὖσαν F || **70** ποκα Schneider : ποτε.

régnait sur la colline [1]. Tirésias seul, avec ses chiens, jeune homme au duvet mûrissant, promenait ses pas en ce lieu sacré : altéré tant qu'on ne peut dire, il s'approcha des eaux courantes. Infortuné ! Sans le vouloir il vit ce qu'on ne doit voir. Pleine de colère, Athéna pourtant lui parla : « Qui donc, fils d'Euérès, toi qui d'ici n'emporteras pas tes yeux, quel mauvais génie te mit en ce chemin funeste [2] ? » Elle dit, et la nuit prit les yeux de l'enfant. Il était là, debout, sans parole ; la douleur enchaînait ses genoux ; sa voix était enchaînée. Et la nymphe clama : « Qu'as-tu fait de mon fils, Vénérable ? Est-ce ainsi, déesses, que vous nous êtes amies ? Tu m'as pris les yeux de mon fils. O mon enfant, infortuné ! tu as vu le sein et les flancs d'Athéna ; tu ne reverras plus le soleil. Malheur sur moi ! ô mont, ô Hélicon, terre que je ne foulerai plus, tu as gagné beaucoup en donnant peu ; oui, pour avoir perdu quelques daims et quelques faons, tu tiens les yeux d'un enfant [3] ! » Et la mère, entourant son fils de ses bras, poussait, avec des pleurs lourds, la plainte gémissante du rossignol. La déesse, prenant en pitié sa compagne, lui dit alors ces mots : « Femme divine, rappelle, retire toutes ces paroles que t'inspira la colère. Non, ce n'est pas moi qui fis ton fils aveugle. Non, Athéna ne saurait se plaire

1. L'heure de midi est la plus dangereuse pour les mortels qui risquent de déranger le repos de la divinité ; on connaît les vers de la première idylle de Théocrite : « Il ne nous est pas permis, berger, de jouer de la syrinx sur le midi. Nous redoutons Pan ; c'est l'heure où il repose, au retour de la chasse ; il est mauvais alors, et une âcre bile enfle toujours sa narine. » — Les impressions de nature, comme celle qu'on voit ici, sont très rares chez Callimaque ; par contre le redoublement de la même idée, avec des expressions presque identiques, dans l'espace de deux ou trois vers, est un procédé assez commun chez lui.

2. Euérès, fils d'un des compagnons de Cadmos, est le père de Tirésias.

3. Il y a quelque préciosité dans ces vers, et qui s'accorde mal avec l'expression de la cruelle douleur d'une mère.

πολλὰ δ' ἁσυχία τῆνο κατεῖχεν ὄρος.
Τειρεσίας δ' ἔτι μῶνος ἁμᾶ κυσὶν ἄρτι γένεια
　περκάζων ἱερὸν χῶρον ἀνεστρέφετο·
διψάσας δ' ἄφατόν τι ποτὶ ῥόον ἤλυθε κράνας,
　σχέτλιος· οὐκ ἐθέλων δ' εἶδε τὰ μὴ θεμιτά.
Τὸν δὲ χολωσαμένα περ ὅμως προσέφασεν 'Αθάνα·
　Τίς σε, τὸν ὀφθαλμὼς οὐκέτ' ἀποισόμενον,
ὦ Εὐηρείδα, χαλεπὰν ὁδὸν ἄγαγε δαίμων; »
　῾Α μὲν ἔφα, παιδὸς δ' ὄμματα νὺξ ἔλαβεν.
† 'Εστάθη δ' ἄφθογγος, ἐκόλλασαν γὰρ ἀνῖαι
　γώνατα, καὶ φωνὰν ἔσχεν ἀμηχανία.
῾Α νύμφα δ' ἐβόασε· « Τί μοι τὸν κῶρον ἔρεξας,
　πότνια; τοιαῦται, δαίμονες, ἐστὲ φίλαι;
῎Ομματά μοι τῶ παιδὸς ἀφείλεο. Τέκνον ἄλαστε,
　εἶδες 'Αθαναίας στήθεα καὶ λαγόνας,
ἀλλ' οὐκ ἀέλιον πάλιν ὄψεαι. ῏Ω ἐμὲ δειλάν,
　ὦ ὄρος, ὦ ῾Ελικὼν οὐκέτι μοι παριτέ,
ἦ μεγάλ' ἀντ' ὀλίγων ἐπράξαο· δόρκας ὀλέσσας
　καὶ πρόκας οὐ πολλὰς φάεα παιδὸς ἔχεις. »
† ῾Α μὲν ἀμφοτέραισι φίλον περὶ παῖδα λαβοῖσα
　† μάτηρ μὲν γοερᾶν οἶτον ἀηδονίδων
ἆγε βαρὺ κλαίοισα, θεὰ δ' ἐλέησεν ἑταίραν·
　καί νιν 'Αθαναία πρὸς τόδ' ἔλεξεν ἔπος·
« Δῖα γύναι, μετὰ πάντα βαλεῦ πάλιν ὅσσα δι' ὀργάν
　εἶπας· ἐγὼ δ' οὔ τοι τέκνον ἔθηκ' ἀλαόν.
Οὐ γὰρ 'Αθαναίᾳ γλυκερὸν πέλει ὄμματα παίδων

75 μῶνος Ernesti : μοῦνος ‖ **78** θεμιτά EF Ath. : om. ABC θέμιδες Π Lasc. ‖ **81** χαλεπὰν Ernesti : χαλεπὴν ‖ **82** ἔλαβεν corr. cod. Vindobon. : ἔβαλεν ‖ **83** ἐστάθη metri causa parum tolerabile : ἐστάχη Buttmann ‖ **85** ἐβόασε Ernesti : ἐβόησε ‖ **87** τῶ Ernesti : τοῦ ‖ ἀφείλεο E in marg. Lasc. item cod. Matrit : ἀφείλετο ‖ **93-94** uix sani, quod ad metrum et uerborum ordinem pertinet : nondum feliciter emendati (ἆγε μὲν...... ἁ μάτηρ γοερᾶν Wil.) ‖ **93** λαβοῖσα Lasc. : λαβοῦσα ‖ **94** γοερᾶν Meineke : γοερῶν ‖ **95** κλαίοισα Ernesti : κλαίουσα ‖ **96** νιν Meineke : μιν ‖ **99** 'Αθαναίᾳ AB Lasc. : 'Αθηναίᾳ

à ravir la lumière à un enfant. Mais c'est la loi antique, la loi de Cronos; qui verra quelqu'un des immortels contre son vouloir, paiera cette vue d'un prix lourd. Femme divine, ce qui s'est fait ne se peut révoquer : les Moires à ton fils ont filé tel destin, au jour même que tu l'enfantas. Et donc, fils d'Euérès, reçois le paiement qui t'est dû. Oh! combien un jour la fille de Cadmos [1] voudra brûler de chairs sur l'autel, et combien Aristée, pour voir aveugle leur fils unique, l'adolescent Actéon ! Et cependant il sera le compagnon de chasse de la puissante Artémis; mais ni ses courses avec elle, ni d'avoir avec elle aussi, dans la colline, lancé les traits, rien ne pourra le sauver, le jour où il aura, et sans le vouloir, vu le bain de la gracieuse déesse ; de celui même qui fut leur maître ses chiens feront leur repas; et la mère courra par les bois, à rassembler les os de son fils. Trop heureuse tu fus, dira-t-elle, et fortunée, à qui la montagne a restitué un fils aveugle. Amie, cesse ta plainte ; je lui réserve, pour l'amour de toi, bien d'autres faveurs. Je ferai de lui le devin qui dira l'avenir à ceux qui viendront, plus pleinement prophète que nul des autres. Il connaîtra le vol des oiseaux, et le favorable et l'indifférent, et celui aussi dont le présage est funeste. Il rendra bien des oracles aux Béotiens, et à Cadmos, et après lui aux puissants Lab-

1. Autonoé, fille de Cadmos et d'Harmonia, épouse d'Aristée et mère d'Actéon. On connaît la légende d'Actéon, dévoré par ses chiens, qu'Artémis lance sur lui. Mais il faut noter que le texte de Callimaque est le premier que nous possédions, qui rapporte le châtiment du jeune chasseur au fait d'avoir vu la déesse sans voile ; aucun des monuments littéraires ou figurés de l'époque archaïque ou classique ne fait allusion au bain d'Artémis; les textes attribuent des motifs variables, mais tout autres, à la colère divine. Au contraire nombreux sont, après Callimaque, les monuments et les textes, qui relatent ou représentent la forme de la légende ici rappelée. Ces vers ont pu contribuer à la répandre. Sur le mythe d'Actéon, voyez en dernier lieu l'étude de S. Reinach (*Mythes, cultes et religions*, t. III).

ἁρπάζειν· Κρόνιοι δ' ὧδε λέγοντι νόμοι·
ὅς κέ τιν' ἀθανάτων, ὅκα μὴ θεὸς αὐτὸς ἕληται,
ἀθρήσῃ, μισθῶ τοῦτον ἰδεῖν μεγάλω.
Δῖα γύναι, τὸ μὲν οὐ παλινάγρετον αὖθι γένοιτο
ἔργον· ἐπεὶ Μοιρᾶν ὧδ' ἐπένησε λίνα,
ἁνίκα τὸ πρᾶτόν νιν ἐγείναο· νῦν δὲ κομίζευ,
ὦ Εὐηρείδα, τέλθος ὀφειλόμενον.
Πόσσα μὲν ἁ Καδμηὶς ἐς ὕστερον ἔμπυρα καυσεῖ,
πόσσα δ' Ἀρισταῖος, τὸν μόνον εὐχόμενοι
παῖδα, τὸν ἁβατὰν Ἀκταίονα, τυφλὸν ἰδέσθαι.
Καὶ τῆνος μεγάλας σύνδρομος Ἀρτέμιδος
ἐσσεῖτ'· ἀλλ' οὐκ αὐτὸν ὅ τε δρόμος αἵ τ' ἐν ὄρεσσι
ῥυσεῦνται ξυναὶ τᾶμος ἑκαβολίαι,
ὁππόκα κοὐκ ἐθέλων περ ἴδῃ χαρίεντα λοετρά
δαίμονος· ἀλλ' αὐταὶ τὸν πρὶν ἄνακτα κύνες
τουτάκι δειπνησεῦντι· τὰ δ' υἱέος ὀστέα μάτηρ
λεξεῖται δρυμὼς πάντας ἐπερχομένα·
ὀλβίσταν δ' ἐρέει σε καὶ εὐαίωνα γενέσθαι,
ἐξ ὀρέων ἀλαὸν παῖδ' ὑποδεξαμέναν.
Ὦ ἑτάρα, τῷ μή τι μινύρεο· τῷδε γὰρ ἄλλα
τεῦ χάριν ἐξ ἐμέθεν πολλὰ μενεῦντι γέρα·
μάντιν ἐπεὶ θησῶ νιν ἀοίδιμον ἐσσομένοισιν,
ἦ μέγα τῶν ἄλλων δή τι περισσότερον.
Γνωσεῖται δ' ὄρνιθας, ὃς αἴσιος οἵ τε πέτονται
ἤλιθα καὶ ποίων οὐκ ἀγαθαὶ πτέρυγες.
Πολλὰ δὲ Βοιωτοῖσι θεοπρόπα, πολλὰ δὲ Κάδμῳ
χρησεῖ, καὶ μεγάλοις ὕστερα Λαβδακίδαις.
Δωσῶ καὶ μέγα βάκτρον, ὅ οἱ πόδας ἐς δέον ἀξεῖ·

103 μὲν : κεν Meineke fortasse rectius || **104** ἐπένησε Spanheim : ἐπένευσε || **105** ἁνίκα Lasc. : ἡνίκα || πρᾶτον Brunck : πρῶτον || κομίζευ Lasc. : κομίζου || **107** πόσσα F Ath. Lasc : ὅσσα aut πάσσα cett. om. ABC || **109** Ἀκταίονα Lasc. : Ἀκταίωνα || **111** ἐσσεῖτ' Wil. : ἔσσεται || **112** ἑκαβολίαι AB : ἑκηβολίαι || **113** ὁππόκα κοὐκ Wil. : ὁππόταν οὐκ || **117** δ' E : om. cett. || **120** γέρα : δῶρα recc.

dacides. Je lui donnerai un grand bâton, pour conduire ses pas, je lui donnerai une vie chargée d'ans. Seul il gardera, mort, sa science parmi les ombres, honoré d'Hadès le Rassembleur[1]. » Elle dit, et fit un signe de sa tête : toute chose s'accomplit, à quoi Pallas donne tel assentiment. Car à Athéna, seule d'entre ses filles, ô Baigneuses de Pallas, Zeus accorda les pouvoirs mêmes de son père ; nulle mère n'enfanta la déesse, mais bien la tête même de Zeus. Et la tête de Zeus ne donne point de vain assentiment (*lacune*).

C'est Athéna : elle vient, tout à l'instant. Recevez la déesse, filles, vous toutes à qui Argos est à cœur ; recevez-la, avec des louanges, avec des prières, avec des clameurs. Salut, déesse, et veille sur Argos l'Inachienne. Salut, quand tu viens à nous ; salut, quand tu ramènes ton char, salut, et sauvegarde la terre Danaenne !

1. C'est ce que Circé, dans l'*Odyssée* — X, v. 490 et suiv. — rappelle à Ulysse, en lui prescrivant de descendre chez Hadès pour interroger l'âme, ψυχή — et non l'ombre, σκιά, comme pour les autres morts — de Tirésias, « le devin aveugle, qui est toujours en possession de son esprit; bien que mort, Perséphone lui a accordé de garder, lui seul, sa science; les autres ne sont qu'ombres voltigeantes. » Il en était de même pour le devin Amphiaraos, encore doué aux enfers de « toute son âme » (Soph. *Electre*, v. 841).

δωσῶ καὶ βιότω τέρμα πολυχρόνιον.
Καὶ μόνος, εὖτε θάνῃ, πεπνυμένος ἐν νεκύεσσι
φοιτασεῖ, μεγάλῳ τίμιος Ἀγεσίλᾳ.»
Ὣς φαμένα κατένευσε· τὸ δ' ἐντελὲς ᾧ κ' ἔπι νεύσῃ
Παλλάς, ἐπεὶ μώνᾳ Ζεὺς τό γε θυγατέρων
δῶκεν Ἀθαναίᾳ, πατρῷια πάντα φέρεσθαι,
λωτροχόοι, μάτηρ δ' οὔτις ἔτικτε θεάν,
ἀλλὰ Διὸς κορυφά· κορυφὰ Διὸς οὐκ ἐπινεύει
ψεύδεα. . . . . . . αι θυγάτηρ.
Ἔρχετ' Ἀθαναία νῦν ἀτρεκές· ἀλλὰ δέχεσθε
τὰν θεόν, ὦ κῶραι, τὤργος ὅσαις μέλεται,
σύν τ' εὐαγορίᾳ σύν τ' εὔγμασι σύν τ' ὀλολυγαῖς.
Χαῖρε θεά, κάδευ δ' Ἄργεος Ἰναχίω·
χαῖρε καὶ ἐξελάοισα καὶ ἐς πάλιν αὖτις ἐλάσσαις
ἵππως, καὶ Δαναῶν κλᾶρον ἅπαντα σάω.

128 δωσῶ...... πολυχρόνιον : alii alia omiserunt ; tantum πολυχρόνιον ABCE || βιότω Ernesti : βιότου (δέ βοιωτοῦ Π) || **136** ψεύδεα......αι θυγάτηρ F Ath. : tantum θυγάτηρ alii ; om. ABC || **137** ἔρχετ' Lasc. : ἔρχεται || **138** τὤργος : τὤργον Boissonade, fortasse rectius || **139** τ'ὀλολυγαῖς om. ABC || **140** Ἰναχίω Ernesti : ἰναχίου || **142** ἵππως Brunck : ἵππους.

VI

HYMNE A DEMETER

L'Hymne VI, écrit en vers épiques, mais dans le même dialecte que l'hymne V, est d'un type identique à celui des *Loutra* : une histoire divine s'insère dans un tableau rituel. Mais ici le rapport des deux parties est mieux compris, et leur union plus parfaite. Le tableau, avec ses deux fragments égaux et symétriques, enserre étroitement le récit mythique ; sans l'écraser par ses dimensions, il lui donne au contraire toute sa valeur; la pièce est bien une. D'autant que le récitant n'est plus ici le poète, comme dans l'hymne à Apollon, ni quelque ordonnateur de la fête, comme dans les *Loutra,* l'un et l'autre personnage regardant la cérémonie d'un œil intéressé, mais tout de même du dehors. Le récitant est ici une des femmes mêmes qui attendent dans l'angoisse mystique le passage du calathos et saluent son arrivée avec un religieux enthousiasme. L'impression y gagne beaucoup en simplicité forte.

V. 1-24. Nous sommes sur le passage de la procession de Déméter. L'étoile du soir brille : le calathos, avec les objets sacrés, va sortir [1]; les femmes sont réunies, les initiées et

1. Le *calathos* est, comme la *ciste,* avec laquelle, au moins à Eleusis, il ne se confond pas exactement, une corbeille en osier dont l'usage est passé de la vie quotidienne au service de la divinité. Il contient les objets sacrés, et des gâteaux faits de substances variées et de forme emblématique. Il y a d'autres exemples, par exemple en Asie Mineure, de cette *Procession du Calathos*.

les profanes ; c'est, comme dans l'hymne II et l'hymne V, l'attente anxieuse de l'ἐπιδημία divine. Les dévotes de Déméter sont au jeûne et la bouche sèche : état bien fait pour la surexcitation mystique. C'est alors que pour tromper l'attente la récitante fait son récit, v. 25-118. L'histoire d'Erysichthon, plaisante et terrible, s'accorde, en son ironie cruelle, avec l'impression de confiance pieuse et de crainte religieuse qui fait le ton de la pièce. C'est Déméter « féconde et nourricière » que l'on attend, la déesse du blé ; et c'est celle-là tout précisément, qui donne sa nourriture au genre humain, qui aussi punit son insulteur par le supplice d'une horrible faim. L'histoire finit brusquement, sans être menée jusqu'à sa fin naturelle, la mort d'Erysichthon ; elle est interrompue par l'arrivée tant souhaitée du calathos. Les acclamations et les souhaits l'accueillent jusqu'au salut final, v. 119-139.

L'histoire d'Erysichthon ne se trouve, à notre connaissance, avant Callimaque, que chez Hellanicos. Le poète semble avoir été le premier à la développer, comme il fait, dans les *Loutra*, pour celle de Tirésias. Il ne faut pas se représenter le travail poétique de Callimaque comme une froide adaptation versifiée de récits antérieurs. Il a donné vie à de simples et sèches indications ; la part de son originalité est grande [1].

Pour quelle fête a été rédigé l'hymne du *Calathos* — nom sous lequel il semble qu'on ait désigné la pièce [2] ? Le scoliaste nous dit que Philadelphe avait, à l'imitation du culte athénien, institué à Alexandrie une procession du calathos. Mais on ne trouve à Athènes nulle cérémonie qui corresponde à celle ici dépeinte. Le renseignement du scoliaste peut, pour

1. L'histoire d'Erysichthon a été reprise par Ovide dans les *Métamorphoses*, livre VIII, v. 738 et suiv. — Le nom d'Erysichthon signifie « celui qui trace des sillons dans la terre » ; c'est le Laboureur par excellence. On a beaucoup discuté sur l'origine et le sens de la légende ; nous laissons de côté une telle question, qui n'intéresse pas directement la lecture de l'hymne.

2. Ὕμνος Δήμητρος καλάθου, Schol. Plat. p. 218 Bekker.

le reste, être exact. En tout cas il ne peut s'agir, comme on l'a prétendu, d'une fête de Cnide. C'est un étrange abus que de se servir du v. 25 pour l'affirmer : Callimaque a simplement rappelé là que l'histoire se passe en Thessalie, avant le passage des Triopides en Carie ; le sanctuaire du Triopion est une filiale de celui du Dôtion. Si l'hymne avait été composé pour une fête du Triopion, le poète ne se fût pas contenté de mentionner ce lieu comme cher à Déméter autant qu'Eleusis et qu'Enna. — La vérité est que la pièce est sans aucune caractéristique de temps ni de lieu. Puisque nous savons que Callimaque a vécu dans le « quartier » de Déméter à Alexandrie, au faubourg d'Eleusis, il est assez naturel de rapporter l'hymne VI à ce moment de sa carrière, et de penser que la procession alexandrine a été en effet l'occasion de son poème. Mais il faut remarquer ici, avec Wilamowitz, que le poète a évidemment voulu donner à sa description un caractère général ; plutôt même que l'image d'une fête particulière — même si l'hymne a été composé à l'occasion d'une telle fête — c'est la « Fête de Déméter » qui est mise sous nos yeux, c'est la « Procession du Calathos », et l'état d'âme qu'on y voit chez les célébrantes. Si l'on veut, ce sont comme de graves et religieuses « Thesmophoriazousai » d'Alexandrie, en face des gracieuses et légères « Adôniazousai » que fait revivre pour nous Théocrite.

A DEMETER

Quand le calathos s'avance, femmes, que votre cri retentisse : « Salut, Déméter, salut, Très Féconde, Très Nourricière ! » Vous, non initiées, quand passe le calathos, à terre regardez-le, non pas des toits de vos maisons, non pas d'en haut : non, personne, ni enfant ou femme, même pas cheveux dénoués, même pas crachant la salive desséchée du jeûne[1]. Hespéros, du haut du ciel, a jeté son regard — quand viendra-t-il, Hespéros ? — Hespéros, qui lui seul sut faire boire Déméter, quand, sans nouvelles de sa fille enlevée, elle quêtait sa trace[2]. Vénérable, comment tes pieds t'ont-ils pu porter jusqu'au pays du couchant, jusque chez les Noirs, jusqu'au jardin des pommes d'or ? Tout ce temps tu n'avais ni bu ni mangé ni baigné ton corps. Trois fois tu traversas l'Achélôos roulant ses flots d'argent, trois fois tu passas chacun des fleuves aux eaux jamais taries, trois fois tu t'assis à terre, près du puits Callichore, le corps souillé, le corps à jeun, et tu ne mangeas point ni ne baignas ton corps. — Mais non, ne parlons point de ce qui tira des pleurs à Déô; disons plutôt comment aux cités elle donna les lois

1. Il semble ressortir de quelques textes que le fait de regarder *d'en haut* la divinité ou les objets sacrés passait pour avoir des conséquences funestes. Le sens de ce qui suit est controversé : nous entendons que les non-initiées, même s'associant aux démonstrations extérieures du rituel, doivent s'abstenir de la pratique interdite.

2. Hespéros, l'étoile du soir personnifiée, joue ici le rôle qui dans la tradition ordinaire, la tradition éleusinienne, est attribué à Iambé

ΕΙΣ ΔΗΜΗΤΡΑ

Τῶ καλάθω κατιόντος ἐπιφθέγξασθε γυναῖκες·
« Δάματερ μέγα χαῖρε, πολυτρόφε, πουλυμέδιμνε. »
Τὸν κάλαθον κατιόντα χαμαὶ θασεῖσθε βέβαλοι,
μηδ᾽ ἀπὸ τῶ τέγεος μηδ᾽ ὑψόθεν αὐγάσσησθε,
μὴ παῖς μηδὲ γυνὰ μηδ᾽ ἃ κατεχεύατο χαίταν,
μηδ᾽ ὄκ᾽ ἀφ᾽ αὐαλέων στομάτων πτύωμες ἄπαστοι.
Ἕσπερος ἐκ νεφέων ἐσκέψατο — πανίκα νεῖται; —
Ἕσπερος, ὅστε πιεῖν Δαμάτερα μῶνος ἔπεισεν,
ἁρπαγίμας ὄκ᾽ ἄπυστα μετέστιχεν ἴχνια κώρας.
Πότνια, πῶς σε δύναντο πόδες φέρεν ἔστ᾽ ἐπὶ δυθμάς,
ἔστ᾽ ἐπὶ τὼς μέλανας καὶ ὅπα τὰ χρύσεα μᾶλα;
Οὐ πίες οὔτ᾽ ἄρ᾽ ἔδες τῆνον χρόνον οὐδὲ λοέσσω.
Τρὶς μὲν δὴ διέβας Ἀχελώιον ἀργυροδίναν,
τοσσάκι δ᾽ ἀενάων ποταμῶν ἐπέρασας ἕκαστον,
τρὶς δ᾽ ἐπὶ Καλλιχόρῳ χαμάδις ἐκαθίσσαο φρητὶ
αὐσταλέα ἄποτός τε, καὶ οὐ φάγες οὐδὲ λοέσσω.
Μὴ μὴ ταῦτα λέγωμες ἃ δάκρυον ἄγαγε Δηοῖ.
Κάλλιον, ὡς πολίεσσιν ἑαδότα τέθμια δῶκε·

4 τῶ Ernesti : τοῦ || **7** om. ABC || **9** ὄκ᾽ Ernesti : ὅτ᾽ || **10** πόδες κ. τ. λ. om. ABC || **11** τὼς Ernesti : τοὺς || ὅπα κ. τ. λ. om. ABC || **12-13** Quae sunt post λοε et δὴ δι om. ABC || **13** διέβας Meineke : διέβης (διέβαινεν Lasc.) || ἀργυροδίναν Lasc. : ἀργυροδίνην || **15** Quae sunt post Καλλι... seruauerunt F Ath. recc., in cett. nihil superest, in dett. quibusdam alia quae nihili sunt || **16** λοέσσω : λοέσσα AB || **17** ἄγαγε Ernesti : ἤγαγε || **18** uerba post πολίεσσιν seruauerunt EF Ath. recc., in cett. tantum εα aut εαδο.. || πολίεσσιν Lasc. : πτολίεσσιν

bonnes, comment la première elle coupa les chaumes, fit la moisson sacrée des javelles et la fit fouler aux pieds des bœufs, au temps que Triptolème faisait l'apprentissage de sa noble science. Et disons plutôt — bon avis d'avoir à fuir l'arrogance — disons comment... (*lacune*).

Les Pélasges habitaient alors la terre sainte de Dôtion, non pas encore le pays de Cnide [1]. Ils avaient consacré à Déméter un beau bois d'épaisse futaie ; la flèche n'y eût pas trouvé sa route. Les pins, les grands ormes, les poiriers, les beaux pommiers s'y pressaient ; une eau comme de l'ambre bondissait dans le canal des sources. La déesse avait la passion de ce lieu comme d'Eleusis, et de Triopas comme d'Enna. Mais le bon génie des Triopides leur devint ennemi ; et le vouloir mauvais s'empara d'Erysichthon. Il partit, vingt hommes avec lui, tous en force d'âge, des géants, bons pour mettre à ras toute une ville, portant haches et cognées ; ils coururent, effrontés, au bois de Déméter. Il y avait là un peuplier, un arbre puissant, à toucher le ciel ; les nymphes y faisaient leurs ébats à l'heure de midi. Frappé d'abord, il rendit par toute la futaie un son plaintif. Déméter sentit qu'on maltraitait ses bois : « Qui donc, dit-elle irritée, qui donc ose abattre mes beaux arbres ? » Le peuple avait institué Nikippa comme sa prêtresse ; elle prit sa ressemblance,

et à Baubô. Ce trait s'accorde évidemment avec l'idée, qui n'est pas exprimée ailleurs que dans ce texte, du voyage de Déméter jusqu'à l'extrême *occident*, au jardin des Hespérides (v. 11). — L'Achélôos est le fleuve de l'Acarnanie, regardé quelquefois comme le fleuve par excellence. — Le puits Callichore est le lieu d'Eleusis où stationna Déméter.

1. Le sanctuaire du Triopion en Carie, près de Cnide, centre religieux des villes doriennes d'Asie Mineure, passait pour une filiale du sanctuaire du Dôtion, dans la partie orientale de la plaine thessalienne, entre Larisa et Phères. Triopas, fils d'Hélios ou de Poseidon, avait fondé le sanctuaire d'Asie après avoir fui la Thessalie, où il régnait sur le pays de Dôtion. Certains textes lui attribuent le crime même qui est ici le fait d'Erysichthon.

κάλλιον, ὡς καλάμαν τε καὶ ἱερὰ δράγματα πρᾶτα
ἀσταχύων ἀπέκοψε καὶ ἐν βόας ἧκε πατῆσαι,
ἁνίκα Τριπτόλεμος ἀγαθὰν ἐδιδάσκετο τέχναν·
κάλλιον, ὡς — ἵνα καί τις ὑπερβασίας ἀλέηται —
π. . . . . ἰδέσθαι.
Οὔπω τὰν Κνιδίαν, ἔτι Δώτιον ἱρὸν ἔναιον.
Τεῖδ' αὐτᾷ καλὸν ἄλσος ἐποιήσαντο Πελασγοί,
δένδρεσιν ἀμφιλαφές· διά κεν μόλις ἦνθεν ὀιστός.
Ἐν πίτυς, ἐν μεγάλαι πτελέαι ἔσαν, ἐν δὲ καὶ ὄχναι,
ἐν δὲ καλὰ γλυκύμαλα· τὸ δ' ὥστ' ἀλέκτρινον ὕδωρ
ἐξ ἀμαρᾶν ἀνέθυε· θεὰ δ' ἐπεμαίνετο χώρῳ
ὅσσον Ἐλευσῖνι, Τριοπᾷ θ' ὅσον ὀκκόσον Ἔννᾳ.
Ἀλλ' ὅκα Τριοπίδαισιν ὁ δεξιὸς ἄχθετο δαίμων,
τουτάκις ἁ χείρων Ἐρυσίχθονος ἅψατο βωλά.
Σεύατ' ἔχων θεράποντας ἐείκοσι, πάντας ἐν ἀκμᾷ,
πάντας δ' ἀνδρογίγαντας, ὅλαν πόλιν ἀρκίος ἆραι,
ἀμφότερον πελέκεσσι καὶ ἀξίναισιν ὁπλίσσας·
ἐς δὲ τὸ τᾶς Δάματρος ἀναιδέες ἔδραμον ἄλσος.
Ἦς δέ τις αἴγειρος, μέγα δένδρεον αἰθέρι κῦρον,
τῷ ἔπι ταὶ νύμφαι ποτὶ τὤνδιον ἑψιόωντο·
ἃ πράτα πλαγεῖσα κακὸν μέλος ἴαχεν ἄλλαις.
Ἄισθετο Δαμάτηρ, ὅτι οἱ ξύλον ἱερὸν ἀλγεῖ,
εἶπε δὲ χωσαμένα· « Τίς μοι καλὰ δένδρεα κόπτει; »
Αὐτίκα Νικίππᾳ, τάν οἱ πόλις ἀρήτειραν
δαμοσίαν ἔστασαν, ἐείσατο· γέντο δὲ χειρί
στέμματα καὶ μάκωνα, κατωμαδίαν δ' ἔχε κλαῖδα.

19 καλάμαν Brunck : καλάμην || **21** nihil post ἐδιδ ABC || **22** integrum seruauerunt EF Ath. recc., in cett. nihil relictum post ὑπερβασίας (aut ὑπερβα. aut ὑπερ- aut τις) || **23** Initio uersus π seruauerunt ABC; in fine ἰδέσθαι Π Lasc. dett. || **25** τεῖδ' Schneider : τιν δ'. Vix sanus uidetur locus, item u. 24, uerbo ἔναιον subjecto carente || **26** ἦνθεν : ἦλθεν ABC || **30** θ' : δ' ABCF || **33** ἐν om. ABC || **34** ἀρκίος Meineke : ἄρκιος || **35** ἀξίναισιν Lasc : ἀξίνῃσιν || **37** ἧς Lasc. (ες Π) : ἦν || **38** τῷ ἔπι Schneider : τῷ δ' ἔπι || **41** χωσαμένα Lasc. : χωσαμένη || **42** Νικίππᾳ Ernesti : Νικίππῃ || **43** δαμοσίαν Lasc. : δημοσίαν || χειρί : χερί ABC || **44** κατωμαδίαν Lasc. : κατωμαδίην.

guirlandes et pavots à la main, clef pendue à l'épaule. Et cherchant à calmer l'humeur du méchant et impudent personnage : « Enfant, dit-elle, qui abats les arbres consacrés, arrête, mon enfant, fils tant chéri de tes parents, arrête, retire tes hommes; crains le courroux de Déméter vénérable, de qui tu pilles les biens sacrés. » Mais l'autre, lui jetant un regard plus cruel que ne fait au chasseur, sur les monts du Tmaros, la lionne à l'enfantement cruel, dont on dit que l'œil est si féroce, l'autre lui dit : « Va-t'en, que je ne t'enfonce pas ma hache dans la peau. Ces bois vont faire la couverture de la salle où j'offrirai jour sur jour à mes amis, à satiété, de délicieux festins. » Il dit : Némésis grava ses paroles impies [1]. Déméter fut saisie d'un indicible courroux; elle redevint la déesse; ses pas touchaient la terre et sa tête l'Olympe. Demi-morts à sa vue, les gens d'Erysichthon s'enfuirent en hâte, laissant aux troncs les cognées. Elle, sans se soucier d'eux — ils n'avaient fait que céder à la nécessité, sous la main du maître — s'en prit à leur chef impie : « Oui bien, dit-elle, oui, chien, bâtis ta salle et donne tes festins; tu festoieras, va, et sans fin. » Elle n'en dit pas plus, et à Erysichthon procura de durs tourments. Elle mit en lui une faim terrible et cruelle, une faim ardente [2], énorme, mal dont la force le rongeait. Malheureux ! autant mangeait-il, d'autant encore la faim le prenait. Ils étaient vingt à servir ses repas, douze à puiser le vin : Dionysos avait pris sa part de l'injure de Déméter; tout ce qui blesse Déméter blesse aussi Dionysos. Les parents avaient honte de laisser

1. Némésis est avec Tyché, la Fortune, une de ces personnalités divines recouvrant des idées morales qui prirent, non seulement dans la religion philosophique, mais aussi dans les croyances populaires, une grande place à partir de l'époque hellénistique; elle tient le livre des comptes des fautes humaines, elle punit l'insolence et l'*hybris*.

2. La faim d'Erysichthon est « ardente », αἴθων; il est dit chez Hellanicos qu'Erysichthon était appelé lui-même, à cause de sa faim insatiable, Αἴθων. Le mot est d'ailleurs hésiodique : *Trav.* 361.

Φᾶ δὲ παραψύχοισα κακὸν καὶ ἀναιδέα φῶτα·
« Τέκνον, ὅτις τὰ θεοῖσιν ἀνειμένα δένδρεα κόπτεις,
τέκνον, ἐλίνυσον, τέκνον πολύθεστε τοκεῦσι,
παύεο καὶ θεράποντας ἀπότρεπε, μή τι χαλεφθῇ
πότνια Δαμάτηρ, τᾶς ἱερὸν ἐκκεραΐζεις. »
Τὰν δ' ἄρ' ὑποβλέψας χαλεπώτερον ἠὲ κυναγὸν
ὤρεσιν ἐν Τμαρίοισιν ὑποβλέπει ἄνδρα λέαινα
ὠμοτόκος, τᾶς φαντὶ πέλειν βλοσυρώτατον ὄμμα·
« Χάζευ, ἔφα, μή τοι πέλεκυν μέγαν ἐν χροΐ πάξω.
Ταῦτα δ' ἐμὸν θησεῖ στεγανὸν δόμον, ᾧ ἔνι δαῖτας
αἰὲν ἐμοῖς ἑτάροισιν ἅδην θυμαρέας ἀξῶ. »
Εἶπεν ὁ παῖς, Νέμεσις δὲ κακὰν ἐγράψατο φωνάν.
Δαμάτηρ δ' ἄφατόν τι κοτέσσατο, γείνατο δ' ἁ θεύς·
ἴθματα μὲν χέρσῳ, κεφαλὰ δέ οἱ ἅψατ' Ὀλύμπω.
Οἱ μὲν ἄρ' ἡμιθνῆτες, ἐπεὶ τὰν πότνιαν εἶδον,
ἐξαπίνας ἀπόρουσαν ἐνὶ δρυσὶ χαλκὸν ἀφέντες.
Ἃ δ' ἄλλως μὲν ἔασεν, ἀναγκαίᾳ γὰρ ἕποντο
δεσποτικὰν ὑπὸ χεῖρα, βαρὺν δ' ἀπαμείψατ' ἄνακτα·
« Ναὶ ναί, τεύχεο δῶμα, κύον κύον, ᾧ ἔνι δαῖτας
ποιησεῖς· θαμιναὶ γὰρ ἐς ὕστερον εἰλαπίναι τοι. »
Ἃ μὲν τόσσ' εἰποῖσ' Ἐρυσίχθονι τεῦχε πονηρά.
Αὐτίκα οἱ χαλεπόν τε καὶ ἄγριον ἔμβαλε λιμόν,
αἴθωνα κρατερόν, μεγάλᾳ δ' ἐστρεύγετο νούσῳ.
Σχέτλιος, ὅσσα πάσαιτο, τόσων ἔχεν ἵμερος αὖτις.
Εἴκατι δαῖτα πένοντο, δυώδεκα δ' οἶνον ἄφυσσον·
καὶ γὰρ τᾷ Δάματρι συνωργίσθη Διόνυσος· 71
τόσσα Διώνυσον γὰρ ἃ καὶ Δάματρα χαλέπτει. 70
Οὔτε νιν εἰς ἐράνως οὔτε ξυνδείπνια πέμπον 72

51 ὤρεσιν : οὔρεσιν F || **54** θησεῖ : θασεῖ Lasc || **57** γείνατο : γείνετο Schneider, fortasse rectius || **60** ἐξαπίνας Ernesti : ἐξαπίνης || **61** ἄλλως Ernesti : ἄλλους || **66** τε om. ABC || **67** μεγάλᾳ Ernesti : μεγάλῃ || **70-71** uersum 70 post 71 ponimus, ut Ernesti, alii ; critici alii aut priorem uersum aut posteriorem spurium judicant ; συνωχίσθη Wil. seruato uersuum ordine || **71** Διόνυσος : Διώνυσος **EF** Ath. || **72** νιν Meineke : μιν

aller leur fils à des réunions, à des banquets; on trouvait toute sorte de prétextes. La famille d'Orménos venait l'inviter aux jeux d'Athéna Itoniade[1] : la mère s'excusait : « Il n'est pas là, il est parti hier pour Crannôn : une affaire de cent bœufs qu'on nous doit. » Polyxô, la mère d'Actoriôn, qui mariait son enfant, vint les prier tous deux, Triopas et son fils : mais la mère, le cœur gros, répondit en pleurant : « Triopas ira, mais Erysichthon a reçu un coup, d'un sanglier, dans un vallon du Pinde; voilà neuf jours qu'il est au lit. » Pauvre femme, dans ton amour de mère, que de mensonges n'as-tu pas faits ! On donne un dîner. « Erysichthon est absent. » C'est un mariage. « Erysichthon s'est blessé au lancer du disque. » « Il est tombé de son char. » « Il est dans l'Othrys; il compte le bétail. » Lui, au fond du palais, à table tout le jour, dévorait et dévorait encore. Tant plus il mangeait, tant plus s'excitait son appétit mauvais. C'était un gouffre, une mer, où s'engloutissaient, pour rien, sans profit, toutes les nourritures. Comme neige sur le Mimas, comme figure de cire au soleil, et bien plus encore, le malheureux fondait, tant qu'à la fin il ne lui resta plus, à côté des nerfs, que les fibres et les os. La mère pleurait; gémissaient les deux sœurs, et celle qui lui donna le sein, et les dix servantes aussi versaient bien des pleurs. Triopas enfin, levant les mains jusqu'à ses cheveux blancs, interpelle Poseidon qui ne veut l'entendre : « Père, qui n'es pas un père, vois, regarde ta troisième postérité, si je suis bien votre fils, à toi et à Kanaké la fille d'Eole, et si ce malheureux est bien mon enfant. Mieux eût valu pour lui, frappé par

1. Orménos est connu comme héros thessalien, éponyme de la ville d'Orménion, près du golfe Pagasitique. Par contre, si la mythologie connaît une Polyxô et un Actor — Actoriôn semble devoir se traduire par « fils d'Actor » — ce ne sont pas les personnages nommés ici par Callimaque. — Les villes de Crannôn et d'Itonos, et la montagne de l'Othrys sont en Pélasgiotide et en Phthiotide, non loin de la région du Dôtion.

αἰδόμενοι γονέες, προχανὰ δ' εὑρίσκετο πᾶσα.
Ἦνθον Ἰτωνιάδος νιν Ἀθαναίας ἐπ' ἄεθλα
Ὀρμενίδαι καλέοντες· ἀπ' ὧν ἀρνήσατο μάτηρ·
« Οὐκ ἔνδοι, χθιζὸς γὰρ ἐπὶ Κραννῶνα βέβακε,
τέλθος ἀπαιτησῶν ἑκατὸν βόας. » Ἦνθε Πολυξώ,
μάτηρ Ἀκτορίωνος, ἐπεὶ γάμον ἄρτυε παιδί,
ἀμφότερον Τριόπαν τε καὶ υἱέα κικλήσκοισα.
Τὰν δὲ γυνὰ βαρύθυμος ἀμείβετο δάκρυ χέοισα·
« Νεῖταί τοι Τριόπας, Ἐρυσίχθονα δ' ἤλασε κάπρος
Πίνδον ἀν' εὐάγκειαν, ὃ δ' ἐννέα φάεα κεῖται. »
Δειλαία φιλότεκνε, τί δ' οὐκ ἐψεύσαο, μᾶτερ;
Δαίνυεν εἰλαπίναν τις· « Ἐν ἀλλοτρίοις Ἐρυσίχθων »
Ἄγετό τις νύμφαν· « Ἐρυσίχθονα δίσκος ἔτυψεν »
ἢ « Ἔπεσ' ἐξ ἵππων » ἢ « Ἐν Ὄθρυϊ ποίμνι' ἀμιθρεῖ ».
Ἐνδόμυχος δἤπειτα πανάμερος εἰλαπιναστὰς
ἤσθιε μυρία πάντα· κακὰ δ' ἐξάλλετο γαστὴρ
αἰεὶ μᾶλλον ἔδοντι, τὰ δ' ἐς βυθὸν οἷα θαλάσσας
ἀλεμάτως ἀχάριστα κατέρρεεν εἴδατα πάντα.
Ὡς δὲ Μίμαντι χιών, ὡς ἀελίῳ ἔνι πλαγγών,
καὶ τούτων ἔτι μεῖζον ἐτάκετο, μέσφ' ἐπὶ † νευρὰς
δειλαίῳ ἶνές τε καὶ ὀστέα μῶνον ἔλειφθεν.
Κλαῖε μὲν ἁ μάτηρ, βαρὺ δ' ἔστενον αἱ δύ' ἀδελφαὶ
χὠ μαστὸς τὸν ἔπωνε καὶ αἱ δέκα πολλάκι δῶλαι.
Καὶ δ' αὐτὸς Τριόπας πολιαῖς ἐπὶ χεῖρας ἔβαλλε,
τοῖα τὸν οὐκ ἀίοντα Ποσειδάωνα καλιστρέων·
« Ψευδοπάτωρ, ἴδε τόνδε τεοῦ τρίτον, εἴπερ ἐγὼ μὲν
σεῦ τε καὶ Αἰολίδος Κανάκας γένος, αὐτὰρ ἐμεῖο
τοῦτο τὸ δείλαιον γένετο βρέφος· αἴθε γὰρ αὐτὸν

74 νιν Meineke : μιν || **75** ὧν Ernesti : οὖν || ἀρνήσατο Schneider : ἠρνήσατο || **76** βέβακε Brunck : βέβηκε || **79** κικλήσκοισα Ernesti : κικλήσκουσα || **80** χέοισα Ernesti : χέουσα || **86** ἀμιθρεῖ Ruhnken : ἀμέλγει F Ath. ἀμι . cett. (ἀριθμεῖ Lasc) || **87** πανάμερος AB : πανήμερος || **89** θαλάσσας AB : θαλάσσης || **92** νευράς uix sanum, nondum emendatum || **93** μοῦνον omn. || ἔλειφθεν Lasc. : ἔλιφθεν || **99** Κανάκας Meineke : Κανάκης

Apollon, recevoir de mes mains les derniers honneurs. Maintenant, devant mes yeux, il n'est plus qu'une Faim mauvaise. Eloigne ce mal terrible, ou charge-toi de le nourrir; ma table s'y refuse. Vides sont mes tables, vide mon parc à bétail; et mes cuisiniers n'en peuvent plus [1]. » Les mulets du grand char, on les détela; la vache, que sa mère gardait pour Hestia, il la mangea; et le cheval de course aussi et le cheval de bataille, et la chatte, qui faisait peur aux souris. Tant qu'il y eut du bien chez Triopas, la chambre de famille fut seule à connaître le mal. Mais quand la mâchoire du malheureux eut rongé toutes les réserves de la maison, on vit le fils du roi, aux carrefours des chemins, mendier quelques morceaux, quelques rebuts et déchets de cuisine [2]! Déméter, qu'il ne me soit point ami, celui que tu n'aimes pas; que son toit ne touche le mien; mauvais voisins pour moi que tes ennemis.

Filles, chantez, et que suive, femmes, votre invocation : « Déméter, salut, salut, Très Féconde, Très Nourricière ! » Comme mènent le calathos quatre chevaux à la blanche crinière, ainsi la grande déesse, la Souveraine, nous apportera le printemps brillant, brillant l'été, brillants aussi l'hiver et l'automne, de l'année à l'année nous gardant ces faveurs. Comme nous marchons sans chaussure et sans bandeau, ainsi nos pieds et nos têtes seront toujours sans mal. Comme les canéphores portent les corbeilles pleines d'or, ainsi l'or nous soit donné sans compter. Qui n'est pas initiée ira

1. Certains éditeurs mettent encore dans la bouche de Triopas toute la phrase qui suit; il est plus naturel d'admettre que le poète y reprend la parole.

2. L'histoire d'Erysichthon n'est pas amenée jusqu'à sa fin naturelle, la mort du malheureux — étant donné d'ailleurs que Callimaque ne dit rien ici d'une tradition qui complique la légende en faisant intervenir Mestra, la fille d'Erysichthon. Le récit est interrompu par l'arrivée du calathos; l'ensemble de la pièce en prend un caractère plus réaliste. L'effet littéraire est ici encore au premier plan.

βλητὸν ὑπ' Ἀπόλλωνος ἐμαὶ χέρες ἐκτερέιξαν·
νῦν δὲ κατὰ βούβρωστις ἐν ὀφθαλμοῖσι κάθηται.
Ἢ οἱ ἀπόστασον χαλεπὰν νόσον, ἠέ νιν αὐτὸς
βόσκε λαβών· ἁμαὶ γὰρ ἀπειρήκαντι τράπεζαι.
Χῆραι μὲν μάνδραι, κενεαὶ δέ μοι αὔλιες ἤδη
τετραπόδων, ἤδη γὰρ ἀπαρνήσαντο μάγειροι. »
Ἀλλὰ καὶ οὐρῆας μεγαλᾶν ὑπέλυσαν ἁμαξᾶν,
καὶ τὰν βῶν ἔφαγεν, τὰν Ἑστίᾳ ἔτρεφε μάτηρ,
καὶ τὸν ἀεθλοφόρον καὶ τὸν πολεμήιον ἵππον,
καὶ τὰν αἴλουρον, τὰν ἔτρεμε θηρία μικκά.
Μέσφ' ὄκα μὲν Τριόπαο δόμοις ἔνι χρήματα κεῖτο,
μῶνοι ἄρ' οἰκεῖοι θάλαμοι κακὸν ἠπίσταντο.
Ἀλλ' ὄκα τὸν βαθὺν οἶκον ἀνεξήραινον ὀδόντες,
καὶ τόχ' ὁ τῶ βασιλῆος ἐνὶ τριόδοισι καθῆστο,
αἰτίζων ἀκόλως τε καὶ ἔκβολα λύματα δαιτός.
Δάματερ, μὴ τῆνος ἐμὶν φίλος, ὅς τοι ἀπεχθής,
εἴη μηδ' ὁμότοιχος· ἐμοὶ κακογείτονες ἐχθροί.
Ἄισατε παρθενικαί, καὶ ἐπιφθέγξασθε τεκοῖσαι·
« Δάματερ μέγα χαῖρε, πολυτρόφε, πουλυμέδιμνε. »
Χὡς αἱ τὸν κάλαθον λευκότριχες ἵπποι ἄγοντι
τέσσαρες, ὣς ἁμὶν μεγάλα θεὸς εὐρυάνασσα
λευκὸν ἔαρ, λευκὸν δὲ θέρος καὶ χεῖμα φέροισα
ἥξεῖ καὶ φθινόπωρον, ἔτος δ' εἰς ἄλλο φυλαξεῖ.
Ὡς δ' ἀπεδίλωτοι καὶ ἀνάμπυκες ἄστυ πατεῦμες,
ὣς πόδας, ὣς κεφαλὰς παναπηρέας ἕξομες αἰεί.
Ὡς δ' αἱ λικνοφόροι χρυσῶ πλέα λίκνα φέροντι,
ὣς ἁμὲς τὸν χρυσὸν ἀφειδέα πασαίμεσθα.
Μέσφα τὰ τᾶς πόλιος πρυτανήια τὰς ἀτελέστως,

103 νιν Meineke : μιν || **108** ἔφαγε corr. cod. Matrit. : ἔφαγεν || **111** ὄκα Schneider : ὅτε || **113** ἀνεξήραινον : ἀνεξήραναν corr. cod. Matrit. Ernesti fortasse rectius || **114** τόχ' Brunck : τόθ' || **115** ἀκόλως Ernesti : ἀκόλους || **118** ἄσατε F Ath. recc. : εἴπατε Lasc. δεῦρ' ἴτε E, in cett. nihil || **120** χὡς αἱ distinx. Estienne : χὦσαι || **122** φέροισα Ernesti : φέρουσα || **126** ὡς δ' Meineke : ὡς.

jusqu'au prytanée de la ville; les initiées, celles qui n'ont pas soixante années, suivront le calathos jusque chez la déesse; mais celles dont le corps est alourdi, qu'elles tendent leurs bras vers Ilithye ou que les tienne quelque mal, celles-là iront seulement jusqu'où leurs genoux les porteront; Déô leur donnera tous biens en abondance, et qu'un jour elles puissent aller jusqu'à son temple.

Salut, déesse; garde cette ville dans la concorde et le bonheur; produis tout ce qui vient de la terre; fais croître le bétail, donne-nous les fruits, et les épis, et les moissons; fais croître aussi la paix : qui a semé, qu'il moissonne aussi [1]. O trois fois priée, sois-moi propice, Toute-Puissante entre les déesses.

1. Rappelons les vers qui terminent un hymne orphique à Déméter (XL, v. 18 sqq.) : « Viens, bienheureuse et sainte, chargée des fruits de l'été, viens, amenant la paix, et la gracieuse justice, et l'heureuse richesse, et la santé aussi, maîtresse de toute chose. »

τὰς δὲ τελεσφορέας ποτὶ τὰν θεῦν ἄχρις ὁμαρτεῖν,
αἵτινες ἑξήκοντα κατώτεραι· αἱ δὲ βαρεῖαι
χἄτις Ἐλειθυίᾳ τείνει χέρα χἄτις ἐν ἄλγει,
ὡς ἅλις, ὡς αὐτᾶν ἱκανὸν γόνυ· ταῖσι δὲ Δηὼ
δωσεῖ πάντ' ἐπίμεστα καὶ ὡς ποτὶ νηὸν ἵκωνται.
Χαῖρε θεά, καὶ τάνδε σάω πόλιν ἔν θ' ὁμονοίᾳ
ἔν τ' εὐηπελίᾳ, φέρε δ' ἀγρόθι νόστιμα πάντα·
φέρβε βόας, φέρε μᾶλα, φέρε στάχυν, οἶσε θερισμόν·
φέρβε καὶ εἰράναν, ἵν' ὃς ἄροσε τῆνος ἀμάσῃ.
Ἵλαθί μοι, τρίλλιστε, μέγα κρείοισα θεάων.

129 τελεφορέας anon. Bern. (*Hermes*, 26, p. 313) item Bentley : τελεσφορίας || θεῦν : θεὸν ABC || **130** αἱ δὲ Ernesti : αἵ τε || **134** ἔν θ' F Lasc. : ἐν δ' || **137** τῆνος Meineke : κεῖνος || ἀμάσῃ Estienne : ἀμάσσει || **138** κρείοισα Ernesti : κρείουσα.

INDEX NOMINVM

H. = *Hymnes.* — Ai. = *Origines.* — Hec. = *Hécalé.* — El. = *Élégies.* — Ep. = *Epigrammes.* — Ep. fr = *Fragments d'épigrammes.* — Ia. = *Iambes et pièces lyriques.* — Telch. = *Réponse aux Telchines.*

ADDENDA ET CORRIGENDA

P. 33, l. 1. *Supprimer le premier exemple* : παλαίτερον dans 5, 1. *C'est une correction de Bentley* (cf. p. 113).

P. 38, n. 1. *Ajouter* : Une nouvelle édition de ce texte a été publiée par A. Vogliano, Papiri della R. Università di Milano, I (1937).

P. 55. Les fragments I et II ont été publiés par Vitelli, *Ann. R. Sc. N. Sup. di Pisa*, série II, vol. III (1934), et ensuite *P. S. I.*, IX, n° 1217. — Les six derniers vers du fr. II correspondent aussi à *Pap. Berol.* 11521 = fr. 4 Pfeiffer, p. 8-12.

P. 57. Les vers 5-6 sont restitués ainsi par Pfeiffer (*Neue Lesungen...* Philologus, 93, p. 63 ss.) :

οἶδα Λεοντίνους, [οἶ]δ' Ἀδρα[νοῖ]ο πολίχνην,
καὶ Μεγαρεῖς ἕτερ[οι τοὺς ἀ[πέ]νασσαν ἐκεῖ.

P. 134, XLV, l. 2. *Ponctuer ainsi* : et le mois Lôos — quel jour ? le dix — le bœuf est venu de lui-même à la charrue.

P. 150, l. 29. *Lire* un certain Simon, fils de Charitadès (*au lieu de* un certain Charitadès).

P. 150, n. 2, v. 3. Au lieu de ἀλαζών, Pfeiffer lit λαλάζων.

P. 151, l. 29. *Après les guillemets, ajouter la référence* : Diégéseis, col. IX, 32 sq.

P. 155. La note 1 se rapporte à la p. 154, l. 5 (en partant de la fin).

P. 156, lemme 2. Clément d'Alexandrie cite ce vers et les deux suivants :

καὶ τοὺν θαλάσσῃ καὶ τὸ τετράπουν οὕτως
ἐφθέγγεθ' ὡς ὁ πηλὸς ὁ Προμηθεῖος (fr. 87 Schn.)

« où l'habitant des mers et le quadrupède parlaient, tout comme l'argile prométhéenne ».

P. 159. Les vers 5-7 sont à restituer ainsi, d'après Lobel, approuvé par Pfeiffer (*Philologus*, 93, 71) :

ὤπολλον, ὦνδρες, ὡς παρ' αἰπόλῳ μυῖαι
ἢ σφῆκες ἐκ γᾶς ἢ ἀπὸ θύματος Δελφοί
εἰληδὸν ἐσμεύουσιν· ὦ Ἑκάτη, πλήθευς.

P. 169, avant-dernière ligne. Les deux vers mutilés sont restitués ainsi par Pfeiffer :

σὺ δή τ]ις ; οὐ μὰ τὸν Φοῖβον, οὐ μὰ Δέσποιναν
τῇ κ]ύμβαλοι ψοθεῦσιν, οὐ μὰ Πακτωλόν.

P. 171, n. 1. *Ajouter* : On entrevoit le sens des vers suivants :

τὰ νῦν δὲ πολλὴν τυφεδῶνα λεσχαίνεις

« maintenant tu bavardes avec beaucoup de flamme » ;

. . . . τὴν γενὴν ἀνακρίνει
καὶ δοῦλον εἶναί φησι καὶ παλίμπρητον

« il examine sa race et le déclare esclave et mauvais sujet » ;

καὐταὶ τρομεῦσαι μὴ κακῶς ἀκούσωσι

« tremblant, elles aussi, d'avoir mauvaise réputation » ;

οὔτ' Ἔφεσον ἐλθὼν οὔτ' Ἰῶσι συμμίξας,
Ἔφεσον, ὅθενπερ οἱ τὰ μέτρα μέλλοντες
τὰ χωλὰ τίκτειν μὴ ἀμαθῶς ἐναύονται

« sans être allé à Ephèse ni avoir fréquenté des Ioniens, à Ephèse, où ceux qui se proposent d'enfanter avec art des vers boiteux vont allumer leur feu » (allusion à Hipponax d'Ephèse et au vers boiteux, ou *choliambe,* qu'il aurait inventé) ;

. . . . καὶ λαλεῦσ[ιν ἄλλ' ἄλλως
Ἰαστὶ καὶ Δωριστὶ καὶ τὸ σύμμεικτον

« ils parlent chacun un dialecte différent, ionien, dorien ou mélangé » ;

σὺ πεντάμετρα συντίθει, σὺ δ' ἡ[ρῷον,]
σὺ δὲ τραγῳδεῖν ἐκ θεῶν ἐκληρώσω

« toi, compose des pentamètres, toi un poème héroïque ; toi, c'est la tragédie qui te fut attribuée par les dieux ». (*Ox. Pap.* 1011, vers 308, 323 sq., 328, 333-335, 352 sq., 366 sq. Texte de Lobel, *Hermes,* 1934, p. 176 sqq.).

P. 213, apparat, v. 36. La note : πρωτίστη γενεή Wil. etc... doit être séparée de la précédente et placée avant celle-ci.

P. 281, apparat critique. *Ajouter* : **295** ἐκεῖναι Wil.[4] : ἐκεῖνοι.

E. Delage.

TABLE DES MATIÈRES

Ce volume,
le sixième
de la série grecque
de la Collection des Universités de France,
publié aux Éditions Les Belles Lettres,
a été achevé d'imprimer
en avril 2023
par La Manufacture Imprimeur
52205 Langres Cedex, France

N° d'éditeur : 10554
N° d'imprimeur : 230274
Dépôt légal : avril 2023